Georg W. Forcht
Frank Wedekind und die Volksstücktradition
Basis und Nachhaltigkeit seines Werks

Reihe Sprach- und Literaturwissenschaft

Band 41

Georg W. Forcht

Frank Wedekind und die Volksstücktradition

Basis und Nachhaltigkeit seines Werks

CENTAURUS VERLAG & MEDIA UG

Georg W. Forcht, geboren 1943 in Neustadt/Weinstraße, studierte Gehörlosenpädagogik, Germanistik und Politikwissenschaften in Heidelberg und Mainz. Er war Leiter der Berufsschule für Hörgeschädigte in Frankenthal. Nach der Promotion 2004 widmet er sich, jetzt im Ruhestand, der bisher unveröffentlichten Literatur Frank Wedekinds und beschäftigt sich mit der Rezension seiner Aufführungen als Schriftsteller, Schauspieler und Bänkelsänger.

Veröffentlichungen im Centaurus Verlag:
Die Medialität des Theaters bei Frank Wedekind. Eine medientheoretische Untersuchung über den Einfluss des Bänkelsängers und Schauspielers Frank Wedekind auf sein Werk (2005), Liebesklänge und andere ausgewählte Lyrik-Manuskripte des jungen Frank Wedekind (2. überarbeitete Auflage 2007) und Frank Wedekind und die Anfänge des deutschsprachigen Kabaretts (2009).

Bibliografische Informationen der Deutschen Nationalbibliothek
Die Deutsche Nationalbibliothek verzeichnet diese Publikation in der Deutschen Nationalbibliografie; detaillierte bibliografische Daten sind im Internet über http://dnb.d-nb.de abrufbar.

Gedruckt auf säurefreiem und chlorfrei gebleichtem Papier.

ISBN 978-3-86226-154-3   ISBN 978-3-86226-990-7 (eBook)
DOI 10.1007/978-3-86226-990-7
ISSN 0177-2821

© *CENTAURUS Verlag & Media KG, Freiburg 2012*
www.centaurus-verlag.de

Umschlaggestaltung: Jasmin Morgenthaler, Visuelle Kommunikation
Umschlagabbildung: Frank Wedekind in München 1906. Monacensia Bibliothek
und Literaturarchiv München: Wedekind-Archiv
Satz: Vorlage des Autors

Inhalt

Vorwort

Obwohl in den letzten Jahren zahlreiche Veröffentlichungen über Frank Wedekind erschienen sind, bietet die Forschung immer noch kein abgeschlossenes Bild über die Vielseitigkeit seines Werks. Dies rührt daher, dass Frank Wedekind nicht nur als Dramatiker, sondern auch als Lyriker, Bänkelsänger, Regisseur und Schauspieler tätig war und dadurch die breite Palette seines Wirkens immer noch nicht aufgearbeitet ist.

Hier setzt nun der Autor an. Es ist sein Verdienst, dass er in den letzten Jahren mit mehreren ausführlichen Publikationen das Bild Wedekinds vervollständigt, einen neuen Zugang zu seinem vielfältigen Werk ermöglicht und so die Nachhaltigkeit seines literarischen Schaffens begründet hat. Da es sich bei dem vorliegenden Werk um den vierten und voraussichtlich abschließenden Band des Autors zu Frank Wedekind handelt, liegt es nahe, die vorausgegangenen Forschungsarbeiten zunächst kurz zu skizzieren, auch deshalb, weil der neue Beitrag darauf aufbaut.

Seine Veröffentlichung aus dem Jahr 2005 ist der Medialität des Theaters gewidmet. Hier beschreitet der Autor neue Wege, indem er eine Analyse von Wedekinds Dramen mit Hilfe feministischer und psychoanalytischer Modelle vornimmt. Dadurch ist es gelungen, in der Literaturwissenschaft neue Akzente zu setzen und Wedekinds Theaterstücke aus einer ungewohnten Perspektive zu beleuchten.

Die 2006 erschienene Publikation galt der unveröffentlichten Jugendlyrik Wedekinds, die bisher von der Familie nicht frei gegeben war und im Archiv Aarau/ Schweiz unter Verschluss gehalten wurde. Der besondere Reiz des Buches liegt in den Original Sütterlin-Handschriften, die zum leichteren Verständnis transkribiert worden sind. Bereichernd für die Lektüre sind nicht nur die Zeichnungen Wedekinds und die vielfältigen Fotos seiner Umgebung, sondern die Tatsache, dass sehr viele autobiographische Bezüge aus seiner Jugendzeit in das Buch einfließen und somit einen guten Zugang zu seinem lyrischen Frühwerk ermöglichen.

Das 2009 erschienene Buch lenkt den Blick wiederum auf eine neue Seite Wedekinds. Sie gilt dem Kabarettgründer und Bänkelsänger. Anhand von biographischen Daten wird das Schaffen des Literaten nachgezeichnet und seine Wirkung auf das deutschsprachige Kabarett gezeigt. Seine Mitarbeit in Albert Langens Satirezeitschrift *Simplicissimus* und sein Engagement bei der Kabarettgründung der 'Elf Scharfrichter' ist bahnbrechend und führt beide Einrichtungen zum Erfolg. Die Arbeit verfolgt die Ausbreitung des Kabaretts von Paris über München, Berlin bis nach Wien und findet so zu einer gemeinsamen Basis, zu der Wedekind nicht unwesentlich beigetragen hat.

Der 2012 vorgelegten Forschungsarbeit ist es gelungen, abermals eine neue Seite Wedekinds aufzuschlagen. Es ist bekannt, dass die Alt-Wiener Volksstücktradition die 'Basis' für sein dramatisches Werk bildet. Weniger bekannt ist jedoch die Tatsache, dass seine Lyrik und Dramatik mit den übernommenen volksstückhaften Elementen 'nachhaltig' auf zahlreiche spätere Volksstückautoren gewirkt hat. Dabei sind es immer wieder die gleichen Spielmuster der Volksstücktradition: Glück, Zufriedenheit, Geld, Betrug, Habgier, Dummheit, Verbrechen, Neid, Geiz, Moral, Egoismus, Lebenskunst, Liebe, Sexualität und Tod, die Wedekind übernommen und zur Grundlage seines Dramenkonzepts gemacht hat. Der Autor belegt mit zahlreichen Beispielen, wie diese Bereiche aus der Volksstücktradition Jahre bzw. Jahrzehnte später von der nächsten und übernächsten Autorengeneration unter anderen dramaturgischen Gesichtspunkten wieder aufgegriffen worden sind. Ähnlich verhält es sich mit den Stilmischungen: Hochsprache und Dialekt, Vers und Prosa, Wort und Bild sowie Ernst und Komik. Auch Elemente aus subliterarischen Zonen sind in gleichem Sinne zu bewerten. Hierzu zählen: Sprichwörter, Bibelzitate, die Anrufung Gottes, Zirkusmotive, Lieder, Tänze, Ironie oder auch blanker Zynismus. Die Arbeit macht immer wieder deutlich, wie Wedekind die literarischen Vorgaben der Wiener Tradition nach seinen eigenen Ansätzen verändert hat. Anhand von zahlreichen Beispielen zeigt es sich, dass seine Figuren keine heile Welt repräsentieren, sondern dass sie sich im kreatürlich Lebendigen bewegen. Am Ende steht nicht mehr das persönliche Glück, wie im klassischen Wiener Volksstück, sondern der persönliche Ruin. Ähnlich verhält es sich mit Liebe, aus der triebhafte Sexualität wird. Auch der Schwerpunkt der Stücke liegt nicht mehr in der Handlung, sondern in der komischen Situation, in Ironie und Provokation. Geld ist nicht mehr Mittel zum Zweck, sondern Selbstzweck. Was zählt, ist nur Erfolg. Somit kann es jedem gelingen, sich nach oben durchzuboxen. Dabei gibt es keine Skrupel. Stattdessen treffen wir auf eine völlige Auflösung des Schuldbegriffs.

Auf welch besondere Art und Weise die späteren Volksstückautoren Wedekinds Konzept aufgegriffen und verarbeitet haben, wird anhand von ausgewählten Textpassagen gezeigt. Dabei richtet sich das Hauptaugenmerk auf zwei Gruppen von Autoren. Zur ersten zählen seine direkten Nachfolger. Sie waren für den Autor leicht ausfindig zu machen, da sie alle bei Wedekinds ehemaligem Lehrer und großen Förderer, Prof. Kutscher, in München das literaturwissenschaftliche Seminar besuchten. Hierzu zählen Bertolt Brecht ebenso wie Marieluise Fleißer und Ödön von Horváth. Alle drei Autoren haben wesentlich zur Erneuerung des Volksstücks beigetragen. Brecht hat seinen 'sozialistischen Realismus' verfolgt, während Fleißer und Horváth die Entwicklung des 'kritischen Volksstücks' vorangetrieben haben.

Brecht hat mit seinem epischen Theater einen eigenen marxistisch geprägten Weg beschritten und der Gattung eine eigene Richtung gegeben. Dabei geht er analysierend, parabelhaft und agitatorisch vor. Anhand seines Volksstücks *Herr Puntila und sein Knecht Matti* führt er das klassische Abhängigkeitsverhältnis von Herr und Knecht vor und zeigt, wie klug und redegewandt seine Figuren sein können.

2

Auch bei den Fleißer'schen Stücken gelingt es dem Autor, das Motivgeflecht und das ihr eigene 'Rudelverhalten' deutlich zu machen. Dabei tauchen Bilder von verletzten, enttäuschten und diffamierten Personen auf, die immer wieder zurückgestoßen und niedergeknüppelt werden. Daneben breiten sich religiöse Motive und metaphysische Aspekte wie eine beängstigende Dunstglocke über dem ganzen Geschehen aus.

Mit dem Realisten Horváth wird uns die Biedermeierwelt Nestroys vor dem Hintergrund der schäbigen 20er Jahre vorgestellt. Wir erleben gute Bekannte, die einander in aller Gemütlichkeit umbringen: ein Bestiarium der Leidenschaft unter dem Deckmantel der freundlichen Harmlosigkeit und des menschenverachtenden Handelns. Wie die Arbeit an ausgewählten Beispielen zeigt, wird die Sprachlosigkeit der Figuren nicht durch Schweigen, sondern durch Ersatzhandlungen, durch Sprichwörter, Höflichkeitsformeln und Floskeln dargestellt. Man reckt sich nach einer Sprache, die die Probleme verdecken soll, sie aber gerade dadurch entlarvt.

Auch die Autoren der zweiten Gruppe werden uns sehr plastisch vorgeführt. Zu ihnen zählen Sperr, Fassbinder und Kroetz. Unter ihnen entwickelt sich in den 70er Jahren das 'neue kritische Volksstück' zu einer neuen Blütezeit. In dessen Verlauf erleben auch inzwischen fast vergessene Autoren wie Fleißer und Horváth nochmals eine Renaissance. Nicht zuletzt durch die Bekundungen von Kroetz wird Marieluise Fleißer als eine immer noch aktuelle Autorin wiederentdeckt. Sperr, Fassbinder und Kroetz führen deren Stück *Pioniere in Ingolstadt* in einer eigenen Version in München auf. Am Ende ist sie begeistert und nennt alle drei Autoren: „Alle meine Söhne".

Kroetz stellt uns bei seinen Figuren die Ärmsten der Armen vor, die in geistigen, finanziellen oder seelischen Randsituationen leben. Darüber hinaus beschränkt das fehlende Sprachvermögen seine Figuren auf ein Minimum an Kommunikation und drängt sie damit noch mehr an den Rand der Gesellschaft. An ausgewählten Beispielen erfahren wir, dass die letzte ohnmächtige Artikulation der Sprachlosen die Gewalt ist. Für die Figuren von Kroetz gibt es damit nur zwei Auswege: die Apathie oder das Verbrechen.

Auch mit diesem vierten Band ist es dem Autor gelungen, einen wesentlichen Beitrag zur Erforschung Frank Wedekinds und darüber hinaus zur Volksstücktradition allgemein zu leisten.

Der Bogen seiner Ausführungen spannt sich zusammenfassend,

- von Ferdinand Raimund, dessen Weltbild noch weitgehend realitätsfern bleibt, obgleich ihn die Frage des sozialen Aufstiegs bereits beschäftigt,
- über Bertolt Brecht, dem es um ein dialektisches Abhängigkeitsverhältnis von Herr und Knecht im Sinne von Karl Marx geht,

-   bis hin zu Franz Xaver Kroetz, dessen Figuren sozialen Randgruppen ent-
    stammen, bei denen mangelndes, ja fehlendes Sprachvermögen in Gewalt
    umschlägt.

Das Besondere bei alldem ist, dass der Autor das innige Beziehungsgeflecht seiner
Repräsentanten des Volksstücks auflöst, zahlreiche Bezüge und Vergleiche herstellt und, bei gründlicher Aufarbeitung der umfangreichen Literatur und akribi-
scher Belegführung neben der Handlung und Interpretation auch das biographische
Umfeld ausleuchtet.

Dies bewirkt, dass sich das Buch spannend liest. Die Vielzahl der Abbildungen von
Schriftstellern und Theateraufführungen aus der Zeit macht das Werk – über seine
beachtliche wissenschaftliche Bedeutung hinaus – auch für den literarisch interessierten sehr lesenswert.

Im April 2012   Dr. phil. Oswald Beck
                                                               Universitätsprofessor

1. Begriff und Geschichte des Volksstücks

Der Begriff des Volksstücks ist ebenso schillernd wie seine unterschiedlichen Erscheinungsformen von den Anfängen bis zur Gegenwart. Was unter einem Volkslied oder auch einem Volksmärchen verstanden wird, kann in jedem Sachwörterbuch literarischer Termini nachgeschlagen werden. Der Begriff des 'Volksstücks' und des 'Volkstheaters' hingegen ist so diffus wie die Sache selbst. Eine Definition fällt vor allem deshalb schwer, weil das Volksstück mehr als andere dramatische Gattungen ideologisch überfrachtet ist.

Die Bezeichnungen 'Volksstück' und 'Volkstheater' sind erstmals gegen Ende des 18. Jahrhunderts belegt. Sie werden vorwiegend verwendet, um den Adressaten der Stücke zu benennen: Volksstücke sind demnach Stücke, die sich an das Volk wenden. In entsprechendem Sinne war das 'Volkstheater' das Theater des Volkes, das der breiten Öffentlichkeit zugänglich war, während das 'Hoftheater' an den aristokratischen Höfen stattfand und ausschließlich den gehobenen Ständen vorbehalten war. Als Gattungsbezeichnung im engeren Sinne kann der Terminus jedoch nicht verstanden werden. Die Spannweite der Bedeutung sowie seine wertende Verwendung belegt beispielhaft die Definition im *Allgemeinen Theaterlexikon* von 1842: „Volksstücke nennt man gewöhnlich die mit viel Aufwand an Personal, Statisten und Dekorationen ausgerüsteten Produktionen, die die Massen anziehen; eigentlich aber sind Volksstücke solche, die aus dem Volke herauswachsen, Sitten und Charakter, Taten und Erfolge, Wünsche und Bedürfnisse desselben verkörpern; eine Gattung von Stücken, die nicht allein das Volk angezogen, sondern auch erhoben und veredelt hat, die wir aber in Deutschland nicht haben, weil uns bei unserer unheilvollen Zersplitterung jedes Volkstümliche fehlt. Aus diesem Grunde haben wir auch kein Volkstheater im Sinne des Nationaltheaters. Was man in Deutschland Volkstheater nennt, die Theater 2. und 3. Ranges in großen Städten, die Zauberpossen, Spektakelstücke und Lokalsachen spielen und dadurch die Menge anlocken, sind bösartige Auswüchse des Volkslebens. Pflanzschulen der Gemeinheit, Unsittlichkeit und Gesinnungslosigkeit, deren Untergang man nur mit Jubel begrüßen könnte."[1]

Eine klare Trennung nimmt auch Goethe in einem seiner Weimarer Briefe vor, den er am 11. April 1825 an Zelter schreibt: „Nur die Entschlossenheit des Großherzogs machte dem Schwanken [zwischen dem Bau eines Hoftheaters oder einem Volkstheater] ein Ende. Er trat auf die Seite der Majorität, so dass wir etwa sechzehn Tage nach dem Brand des alten Theaters entschieden, was geschehen solle. Da wir einmal einen Hof haben, soll auch ein Hoftheater eingerichtet werden.“ [2]

So ist es nicht verwunderlich, dass Nestroy nur eine seiner Arbeiten als 'Volksstück' bezeichnet und die Stücke des Volkstheaters bis heute mit der unterschiedlichsten Nomenklatur versehen sind. Diese reicht von 'Zaubermärchen' über 'Lustspiel' und 'Posse' bis hin zu 'Schwank' oder 'Operette'. Erst in der zweiten Hälfte des 19. Jahrhunderts wird die Definition 'Volksstück' häufiger benutzt. Die Verwendung dieses Begriffs, vorwiegend in der Theatertheorie und Theaterkritik, macht den Sachverhalt deutlich: Es geht um das Volk und seine Beziehung zum Theater, d.h. also weniger um gattungspoetische als um produktions- und rezeptionsästhetische Phänomene, nicht zuletzt also um Ideologie. Deshalb ist die Verwendung dieser Terminologie zumeist mit einer Wertung verbunden: Volk kann ebenso den Pöbel meinen wie den unverbildet natürlichen Teil der Bevölkerung, das Proletariat oder das Kleinbürgertum. Es kann aber auch die große Masse einer Nation angesprochen sein.[3] Beim Volksstück handelt es sich demnach um nichthöfische Theaterproduktionen, die es sich zur Aufgabe gemacht haben, für das Volk und über das Volk zu schreiben. Da sich die Gattung an ein breites Publikum wendet, ist sie eine Alternative zu den Komödien des barocken Hoftheaters und des bürgerlichen Trauerspiels.

Die Entstehung des Volksstücks fällt in das Wien des 17. und 18. Jahrhunderts. Nach der Theaterreform von Johann Christoph Gottsched (1700-1766) blüht das Wiener Vorstadttheater als eine kleinbürgerliche Alternative zum Hoftheater auf Gottsched definiert in seiner *Critischen Dichtkunst* die Regeln des galanten Geschmacks. Dabei zeigt sich, dass es bereits zu dieser Zeit „erotisch ungewöhnlich freizügige Lyrik gibt“,[4] wie die literarische Modebewegung der 'Galanten' zeigt.

Als eine feste Tradition begründet sich das Wiener Volkstheater um das Jahr 1700 und entwickelt sich bis zum Tode Nestroys 1862 in widerspruchsvollem Gegensatz zum großen Theater weiter. Die klassischen Volksstücke waren als Bühnenstücke meist von einfacher Machart. Geschildert werden Alltagsprobleme, wie sie aus Sicht der Autoren den unteren Gesellschaftsklassen begegnen. Zu diesen Themenbereichen zählen Geld und Moral ebenso wie Liebe, Sexualität und Tod. Auch die Gesellschaft mit ihren Opfern und Tätern wird gerne unter die Lupe genommen. So beschaffen bricht das Volksstück, das seine Anfänge im Jahrhundert der bürgerlichen Revolution hat, mit dem klassischen Kanon der europäischen Dramatik. Weniger scharf zieht es dabei den Trennungsstrich zur überlieferten Dramaturgie.

Seit dem Pariser Jahrmarktstheater befassen sich die Stücke dieses Genres mit tendenziell aufsässigen oder gesellschaftskritischen Inhalten, da sie sich gegen die Theaterprivilegien der Hofbühnen durchsetzen müssen, um denjenigen Bildung und Unterhaltung zu bieten, die dort keinen Zugang finden. Das Verlangen nach Recht und Aufbegehren gegen das Unrecht ist deshalb eines der Spannungsfelder, in dem die Angehörigen des Dritten Standes gezeigt werden und das sie von der ursprünglich lächerlichen Figur zum komischen oder tragikomischen Helden des Volksstücks macht. Dabei zeigt sich, dass die dem Volksleben entnommenen Handlungen in schlichter und leicht verständlicher Form geschrieben sind. Im Mittelpunkt des Geschehens, das den kleinbürgerlichen Alltag zeigt, stehen Gesellschafts-, Charakter- und Sprachkritik. Man arbeitet mit ausgefallenen bühnentechnischen Effekten, Musik, Gesang und Tanz, ohne dass der ernste und zum Teil tragische Grundton verloren geht. Der Text ist nicht improvisiert, wie bei der Stegreifkomödie, sondern bereits literarisch fixiert. Oft ist er im Dialekt gehalten und mit lokalen Anspielungen versehen.

Wesentliche Elemente bezieht das Volksstück aus subliterarischen Zonen: aus der Mundartsprache, aus Sprichwörtern, Gassenhauern, Tänzen und Moritaten. Unentbehrlich ist dabei die Kontrastwirkung, die sich bei der Gestaltung der Figuren durch Witz und Komik, Erhabenheit und Groteske, Ernst und Spaß auszeichnet. Dabei müssen immer allgemeinbedeutende, typische Züge erkennbar sein, die eine Parteinahme gestatten. Eine besondere Bedeutung fällt auch dem Schluss zu. Er darf rührend, tränenselig, traurig, aber keinesfalls pessimistisch sein. Er muss einen Sinn haben, der das Gewissen beruhigt und die gültigen moralischen Werte bestätigt. Die Bösen und Hartherzigen müssen ihre Strafe finden und die Braven und Schwachen ihre Belohnung. Der Sieg darf nur den Würdigen zuteilwerden. So gesehen ist das Volksstück im Herzen demokratisch. Es hat es gern, wenn es dem kleinen Manne gut geht, wenn die Helden aus der Tiefe kommen. Das gibt Mut für den eigenen unaufhörlichen Kampf ums Dasein. Dabei fügt es sich in den überlieferten Rahmen des Dramas ein: „von gediegener Exposition über Konfliktgipfel bis hin zur fröhlichen oder katastrophalen Endbereinigung; scharf pointiertes Thema, das Handlung und Rede regiert; säuberliche Scheidung in individuelle Spieler und individuelle Gegenspieler, die eindeutig auf der Strecke bleiben; streitbare Dialoge und besinnliche Monologe, pünktlich aufs Stichwort erfolgen Auftritte und Abtritte".[5] Alles in allem wartet das 'klassische Volksstück' ordentlich abgewogen mit Akten und Szenen auf, auch wenn es auf den ersten Blick etwas unausgewogen erscheint. Dabei grenzen sich diese Stücke deutlich vom Bauerntheater und dem Bauernschwank in der Art des späteren 19. Jahrhunderts ab.

Beim 'Volkstheater' vollzieht sich in der Mitte des 19. Jahrhunderts ein Strukturwandel, der dazu führt, dass das traditionelle Publikum diese Theater nicht mehr besucht. Die Diskrepanz zwischen dem Anspruch, Volksstücke zu schreiben, und der Schwierigkeit, das Volk mit diesen Stücken zu erreichen, schlägt sich in der immer wieder erhobenen Forderung nach Erneuerung des 'Volksstücks' nieder. Im Zusammenhang damit stellt sich die Frage, wie ein 'Volksstück' eigentlich zu sein habe. So hinterfragt konstituiert sich die Idee des 'Volksstücks' bis heute immer wieder neu. Dabei ist vor allem die Abhängigkeit von den mit dem Begriff 'Volk' verbundenen Vorstellungen ausschlaggebend.

So gesehen kann man alle Theaterstücke dieser Gattung zuordnen, die weder der Tragödie im Sinne der französischen Klassik noch der ernsten Oper oder dem höfischen Ballett zuzurechnen sind, also in denen keine aristokratischen Figuren mit tragenden Rollen auftreten. Demnach teilt sich das Repertoire in die gröberen Komödien, die man als Possen bezeichnet, die Pantomimen als getanzte Form der Commedia dell'arte und die ernsten, meist moralisierenden und vordergründig religiös anmutenden Moritaten oder Besserungsstücke. Um 1800 ergänzen die großstädtischen Melodramen das Repertoire. Auch die vergröbernden Parodien und Travestien höfischer Stücke sind hier zu nennen. Auf dieser Basis kann sich im 18. Jahrhundert in den Wiener Vorstadttheatern das Alt-Wiener Volksstück entwickeln. Weitere charakteristische Ausformungen gibt es seit Beginn des 19. Jahrhunderts in München, Hamburg und Berlin.

Als 'triviale' Literatur mit ausschließlich unterhaltender Funktion ist das 'Volksstück' auch von der Fachgermanistik lange Zeit missverstanden worden. So stammt von ihr die Formulierung, es sei eine „Schaubühne ohne ideale Ansprüche".[6] Damit wurde die für einen Teil dieses Genres sicherlich richtige Charakterisierung fälschlicherweise auf die ganze Gattung übertragen.

Heute wird die Produktion des klassischen Volksstücks als eine Form des Unterhaltungstheaters gesehen, das sich auf klischeehafte Problemgestaltung, humorige Verwicklungen und dialektisch gefärbte Sprache beschränkt. Da wird immer der hochdeutsch redende dünkelhafte Städter von urigen Bauern eines Besseren belehrt oder der treuherzige Bauer von gewissenlosen Bürgern betrogen. „Da gibt es derbe Späße, gemischt mit Rührseligkeiten, da ist hanebüchene Moral und billige Sexualität. Die Bösen werden bestraft und die Guten werden geheiratet, die Fleißigen machen eine Erbschaft und die Faulen haben das Nachsehen",[7] wie bereits Bertolt Brecht diese Form des Theaters etwas einseitig charakterisiert hat. In seinen Anmerkungen zum Volksstück fährt Brecht fort: „Die Technik der Volksstückschreiber ist ziemlich international und ändert sich beinahe nie. Um in den

Stücken zu spielen, muss man nur unnatürlich sprechen können und sich auf der Bühne in schlichter Eitelkeit benehmen. Es genügt eine tüchtige Portion der gefürchteten Routiniertheit des Dilettantismus."[8] Diesen Ansatz hat Brecht später enger gefasst. Gegenüber dem „kruden und anspruchslosen Theater",[9] wie er es nennt, entwickelt er selbst den Typ des 'emanzipatorischen Volksstücks', das agitatorisch die Interessen des Volkes wahrnimmt. In seinem berühmten Aufsatz *Volkstümlichkeit und Realismus* stellt Brecht die Forderung nach dem Volksstück als eine Form der kritisch-realistischen Selbstdarstellung des Volkes dar.

Reichste Entfaltung findet das Volksstück heute in Wien, Hamburg, Berlin, München und Köln. Der Übergang in das Lokalstück zeichnet sich dadurch aus, dass es inhaltlich an eine bestimmte Landschaft oder Stadt gebunden ist und in der jeweiligen Mundart gehalten ist. Als Paradebeispiele können hier kommerzielle Unternehmen wie das *Ohnsorgtheater* in Hamburg, die *Millowitschbühne* in Köln oder der *Komödienstadel* in München genannt werden. Auch diese Bühnen verstehen ihre Produktionen als 'Volksstücke' und bezeichnen damit eine Form des leichten Unterhaltungstheaters.

Das neue Volksstück, der 60er Jahre, das Martin Sperr, Rainer Werner Fassbinder und Franz Xaver Kroetz geprägt haben, unterscheidet sich hiervon deutlich. Diese Autoren zeigen uns Probleme der Unterschichten und gesellschaftskritische Inhalte in einem homogenen Milieu. Ihr Ziel ist es, im Rahmen des 'antiteaters' oder 'kritischen Theaters' die Gesellschaft zu verändern.

Gerade in der Gegenüberstellung des volkstümlichen Unterhaltungstheaters vom Typ Komödienstadel und des 'emanzipatorischen Agitationstheaters', zu dessen Wortführer Bertolt Brecht zählt, liegt die heutige Problematik des Begriffs. Nichts zeigt dies besser als ein Blick auf die deutsche Theatergeschichte der letzten 200 Jahre, die in weiten Teilen eine Auseinandersetzung über den Bedeutungsinhalt des 'Volkstümlichen', 'Volksgemäßen' oder 'Volkshaften' erlebt hat. Erwin Piscator, langjähriger Leiter der Berliner Volksbühne, hat das Dilemma dieses Theaters in seinem Buch *Politisches Theater* sehr anschaulich beschrieben. Er weist auf die historische Dynamik hin, die im Begriff der Volkstümlichkeit jeweils den soziologischen Inhalt, die stark pädagogische Komponente oder den ethnisch-nationalen Aspekt zum Tragen bringt. Er deutet also an, dass 'Volkstümlichkeit' und 'Volkstheater' historische Begriffe sind, die sich erst aus der Analyse ihres jeweiligen historischen Kontextes erschließen.[10]

Seit Mitte der 70er Jahre lässt sich wieder ein zunehmendes Interesse an der Volksstücktradition feststellen. Dennoch gibt es auch heute noch erhebliche Forschungslücken. Was die Zuordnung der jeweiligen Autoren zu dieser Gattung betrifft, ist der Kreis bedeutend umfangreicher geworden. Dass Ferdinand Raimund und Johann Nepomuk Nestroy das Alt-Wiener Volksstück berühmt gemacht haben, ist bekannt. Dass Frank Wedekind die Volksstücktradition neu belebt hat und damit auch Bertolt Brecht inspiriert hat, ist weniger geläufig. Kaum bekannt ist jedoch die Tatsache, dass auch jüngere Autoren wie Franz-Xaver Kroetz, um nur einen heraus zu greifen, dieser Tradition bis heute treu geblieben sind. Vielleicht ist auch diese Vielschichtigkeit der Grund, warum keine Gesamtdarstellung dieser Gattung von den Anfängen bis heute vorliegt.

Dieser Band sieht seine Aufgabe deshalb darin, das Interesse am Thema wachzuhalten und zur weiteren Beschäftigung mit den Nachfahren der modernen 'Volksstücktradition' im Sinne Frank Wedekinds anzuregen.

2. Die klassischen Vertreter des Alt-Wiener Volksstücks

Um die Tradition des Volksstücks im historischen Rückblick zu erfassen, bietet das Wiener Vorstadttheater im ersten Drittel des 18. Jahrhunderts einen günstigen Einstieg. Wien ist zu diesem Zeitpunkt die theaterfreudigste Stadt im deutschsprachigen Raum. Ein Synonym für die Wiener Volkstheater sind die Vorstadtbühnen. Wiener Zauberpossen finden im Theater der Leopoldstadt, der Josefstadt und im Theater an der Wien ihre Stätte. Hier hat auch Emanuel Schikaneder 1791 das Singspiel *Die Zauberflöte* mit der Musik von Wolfgang Amadeus Mozart uraufgeführt. Die lustige Figur übernimmt Papageno. [11]

Die Wiener Volkskomödie wurzelt im barocken Jesuitendrama des siebzehnten Jahrhunderts und ist wohl aus den deutschen Einlagen der lateinischen Schulkomödie entstanden. Sie entwickelt sich aus dem Fastnachtsspiel, aus der *Commedia dell'arte (1550),* deren Leitmotive Suggestion und Imagination waren, und dem Spiel der englischen Komödianten zu einer stehenden Figur. Im Grunde geht sie aber schon zurück auf die Passionsspiele. Auch die Narren- und Schwankliteratur des Mittelalters und die antike Komödie sind in Ansätzen erkennbar.[12] Dies ist die Welt, in der das Wiener Volkstheater aufblüht. Es ist das Wien Metternichs, die Zeit der Revolution und der beginnenden Industrialisierung. „Vom Barock wirkt noch die große Tradition des Gesamtkunstwerks aus Wort, Musik, Tanz, Mimik und Dekoration fort."[13] „Zauberstücke, Lokalstücke, Travestie und Parodie sind die Gattungen, die den Spielplan der Wiener Volkstheater von dem anderer deutscher Theater unterscheiden."[14] Auch Oper und Versdrama werden trivialisiert und das Lokalstück dient der Selbstbespiegelung von 'Lebensbildern'. Das alte Singspiel setzt sich im Vaudeville, dem Vorläufer der Operette, fort. In den Possen hat die Lustigkeit ihren Höhepunkt bei einem Spaßmacher, der durch Extempores seine Vorlagen bereichert.

Die erste geschichtlich bedeutsame komische Person im Wiener Volkstheater schuf Joseph Anton Stranitzky (1676-1726), der seit 1706 als der 'Wienerische Hanswurst' auftritt und ab 1712 ein Komödienhaus betreibt. Der 'Hanswurst' war ungeschlacht, dumm, kindisch und primitiv. Fress- und Sauflust, sexuelle Anspielungen und Zoten waren sein Metier. Damit stand er in seiner derben Komik dem Arlecchino der *Commedia dell'arte* und dem Narren der mittelalterlichen Fastnachtsspiele nahe. Äußerlich war er an seiner bäuerlichen Kleidung, einer Halskrause, höfischen Schuhen und einem Schlagstock zum Verhauen der Gegner zu erkennen. So tölpelhaft der Hanswurst auch war, das Publikum identifiziert sich mit ihm und grölt vor Vergnügen. Es war tatsächlich ein Theater für das Volk, bei dem alle gesellschaftlichen Schichten vertreten waren. Mit der Figur des 'Hanswurst' gelingt es Stranitzky den selbstgerechten Wienern auch unangenehme Wahrheiten zu sagen und trotzdem den Weg zum eigenständigen deutschen Volkstheater zu beschreiten. 1712 übernimmt er mit seiner Truppe, den 'Teutschen Comödianten', die neuerbaute Hofbühne am Kärtnertor, nachdem das Wiener Publikum die vom Kaiser vorgesehenen italienischen Schauspieler boykottiert hatte. Somit hatte sich das deutschsprachige Theater zum ersten Mal eine feste und offizielle Heimatstatt erkämpft.[15]

Es ist das Verdienst Philipp Hafners (1735-1764), die 'improvisierte Volkskomödie' durch das 'regelmäßige Volksstück' ersetzt zu haben. Er geißelt die Schwächen des abgenützten Stehgreifspiels, spricht aber dem Theater gleichzeitig jegliche erzieherische Funktion ab. Die Handlung seiner Komödien war so erfolgreich, ihr Bau so regelmäßig, der Witz so fern jeder Zote, dass selbst seine Gegner ihm nichts anhaben konnten. Manche Figuren, die er geschaffen hat, wurden zu stehenden Typen des Wiener Volkstheaters. Hafners Werk markiert für das deutsche Theater dasselbe, was Molière für Frankreich und Goldoni für Italien bedeuteten: die Überführung der alten Stehgreifkomödie in eine literarische Form.[16]

Trotz der drückenden Reaktionen Metternichs blüht das Wiener Volkstheater in der Epoche des Biedermeier weiter auf, auch wenn es durch die von Maria Theresia 1752 mit Strafe verhängte Theaterzensur weitgehend entpolitisiert wird. So verbietet die Aufsicht jede anstößige Gebärde, vor allem aber das Extemporieren. Damit waren der Improvisation und der schauspielerischen Freiheit ohne textliche Grundlage enge Grenzen gesetzt, die 1769 zum Ende der Stehgreifbühne führten.

Das Leopoldstädter Theater

Im Zuge der josephinischen Theaterreformen wurden zwischen 1770 und 1780 drei Lizenzen für private Vorstadttheater in Wien vergeben. Sie betrafen das 'Freihaustheater', das 'Theater in der Josefstadt' und das 'Leopoldstädter Theater'. Das Leopoldstädter Theater, das zu den ersten Wiener Vorstadttheatern gehörte, wurde im Jahr 1781 von Karl von Marinelli eröffnet. Der Spielplan bestand vor allem aus Lokal- und Zauberpossen, Parodien und Singspielen des Alt-Wiener Volkstheaters. Als bedeutende Schauspieler in diesem Haus sind Josef Alois Gleich, Karl Meisl, Johann Nepomuk Nestroy und Ferdinand Raimund zu nennen. Ab 1821 inszeniert Raimund hier als Regisseur seine eigenen Stücke. In den Jahren 1828 bis 1830 leitet er schließlich als Direktor das Theater.[17]

Die Wiener Theaterreform erreicht in den dreißiger Jahren unter den Autoren Alois Gleich (1772-1841), Karl Meisl (1775-1853) und Adolf Bäuerle (1786-1859) ihren ersten Höhepunkt. Diese Schriftsteller sind die wichtigsten Textlieferanten und beherrschen mit ihren Zauberspielen und den effektvoll allegorischen Figuren das Feld der populären Dramatik, bevor Raimund entscheidende Änderungen einleitet. Die Helden der Stücke werden nicht durch innere Wandlung zur Besserung angehalten, sondern müssen durch theatralische Misserfolge ihr Scheitern erkennen.

Josef Alois Gleich schreibt fast ausschließlich für das 'Theater in der Josefstadt' und das 'Leopoldstädter Theater'. Ein Großteil seiner 250 Theaterstücke erscheint unter den Pseudonymen Adolf Blum, Ludwig Dellarosa und Alois Kramer. Das Schreiben geht ihm leicht von der Feder, so dass er oft in nur wenigen Tagen ein neues 'Singspiel', 'Lustspiel', eine 'Posse mit Gesang' oder ein 'Zauberspiel' verfasst.

Mit Karl Meisl erfährt das Wiener Volkstheater entscheidende Änderungen. Er bevorzugt Parodien und Travestien von ernsten Dramen und Opern. Ausgefallene Komik und effektvoll eingesetzte allegorische Figuren und Zauberwesen greifen mit Macht in die Handlung seiner Belehrungs- und Erbauungsstücke ein und führen dadurch zu einer neuen Bühnenatmosphäre.

Der Dritte in diesem Bunde ist Adolf Bäuerle, der den 'Wiener Lokalroman' begründet. Ein neuer Abschnitt in der Geschichte des Wiener Volkstheaters beginnt, als er in seiner Posse *Die Bürger in Wien* (1832) die Figur des Parapluiemachers 'Chrysostomos Staberl' kreiert. Damit wird erstmalig die charakteristische Schranke des Alt-Wiener Volkstheaters durchbrochen. Aus einfacher Komik und Infantilismus wird reife Wesens- und Charakterkomik.[18]

Als Konfektionsdramatiker liefern die 'großen Drei' des Alt-Wiener Volkstheaters, im Gegensatz zu den anspruchsvollen Arbeiten Raimunds, mit ihren Dutzendstücken sanfte Schonkost. Sie setzen den Standard in allen geläufigen Schauspielarten vom Lokalstück bis zur mythologischen Parodie, vom Besserungsstück bis zur Zauberposse. In ihrer Weltsicht gelten unverrückbare Werte: strebsame Tüchtigkeit, einwandfreier Lebenswandel in Geschäft und Sitte sowie Ordnungshörigkeit in Staat und Familie. Hier dürfen die Zuschauer ihre eigenen, freilich geschönten Lebensmaximen genüsslich wiedererkennen. Was die zentralen Motive betrifft, so werden drei Grundkonflikte durchgespielt: Liebe, Geld und Verbrechen.[19]

Die Selbstverwirklichung im Bereich der Sexualität, Betrügereien und die Jagd nach dem Mammon sind bei den späteren Nachfahren der Volksstücktradition, insbesondere aber bei Wedekind, treibende Kräfte geblieben. Das Verbrechen als solches tritt jedoch in einem anderen gesellschaftlichen Umfeld auf; entweder im Zusammenhang mit dem Streben nach Macht und Besitz oder im Zusammenhang mit der sexuellen, pervertierten Problematik. „Dass dies unter leitmotivischer Berufung auf den Wert und das Anrecht kreatürlicher Lebendigkeit geschieht, weist zurück auf eine Gesellschaft, in der sich geistige Verbindlichkeiten verflüchtigt und die rationalen Sachzwänge gesellschaftlicher Funktionalität verselbständigt haben.“[20]

Nach der Jahrhundertmitte erleben wir im Wiener Vorstadttheater im Zuge der Urbanisierung gravierende Veränderungen. Die drei Wiener Bühnen sind in der Zwischenzeit zu vornehmen Häusern geworden, deren Eintrittspreise für den einfachen Bürger nicht mehr erschwinglich sind, so dass das Volk auf neuere Theater wie das 'Fürst-Theater' im Wiener Prater ausweichen muss, wo nicht das alte 'Volksstück', sondern moderne Music-Hall-artige Attraktionen dargeboten werden. Die Folge sind neue Theatergründungen wie das 'Raimundtheater', das 'Kaiserjubiläums-Stadttheater' und die heutige 'Volksoper', in der das Volksstück wieder seinen Platz findet.

Die österreichische Tradition der 'Reform von oben' versucht die Bedrohung der Französischen Revolution abzuwenden, indem sich die Aristokratie um das Volk bemüht und ihm mit den neuen Theatergründungen reichlich Gelegenheit zur Unterhaltung bietet. Als Folge dieser Reaktion müssen die Autoren ausschließlich auf 'Zauberpossen' und 'Besserungsstücke' ausweichen. Diese bieten ihnen die Möglichkeit, über gesellschaftliche Probleme zu schreiben, ohne dass die Stücke verboten oder zensiert werden können. Schließlich befindet man sich hier im Reich der Feen und Zauberer, in einem Reich zwischen Gott und der Welt, das gegen jede Zensur erhaben ist.[21]

Den Höhepunkt der Wiener Volkskomödie markiert die Zeit vom Wiener Kongress 1814/1815 bis zum großen Börsenkrach 1873. Es ist eine Ära des Lebensüberschwangs vor dem Hintergrund einer permanenten wirtschaftlichen Krise. Es ist die Blütezeit der Salons und Kaffeehäuser mit zahlreichen Bällen. Mit 300.000 Einwohnern ist Wien die einzige deutsche Großstadt und bietet dem Volkstheater ein theaterkundiges und illusionsfreudiges Publikum, das seine Schauspieler bestens kennt. Am bekanntesten werden um die Jahrhundertmitte die Stücke von Ferdinand Raimund und Johann Nestroy, mit denen diese Epoche zugleich ihre Endzeit erreicht. Wie ein Lauffeuer verbreiteten sich die Texte dieser Autoren im ganzen deutschsprachigen Raum, der ansonsten kein mit Paris vergleichbares Zentrum kennt.

2.1. Ferdinand Raimund

Ferdinand Raimund (1790-1836), eigentlich Ferdinand Jakob Raimann, war der Sohn eines eingewanderten böhmischen Drechslermeisters. Nach dem frühen Tod seiner Eltern beginnt er die Lehre bei einem Zuckerbäcker, der die Konzession besitzt, im Wiener Burgtheater Erfrischungen zu verkaufen. Als Verkäufer von Süßigkeiten erfährt Raimund die erste Begegnung mit dem Theater. Sofort wird in ihm ein leidenschaftliches Interesse wach, so dass er seinen Beruf aufgibt und sich 1809 einer wandernden Schauspieltruppe anschließt, die hauptsächlich in Ungarn gastiert. Hier hat er Gelegenheit, seine Vielseitigkeit zu erproben, die sich freilich noch im Kopieren bekannter Schauspieler erschöpft. Dabei spielt er Tyrannen und Intriganten. 1814 kehrt er nach Wien zurück und feiert am Theater in der Josefstadt seine ersten Erfolge. Durch seine 'neue Komik' gewinnt er rasch die Gunst des Publikums. Sein künstlerischer Durchbruch gelingt ihm 1815 mit dem Stück seines späteren Schwiegervaters Josef Alois Gleich: *Die Musikanten am Hohen Markt*. Im Gegensatz zu seinen Kollegen war Raimund kein Literat, aber ein perfekter Theaterpraktiker. Seit 1817 gehört er dem Ensemble des Theaters in der Leopoldstadt an. Hier erhält er einen Zehnjahresvertrag, um als Schauspieler, Regisseur und Stückeschreiber tätig zu sein. Die unglückliche Ehe mit der Schauspielerin Aloisia Gleich wird 1822 geschieden. Noch während Raimund mit ihr verheiratet ist, findet er zu seiner Jugendliebe Antonia Wagner zurück. Die beiden besiegeln ihre Lebensgemeinschaft 1821 vor der Mariensäule in Neustift. Erst 1827 erkennen die Eltern von Antonia Wagner die Gemeinschaft an. Doch wirklich glücklich wird auch diese Verbindung nicht. Raimunds Schwermut und seine Eifersucht überschatten die Beziehung. Seine Vorstellungen von der 'idealen Liebe' beeinflussen in starkem Maße seine Hypochondrie und seine Depressionen, vor allem aber den Inhalt seiner Stücke. Das Problem von Freiheit und Liebe hat er autobiographisch vor allem in sein letztes Stück einfließen lassen.

Nachdem der vorliegende Textbestand Raimunds Ansprüchen als Schauspieler immer weniger genügt, schreibt er seine Rollen um. Schließlich greift er zur Feder und bringt sein erstes Stück *Der Barometermacher auf der Zauberinsel* auf die Bühne. Der große Erfolg veranlasst ihn zu seinem zweiten Stück: *Der Diamant des Geisterkönigs*. Erfolg hat Raimund 1828 auch mit dem Stück *Der Alpenkönig und der Menschenfeind.* Als er seine größeren Märchendramen schreibt, ist er bereits Direktor der Leopoldstädter Bühne. Dabei sieht er seine Aufgabe nicht nur als Schauspieler, sondern zugleich als Regisseur, Bühnenbildner, Kostümbildner und Choreograph.[22] Raimund war somit, wie seine berühmten Vorgänger Shakespeare und Molière Schauspieler seiner eigenen Werke und stand an natürlicher Begabung hinter ihnen nicht zurück. Hier zeigen sich auch Berührungspunkte zu Wedekind, der ebenfalls die Arbeit des Regisseurs in seine Textgestaltung mit einbezieht und sein 'Gesamtkunstwerk' am liebsten selbst inszeniert. Auch bei den jüngeren Volksstückautoren Sperr, Fassbinder und Kroetz finden wir diese Praxis.

Es zeigt sich, dass Raimund der Barocktradition und dem Ausstattungstheater verpflichtet ist. Seine Stärke ist eine grandiose Bühnentechnik mit gelungenen Ballett- und Gesangseinlagen. Dadurch wird für den Zuschauer eine gefühlsmäßige Identifikation möglich, wie sie bisher im Wiener Volkstheater nicht üblich war. So kann sich das Publikum in den komischen Figuren einerseits emotional selbst wiederfinden und andererseits zu sich selbst in eine gewisse Distanz treten.

Seine Zauberstücke sind als eine Reaktion auf das System des Vormärz zu verstehen. Dabei zeigt sich immer wieder eine Verbindung zwischen lokalem Dialekt und Hochsprache. Während er sich bei seinen frühen Arbeiten nur mit gesellschaftlichen Anliegen befasst, sind die späteren Arbeiten im Stil von Besserungsstücken und Allegoriespielen gehalten. Dabei geht es ihm um die bildliche Darstellung der Begriffe 'Jugend', 'Alter', 'Hass', 'Neid' und 'Zufriedenheit'. Raimund gelingt es, die Verbindung zwischen Dichtung, Musik und Regie so eng miteinander zu verknüpfen, dass man ihn vielleicht sogar als einen Vorläufer Richard Wagners bezeichnen könnte. So lassen sich manche mythologischen Motive erkennen, die bei Raimund zuerst erscheinen und bei Richard Wagner wieder auftauchen.

Der Misserfolg des am 4. Dezember 1829 aufgeführten Zauberspiels *Die unheilbringende Krone* hat Raimund im Innersten getroffen. Er zieht sich von der Leitung des Theaters in der Leopoldstadt zurück und begibt sich auf ausgedehnte Gastspielreisen, um den Wienern zu zeigen, dass man seine Kunst auch außerhalb der Kaiserstadt zu schätzen wisse. Enttäuscht vom Wiener Publikum schreibt er im Spätherbst 1833 das Zaubermärchen *Der Verschwender* in wenigen Wochen nieder. Es sollte sein größter finanzieller und künstlerischer Erfolg werden.

Dabei führt Raimund den bisherigen Stil nicht weiter, sondern greift zu neuen dramatischen Formen, zu denen er durch die soziale Realität des Vormärz inspiriert wird. Das zweischichtige Thema, das Verschwendung als Laster bestraft, als Freigiebigkeit jedoch belohnt, bildet die Basis des Stücks. Wie in seinen früheren Werken wird durch den Sieg des Guten über das Böse seine weltanschauliche Grundposition deutlich. Dem entspricht das Prinzip der Stilmischung von Ernst und Komik, Wort und Bild, Vers und Prosa, Hochsprache und Dialekt, Zauber und Realität. Hinter der biedermeierlich-harmonisierenden Märchenwelt wird die soziale Wirklichkeit deutlich. Die komischen Figuren kommentieren insbesondere in den Liedern diese Realität und stellen eine Verbindung mit dem Publikum her.

Die Musik übernimmt bei Raimund eine besondere Funktion. So kommt es, dass sich die gemütvolle Stimmung bei den zentralen Figuren immer wieder zu Couplets verdichtet. Das beste Beispiel ist das berühmte 'Hobellied' aus dem *Verschwender,* für das Konradin Kreutzer (1740-1849) die Musik schrieb. Dieses Couplet gelangt weit über den Rahmen des dramatischen Kontextes hinaus zu einer Popularität, die etwa mit der unserer heutigen 'Evergreens' vergleichbar ist:

Da streiten sich die Leut' herum
Oft um den Wert des Glücks,
Der eine heißt den andern dumm,
Am End' weiß keiner nix.
Das ist der allerärmste Mann
Der andre viel zu reich,
Das Schicksal setzt den Hobel an
Und hobelt s' beide gleich!

Die Jugend will halt stets mit G'walt
In allem glücklich sein,
Doch wird man nur ein bissel alt,
Da find't man sich schon drein.
Oft zankt mein Weib mit mir, o Graus!
Das bringt mich nicht in Wut.
Da klopf' ich meinen Hobel aus
Und denk', du brummst mir gut!

Zeigt sich der Tod einst mit Verlaub,
Und zupft mich: Brüderl kumm!
Da stell' ich mich am Anfang taub
Und schau' mich gar nicht um.
Doch sagt er: Lieber Valentin,
Mach' keine Umständ', geh'!
Da leg' ich meinen Hobel hin
und sag' der Welt Adje![23]

Die Überzeugung, dass ein Grundübel der menschlichen Natur die Undankbarkeit sei, hat sich in dem enttäuschten Gemüt des Dichters mit zunehmendem Alter immer mehr gefestigt. Das Ergebnis ist eine seiner gelungensten künstlerischen Arbeiten, ein Markstein in der Geschichte des Volksstücks, das aus dem *Verschwender* einen 'Klassiker' macht. Am 20. Februar 1834 geht das Stück erstmals über die Josefstädter Bühne in Wien. Seine Leistung hat seine Kollegen des Burgtheaters zu höchster Anerkennung veranlasst. Das Stück endet in einem großen szenischen Sinnbild vom Glück in einer geordneten Welt mit utopischen Ausblicken in ein höheres Reich der Liebe und Freiheit.

Analog zu diesem Genre greift Wedekind nicht nur auf das standardisierte Spielmuster und die ambivalente Struktur von Tragik und Komik zurück, sondern er fügt wie seine Wiener Vorläufer in vielen seiner Werke, Lied und Gedichteinlagen in ähnlicher Weise in seine Texte ein. Dabei ist es von besonderer Bedeutung, dass er die Liedeinlagen in seinem dramatischen Werk meist viele Jahre zuvor als Ballade dichtet, als Bänkellied vertont und zur Laute im Kabarett der 'Elf Scharfrichter' vorträgt.

Mit der Zensur hatte Raimund keine Probleme, da seine Texte wie die anderer österreichischer Dichter des Biedermeier davon sprechen, dass das wahre Glück und die wirkliche Größe des Menschen in der Selbstbescheidung und im Verzicht liegen, dass Maß, Beschränkung und freiwilliger Verzicht zu den höchsten Tugenden des Menschen zählen. Somit war Raimund kein gesellschaftskritischer Dichter wie Nestroy, dem es gelingt, seine Stücke auch für unbequeme Botschaften zu benutzen.

Raimunds Feen und Zauberer stehen außerhalb der menschlichen und göttlichen Sphäre und sind deshalb auch nicht dem Zensurverbot ausgesetzt. Ihre Handlungen müssen sie nicht moralisch rechtfertigen, sondern können frei und willkürlich nach den Regeln der Phantasie und des Märchens handeln. „Da erlebt der Zuschauer, wie 'menschlich' es auch im Feenreich zugeht, da wird nicht die grundsätzliche Andersartigkeit dieser Welt sichtbar gemacht, sondern gerade ihre Vergleichbarkeit. Der komische Effekt dieser Stücke liegt dann jedes Mal darin, dass dem Zuschauer mächtige Wesen vorgeführt werden, die im Grunde von denselben Zwängen abhängig sind, wie der Zuschauer selbst."[24] Dennoch fehlt den Stücken Raimunds die Utopie einer anderen Welt. Er ist kein Revolutionär, der die Lösung aller Schwierigkeiten im Einreißen der bestehenden und im Aufbau einer neuen Wirklichkeit sieht. Seine Wirklichkeit ist traditionell, insofern als sie ein Oben und Unten kennt, eine Hierarchie von Gruppen und Klassen. Sie ist historisch, insofern als in seinen Stücken noch einmal das Welt- und Gesellschaftsbild des Barockzeitalters auflebt. Im Unterschied zur Wirklichkeit ist die Bühnenwelt rational durchschaubar. Die Angehörigen der unterschiedlichen Gesellschaftsschichten werden moralisch bewertet: Wer reich ist, wird nicht geliebt. Neid und Hass sind meist seine Genossen. Wer zufrieden ist mit dem, was er hat, nur der findet das wirkliche Glück.

Ferdinand Raimund 1835

Die Einfachheit der Gegensätze zwischen arm und reich entspricht dem Weltbild Raimunds. Da er kein Beobachter der Gesellschaft ist, kann er auf der Bühne zwar überwältigende Bilder darstellen, die Analyse fein nuancierter Begriffe gelingt ihm jedoch nicht. Deshalb wissen seine Menschen auch nicht, wie es in der Welt wirklich zugeht und erleben ständig neue Enttäuschungen. Wenn in seinen Stücken von Armut und Reichtum die Rede ist, wenn sich um diesen Komplex Handlungen entspinnen, da werden nicht wirtschaftliche Gesellschaftsstrukturen gezeigt, sondern Zustände, in die ein Mensch ohne sein Zutun hinein geraten kann. Zustände, die man naiv erleidet oder über die man sich naiv freut. Auch „in den Briefen Raimunds finden wir keine Stellungnahme zu diesem Problem, da es ihn nicht interessiert. Den Menschen werden nicht Habgier und Geiz zur Last gelegt, sondern Unmoral, Neid, Gemeinheit, Verstellung, Undank, Eigenliebe, Untreue und Falschheit."[25] Diese Charakterschwächen korrelieren zum Leben des Autors und zu seiner Zeit. Dabei zeigt sich, wie Raimund das Problem des 'sozialen Aufstiegs' zur Zeit der napoleonischen Kriege beurteilt. Die Frage des 'sozialen Aufstiegs' beschäftigt

19

die Volksstücktradition bis heute. Allerdings nehmen die Autoren Wedekind, Brecht, Sperr, Fassbinder und Kroetz, um nur einige zu nennen, eine andere Gewichtung unter einem neuen Blickwinkel vor.

Im Gegensatz zu den angesprochenen Schwächen erhebt Raimund bei seinen Charakteren lobenswerte bürgerliche Tugenden wie Bescheidenheit, Mäßigkeit, Zufriedenheit und Einfachheit zu so absoluter Gültigkeit, dass nur die historische Wirklichkeit eine Erklärung für diese einseitige Sichtweise bietet. Hier zeigt sich, dass das Bürgertum, das durch Versprechungen größerer Freiheit für den Kampf gegen Napoleon gewonnen worden war, in seiner Rolle enttäuscht und zum politisch einflusslosen Untertan manipuliert wurde.

Dass Raimunds Auftreten das Ende des alten Wiener Volksdramas herbeiführt, liegt auf der Hand, war doch sein Höhepunkt bereits erreicht. Mit ihm ist diese Dynastie erloschen.[26] Auch wenn er kein politischer Schriftsteller war, beweist sein Werk eine gewisse Aktualität für die Zeit des Wiener Kongresses, indem er Fragestellungen dieser Zeit aus ihrem historischen Kontext heraus beantwortet.

Ungeachtet dessen beschritt Raimund einen gefährlichen Weg, indem er sich immer mehr seiner künstlerischen und menschlichen Vereinsamung hingab. Jenes Glück der Familie, in dem sich Valentin im *Verschwender* sonnen durfte, war ihm nicht beschieden. Das Verhängnis nahm seinen Lauf. Die Möglichkeit, von einem tollwütigen Hund gebissen zu werden, hatte ihn schon lange wie ein drohendes Gespenst verfolgt. Als er am 25. August 1836 von einem fälschlicherweise von ihm für tollwütig gehaltenen Hund gebissen wird, tritt er in panischer Angst vor Tollwut mit seiner Lebensgefährtin Toni Wagner die Reise nach Wien an. Durch ein Gewitter zur Übernachtung in Pottenstein gezwungen versucht er sich in der Nacht vom 29. August 1836 zu erschießen. Die Kugel bleibt jedoch in seinem Schädel stecken. Vergebens ringen die aus Wien herbeigerufenen Ärzte um sein Leben. Nach qualvollem Leiden ist er am 5. September 1836 im Alter von 46 Jahren verstorben. Unter größter Anteilnahme der Bevölkerung wird er auf dem Friedhof in Gutenstein zu Grabe getragen. Dem Burgschauspieler Anschütz, der die Grabrede halten sollte, versagt angesichts des offenen Grabes die Stimme. Raimunds Lebensflamme war verglüht, aber der Glanz seines dichterischen Werks leuchtet weiter bis in unsere Tage.[27]

2.2. Johann Nepomuk Nestroy

Johann Nepomuk Nestroy (1801-1862) wird als Sohn eines Hof- und Gerichtsadvokaten in Wien geboren. Nach dem Abitur beginnt er mit dem Studium der Philosophie, um dann in die Juristische Fakultät zu wechseln. Während dieser Zeit hat er bereits die ersten Auftritte als Sänger und Schauspieler auf Laienbühnen, so dass er bald sein Studium abbricht und sich ganz der Schauspielerei widmet. 1822 tritt er als Opernsänger am Hoftheater in Wien auf. Es folgt 1823 bis 1825 ein erstes Engagement als Bassist am Deutschen Theater in Amsterdam. Im Anschluss gastiert er an den Bühnen in Brünn, Graz und Lemberg. Dabei wechselt er von der Opern- zur Theaterbühne. Schon während dieser Zeit versucht er sich als Bühnenschriftsteller. Sein Stück *Die Verbannung aus dem Zauberreich* wird 1826 im Schauspielhaus Graz uraufgeführt. 1827 tritt er als Autor der Lokalposse *Der Zettelträger Papp* in Erscheinung. Sein erstes Engagement in seiner Heimatstadt bekommt er 1831. Hier gastiert er bei Direktor Carl am Theater an der Wien bis 1839. Sein Repertoire umfasst Opern und Sprechstücke.[28] Auch wenn er imstande ist, die dürftigen Figuren des üblichen Repertoires lebendig zu machen, können sie seinem Bedürfnis nach Witz, sprachgebundenem Denken und dramatischer Aussprache nicht genügen. Diese Möglichkeit schafft er sich erst durch seine eigenen Komödien. Dabei hat er sich seine Stücke im wahrsten Sinne des Wortes auf den Leib geschrieben. Nicht mit den Mitteln der Logik sondern durch kontrastierenden Vergleich versucht er eine Klärung der Sachverhalte herbeizuführen. Dabei übernimmt die Sprache eine entscheidende Aufgabe. Oft entspringen die Antithesen der Diskrepanz zwischen Ideal und Wirklichkeit, zwischen Anspruch und Leistung, zwischen Sein und Schein. Was aber als geistiges Prinzip innerhalb des dynamischen Mechanismus wirkt, der die so verschiedenartigen Sprachmittel in Bewegung setzt, ist immer die Gegensätzlichkeit. Sie ist die bei Nestroy häufigste Form der Assoziation.[29] Nicht nur kontrastieren die Charaktere miteinander, sie geben auch vor zu sein, was sie nicht sind. Der Zufall erzeugt das Gegenteil von dem, was geplant war; die Sprechweise kontrastiert mit dem Charakter, das Amt mit der Person.

Als Schauspieler geht er in einem selbstgeschaffenen Stil an seine Rollen heran. Dabei zeigt er eine ungeheure ursprüngliche Kraft der Komik, die jeden Widerspruch niederwirft. Zugleich verbreitet er auf der Bühne etwas Dämonisches, Mephistophelisches und Unheimliches. Die Eindringlichkeit seines Blicks, seine zweideutige Mimik, seine hagere Gestalt und das nuancierte Marionettenhafte seiner Bewegungen erzeugen Heiterkeit, die nur dann aussetzt, wenn der Sarkasmus hindurch schimmert und einen beklemmenden Eindruck hinterlässt. Damit erinnert er in seiner Ausstrahlung an Wedekind, wenn jener mit der Hetzpeitsche, Stulpstiefeln und Frack oder mit der Laute auf der Bühne steht.

Die antike Tragödie setzt das Wirken höherer Mächte voraus, deren Existenz als Schicksal gefasst wird und mit denen wiederum der einzelne in Konflikt gerät. Aus dem Gegensatz des Individuums zum Absoluten leitet man die tragische Schuld ab.

Die bedeutendste Veränderung gegenüber dem antiken Weltbild war die Tatsache, dass es kein transzendentales Gegenüber mehr gibt, sondern dass die Regel nun von Menschen stammt und deshalb auch nur eine relative Gültigkeit besitzt. Somit muss Nestroy das Schicksal und die Handlung über die Köpfe der Personen hinweg bestimmen. Der Ablauf des Geschehens wird vom Wechsel des Glücks, von plötzlicher Armut und plötzlichem Reichtum bestimmt, vom Geld also, über das die Personen keine Macht haben.[30]

„Wo das Bewusstsein der Partner eines Dialogs von völlig verschiedenen Inhalten erfüllt ist, entsteht das Nestroysche an Ionesco ebenso wie an Karl Valentin erinnernde Aneinander vorbeireden."[31] In seinem späteren Werk sind die phantastischen Voraussetzungen des Zauberspiels ins Realistische umgesetzt, der faule Zauber entfällt, doch der Zaubermechanismus als solcher bleibt erhalten. Die Personen sind statisch festgelegt. Somit führt die Entwicklung immer wieder zum Ausgangspunkt zurück.[32] Im szenischen Geschehen haben wir eine Bewegung ohne Fortschritt, eine Entwicklung im Kreise.

Nestroys scharfer Blick durchschaut alles Menschliche und wendet sich mit sichtlicher Lust dem Psychologischen zu, wobei vor allem die Sexualität zum Thema wird.[33] Die Liebhaber sind berechnend, die Liebhaberinnen quälen den Mann, indem sie ihn ausnutzen und hinhalten. Dem Liebeskonflikt wird also nicht nur aus dem Kampf der Liebenden mit den Autoritäten, sondern auch aus der inneren Zerfallenheit der Liebenden, aus dem Kampf der Geschlechter Stoff zugeführt.[34] Nestroy versteht unter Liebe und Ehe zwei völlig unterschiedliche Bereiche aus dem Reich Amors. Liebe und Eros in all ihren Stufen bis hinab zur Prostitution stehen bei unserem Satiriker im gefährlichen Brennpunkt der Lebensbahn. Ähnliche Züge dieser Handlungskonstruktion zeigen sich bereits bei dem barocken Romanautor Johann Beer, wenn er den traditionellen Liebesdiskurs durch groteske Überhöhung kritisch darstellt und seine Figuren an der Moral und der Sündhaftigkeit der Welt leiden.[35] Diese Form erfährt bei Frank Wedekind ihre Vollendung.

Thematisch und formal erstreckt sich die Reichweite des genialen Schauspieler-Autors Nestroy von der italienischen *Commedia dell'arte*, dem österreichischen allegorischen Barockdrama und Märchenspiel des 18. und beginnenden 19. Jahrhunderts, dem Besserungsstück und der lokalen Posse, den Wiener Parodien und Travestien bis hin zur Operette Offenbachs.[36]

Der neue Stil Nestroys zeigt sich bereits 1829 in dem Zauberspiel *Der Tod am Hochzeitstage*. Bloße Komik ist mit Groteske und Absurdem vermischt. Es ist das längste und am sorgfältigsten ausgearbeitete seiner frühen Stücke. Auch das Ballett und der Gesang sind perfekt mit einbezogen. Die Figuren der irdischen Welt sind zwar im Ganzen unrealistisch gezeichnet, aber im Einzelnen so konkret, dass sie umso grotesker wirken. Der reiche 'Herr Dappschädel', ein Schürzenjäger ohnegleichen, bildet sich wegen des Todes seiner am Hochzeitstag verstorbenen Frau ein, noch nach fünfundzwanzig vergnügten Jahren trauern zu müssen. Dabei gefällt er sich in der Rolle des Melancholikers. Die Traumkönigin Laura beweist ihm, dass er seine Frau, wäre sie noch am Leben, nur unglücklich gemacht hätte. Sein Gegenspieler ist der pathetisch rabiate Kunstreiter Siegwart Point d'Honneur. In grotesker Mischung von feierlichem Unsinn-Reden und Theaterpathos will Siegwart die Ehre seiner Schwester rächen. Hier ein typisches Beispiel dieses neuen Stils:

Dappschädel	Wer sind Sie denn aber eigentlich?
Siegwart	Ich bin der Bruder meiner Schwester.
Dappschädel	Ihr Name?
Siegwart	Tut nichts zur Sache. [...]
Siegwart	Ein Jüngling steht vor Ihnen, den der Sturm des Geschicks zu die Kunstreiter geblasen, ein Jüngling, der höher stehen sollte- [...]
Dappschädel	Der Bruder meiner Emilie?[37]

Von burlesk Albernem gehen Dialog und Handlung ins Absurde über und vom Absurden in eine cartoonhafte Wirklichkeit. Siegwart setzt das Gespräch mit der Drohung fort:

Aber gehen Sie augenblicklich hin, sonst voltigiere ich Ihnen auf die Achseln und reite spornstreichs in Karriere nach Haus![38]

Worauf Dappschädel antwortet:

Machen Sie sich keine Ungelegenheit![39]

Das Aufeinanderprallen von Bühnen- und Sprachromantik mit Charlie-Chaplinischem Alltagsrealismus, in dem Hindernisse und Überraschungen sich überstürzen, beherrscht das ganze Stück; drastische Komik fegt oft jeden rationalen Widerstand hinweg. Auch die folgenden Worte Siegwarts wirken, isoliert genommen, lächerlich und unrealistisch:

Wie anders war es vor sechs Wochen, sie war in der Reiterei, ich führte eben das große Kunststück aus, in dem ich einzig bin. Ich sprang auf gesatteltem Pferde durch diesen Handschuh. [...] Mitten im Sprung traf mich zum ersten Male ihr Flammenblick, ich fiel der Länge nach zu Boden. Ich raffte mich empor, die Himmlische liegt in Ohnmacht. Dies spornt mich an zu kühner Hoffnung, ich trabe ihr nach auf allen ihren Wegen, Tag für Tag. Endlich ergab sich die Gelegenheit, ich sprach sie an am Haustor. Sie wissen es ja, ich ließ sie nicht vom Fleck, bis sie mir gestand, daß ich ihr nicht gleichgültig sei, jedoch die Verhältnisse, sagte sie, trennen uns. Besorgen Sie nichts,

mein Fräulein, schrie ich entzückt, ich bin Kunstreiter, ich überspringe jedes Hinder-
nis. Sie verschwand und ich hab' sie nimmer mehr g'schaut.[40]

Die Sprache des Kunstreiters ist mehr als grotesk. Der Dialog geht vom Albernen
ins Unrealistische und vom Unrealistischen ins Surrealistische. Ein Stil, der nicht
beim Wiener Volksstück, sondern bestenfalls bei Wedekind anzusiedeln wäre.[41]

Wo zwischen den Sätzen und Gebärden Nestroys ironische Diskrepanz besteht,
da wird sie oft zur Quelle des Grotesken. Die Satire wird von drastischer realitäts-
ferner Komik beherrscht, indem sich Hindernisse und Überraschungen überstürzen.
Die Zauberhandlung lässt die Figuren der irdischen Welt unrealistisch erscheinen,
durch ihre Äußerungen aber wirken sie umso grotesker.

Das alles ist 1829 ein noch völlig unbekannter Stil. Diese Züge einer neuen
Kunst werden von Anfang an in Nestroys Werk sichtbar. Sie reichen in ihrer Übertreibung und Karikatur bis hin ins Absurde. Ein Stil, der der Tradition der Wiener
Volksbühne völlig fremd ist und den wir erst in unserem Jahrhundert als 'black
humor' bei Wedekind, Bertolt Brecht oder auch Karl Valentin wieder finden.[42]
Nestroy geht von der naturwissenschaftlichen Denkweise seines Zeitalters aus und
lässt den Menschen sich aus dem Milieu heraus entwickeln. Eine heile Welt, wie
sie noch die Vorgänger Nestroys zeigen, finden wir bei ihm nicht mehr. Hier werden schonungslos die Mechanismen der Gesellschaft offen gelegt und Marionetten
vorgeführt, die uns in Atem halten.

Seinen ersten großen Erfolg als Autor hat Nestroy mit der Zauberposse mit Gesang *Der böse Geist des Lumpazivagabundus oder Das liederliche Kleeblatt* (1833),
mit dem er zum beliebtesten Volksschauspieler und Possendichter in Wien wird.
Bis 1881 wird das Stück über 1000 mal aufgeführt und in fast alle europäischen
Sprachen übersetzt. Nestroy räumt mit dem Zauberapparat auf und platziert neue
Inhalte und eine realistische Weltsicht auf der Wiener Volksbühne. Er war ein sehr
viel schärferer Beobachter und kritisch analysierender Geist als Raimund. Er übernimmt nicht einfach den Zauberapparat des alten Volksstücks, sondern verspottet
von Beginn an die Zauberwelt mit den Mitteln der Satire und Parodie. An die Stelle
des Geisterapparates wird in seinen Stücken Geld zum zauberischen Movens der
Handlung. Die liebenswerten Bürger des älteren Volksstücks, die sich gelegentlich
verirren und immer wieder liebevoll auf den rechten Weg gebracht werden, sind
bei Nestroy vielfach – und gerade im *Lumpacivagabundus* – zu Gestalten am Rande der Gesellschaft abgesunken. Ausgestoßene, die durch ihr Verhalten die angeblich so gute Gesellschaft ihrer Umgebung in Frage stellen.[43]

„Nestroy weiß jedoch, wo Gefahr ist. Er erkennt, dass wissen nichts glauben heißt. Er hört bereits die Raben der Freiheit, die schwarz sind von Drucker-schwärze und holt terminologische Anmaßung heraus, mit der sich die leeren Fä-cher vor der wissenschaftsgläubigen Menschheit füllen. Nach einem unvergleich-lichen Augenaufschlag, mit dem der Schustergeselle 'Knieriem' im *Lumpazi-vagabundus* einer skeptischen 'Peppi' nachsieht, fährt er fort."[44]

> Die glaubt nicht an den Kometen, die wird Augen machen. Ich hab' die Sach' schon lang heraus. Das Astralfeuer des Sonnenzirkels ist in der goldnen Zahl des Urions von dem Sternbild des Planetensystems in das Universum der Parallaxe, mittels des Fix-stern-Quadranten, in die Ellipse der Ekliptik geraten; folglich muß durch die Diago-nale der Approximation der perpendikulären Zirkeln der nächste Komet die Welt zu-samm'stoßen. Diese Berechnung ist so klar wie Schuhwichs. Freilich hat net jeder die Wissenschaft so im klein' Finger als wie ich.[45]

Nestroy als Knieriem

„Das alles klingt so unglaublich, als ob Nestroy das Problem an der journalisti-schen Quelle studiert hätte. Der Satz hätte, so wie er hier geschrieben ist, achtzig Jahre später in der Neuen Freien Presse gedruckt werden können, als sich die Ast-ronomen statt eines Kometen wieder vergeblich bemühten, über ein nicht stattge-fundenes Ereignis zu berichten."[46]

Dennoch verschwinden die inhaltlichen Zauberelemente bald im Werk Nestroys und er wendet sich der Gesellschaftskritik zu. Bereits zwei Jahre später wird die Lokalposse *Zu ebener Erde und im ersten Stock* (1835) uraufgeführt.

Szenenbild aus *Zu ebener Erde und im ersten Stock*

Hier thematisiert der Autor den Gegensatz zwischen Armut und Reichtum. Die soziale Differenz wird bereits bei dem geteilten Bühnenbild deutlich. Drei Unglücksfälle widerfahren dem übermütig reichen Herrn von Goldfuchs oben, drei Glücksfälle der armen Tandlerfamilie unten, mit dem Ergebnis, dass Oben und Unten die Quartiere tauschen.

Es folgt *Der Talisman,* eine Posse mit Gesang (1840), die als sein Meisterwerk gilt. Da Nestroy selbst viele Jahre als Opernsänger tätig war, versieht er seine Werke meist mit ausgiebigen Gesangseinlagen. Dadurch wird seine Dichtung, wie die seiner Vorgänger, vom Musikalischen getragen. Musik, Liedeinlagen und Chor werden auf vielfältige Weise in die Dramaturgie eingearbeitet, um zu einer stimmungsmäßigen Bereicherung zu führen.

Dass die Veränderungen des Volkstheaters durch Nestroy von der Kritik erkannt werden, zeigen die Äußerungen, die ihm vorwerfen, 'Pöbelstücke' zu schreiben, während vom Volksstück erwartet wird, dass es das Volk als edel hilfreich und gut darstelle. Obwohl Nestroy die meisten seiner Stücke der *Posse* zuordnet, werden sie von der Literaturwissenschaft, insbesondere von Otto Rommel, als *Volksstück* verstanden. Er begründet diese Zuordnung damit, dass Nestroy mit diesen Stücken dem von der zeitgenössischen Kritik geforderten Ideal der Volksbelehrung durch die lokale Posse am nächsten kommt.[47]

In den Jahren 1815 und 1848, dem Vormärz, ist die Volkskomödie oft ein Ersatz für politische und öffentliche Interessen der Bürger. Denn außer dem Theater war jedes abendliche Zusammentreffen verboten. Die Bevölkerung besuchte daher das Theater, um die Politik zu vergessen. Berühmt und von der Obrigkeit gefürchtet war Nestroys Talent zu extemporieren. Dies war seine besondere Stärke, da sie seiner Arbeitsweise entgegen kam. „Kaum ein Stück verlässt seinen Schreibtisch, das fertig ausformuliert ist. Ausgaben letzter Hand, so wie sie von den großen klassischen Dichtern vorliegen, gibt es bei Nestroy nicht. Er skizziert den Handlungsverlauf, formuliert einzelne Dialoge, schreibt einzelne wichtige Couplets und Nummern. Fertig wird das Stück erst während der Aufführung durch die gemeinsame Anstrengung der Schauspieler und der Zuschauer, die ihn immer wieder zu Improvisationen und Zulagen anregen."[48]

Auf diese Weise setzt er Seitenhiebe auf aktuelle oder gesellschaftliche Ereignisse, ohne dass die Zensur eingreifen kann. Seine politischen Entlarvungen gipfeln in dem Revolutionsstück *Freiheit im Krähwinkel* (1848), in dem er sich offen zur 48er Revolution bekennt. Auch in der Burleske *Häuptling Abendwind* (1862) hat Nestroy die Politik zum Thema gemacht. Es ist das kühnste seiner Stücke, in dem er der zivilisierten Welt den Spiegel vorhält. Die Rezensenten beurteilen damals das Stück als unappetitlich, war doch die Zeit des 'black humor' noch nicht gekommen. Im Vergleich zu seinen Wiener Vorgängern hat Nestroy eine völlig gegensätzliche Welt- und Lebensauffassung. Es ist deshalb verständlich, dass auch sein Humor anders geartet sein muss. Vor Nestroy war die Komik des Wiener Volkstheaters 'Spaß' gewesen, drolliges Unsinn reden und versprechen, jetzt geht es mit gewaltigen Seitenhieben zur Sache.[49]

Im Jahr 1854 pachtet Nestroy das Leopoldstädter Theater und leitet es als Direktor, um hier seine großen Erfolge auf die Bühne zu bringen. Seit seinem Wiener Engagement verfasst er seine Sprechrollen selbst und übernimmt in seinen Werken fast ausschließlich die Hauptrollen. Die 'lustige Figur' schreibt er sich meist selbst auf den Leib. Seine Zentralfigur ist nicht nur Träger der Handlung, ihre Komik wirkt als Ventil, sie stellt Ängste und Leiden der Bürger dar, zeigt Missstände auf, aber auch die Möglichkeiten der Befreiung aus der Unterdrückung. Seine über 80 Theaterstücke stehen in krassem Gegensatz zum Werk Raimunds. Sein Werk entsteht unmittelbar aus den Bedürfnissen des Wiener Volkstheaters und wird aus einer Vielzahl von Quellen gespeist. Dabei dienen ihm Romane, Novellen und Komödien englischer oder französischer Autoren als Vorlage.

Johann Nepomuk Nestroy, 1862

Durch seine Umgestaltungen, bei denen er seinen Dialogwitz und besonderen Sprachstil einsetzt, erfahren die Stücke eine starke Veränderung und Abweichung von der Vorlage. Auffällig ist das Verhältnis zwischen den Figuren, das nicht mehr, wie bei seinen Vorläufern, geradlinig und einfach verläuft, sondern verwickelt und auf Umwegen. Dabei führt er uns eine Welt vor, die alle bisherigen Ordnungs-prinzipien vermissen lässt. Unbesorgt schöpft er aus fremden Quellen, so dass er wahrscheinlich keine einzige Handlung selbst erfunden hat.[50] Aus mittelmäßigen Erzeugnissen mittelmäßiger Bühnenhandwerker bildet Nestroy seine glänzendsten Komödien. Die Charaktere müssen sich dabei dem Gesetz der neuen Umwelt un-terordnen. Dabei werden aus Königen Edelleute und aus Adeligen Bürger. Zentrale Motive sind bei ihm, wie schon bei seinen Vorgängern, Liebe, Geld und Verbre-chen. Sein Dramenkonzept komplettiert er, indem er die Bereiche Glück, Zufall, Dummheit, Schicksal und Egoismus hinzufügt.[51] Nestroys Titel *Einen Jux will er sich machen* (1842) wird später zur literarischen Vorlage von Thronton Wilders Komödie *The Matchmaker* und zu dem Musical *Hello Dolly*. Umgekehrt basiert sein Schauspiel *Die Anverwandten* (1848) auf dem Stück *Martin Chuzzlewit* von-Charles Dickens.

Im Unterschied zu seinen Vorläufern knüpft Nestroy bewusst an die Tradition des niederen Stils, des Lachtheaters an. Er benutzt, um die Menschheit durch seinen wütenden Witz zu entlarven, das gängige Schema, die konventionelle Form. Später bedient er sich des Vaudevilleschemas.[52] In seinem Dramenkonzept dominiert ausschließlich der Zauberapparat der Altwiener Volkskomödie. Seine Aristokraten, Ausländer, Beamten, Bauern oder Juristen sind achtungsvoll an Schnüren gezogene oder zu grotesken Sprüngen gezwungene Puppen oder Marionetten. „Bei der Namensgebung wählt Nestroy das Verfahren des Portrait-Charge"[53]. Dadurch werden die Wesenszüge einer Person in karikierender Übertreibung überscharf und grell charakterisiert dargestellt, um so besonders plastisch vor uns zu treten. Man denke nur an die Figur des 'Herrn Dappschädel' in dem Stück *Der Tod am Hochzeitstage* oder an den Tischlergesellen 'Leim' im *Lumpazivagabundus*. Nestroys Personen bezeichnen Charaktere und körperliches Aussehen nicht nur begrifflich, sondern auch akustisch durch die Assoziationen, die sie erwecken.[54]

Nestroy adaptiert Handlungslinien und Motive, fügt Couplets und Quodlibets ein und ist damit mit seinem Werk der Vorlage weit überlegen. Seine besondere Gabe ist die Umsetzung und Umgestaltung der Rollen ins Wiener Milieu. Dabei verwendet er lokale Charaktere, die Wiener Dialekt sprechen. Scharfe Satire, Parodie und Desillusion charakterisieren sein Werk. Dabei durchschaut er mit enthüllendem Wortwitz die Realität. Einen genialen Partner findet er in dem kleinen dicklichen Wenzel Scholz, mit dem er ein beliebtes Komikerpaar auf der Bühne abgibt, für das er zahlreiche Stücke schreibt. Nestroy beobachtet seine Figuren nicht bei der Arbeit, sondern beim Müßiggang: im Kaffeehaus, bei geselligen Zusammenkünften, in der Amtsstube, bei galanten Seitensprüngen und bei feierlichen Anlässen. Sehr häufig erfahren wir schon aus dem Personenverzeichnis das Temperament oder den Beruf der komischen Figur. Im Mittelpunkt seiner menschlichen Galerie stehen Juristen, niedere Beamte, Spekulanten, Gewerbetreibende, Wirte, Gesellen und Lakaien. Offiziere und Geistliche sind, wohl durch die Zensur bedingt, nicht vertreten. Das Fehlen von Schauspielern beruht im Gegensatz zu Wedekind auf seiner persönlichen Abneigung gegen alles, was an Exhibitionismus erinnert. Interessanterweise bleiben seine Frauenfiguren stets im Hintergrund und ohne ausgeprägte Persönlichkeit. Bemerkenswert ist auch seine Vorliebe für Abenteurer, fahrendes Volk und Gaukler aller Schattierungen.[55] Auch Wedekind hat die gleiche Vorliebe für Abenteurer, fahrendes Volk, Hochstapler, Gaukler und Tänzer, setzt diese Figuren jedoch in seinen Dramen anders ein.

Wollte man in Nestroys dramatischem Werk das Wesentliche andeuten, dann hätte man zu sagen: Seltsames hat sich hier ereignet. Radikaler Manierismus ist verschmolzen mit einer volkstümlichen Bühnentradition, der des 'Harlekins' und des 'Hanswurst' in seinen verschiedenen Abwandlungen. Clownerie im intellektuellen und volkstümlichen Sinn ist das verbindende Band. Der traditionelle Intrigant, der Shakespearesche Narr und Eulenspiegel sind Verwandte der Nestroyschen Zentralfigur. Ohne Zweifel deutet die innere Form seiner Komödien weit voraus in das zwanzigste Jahrhundert und ist somit Basis der neuen Volksstücktradition.[56] Eine wichtige Ursache für die sich so verblüffend ausbreitende Popularität Nestroys ist die Zeitlosigkeit seiner Werke. Man braucht bloß die Brille abzunehmen, um in ihm Züge zu entdecken, die das Bild des modernen Dramas, besonders der grotesk satirischen Komödie und Tragikomödie von Wedekind über Brecht zu Horváth bis zu den heutigen Volksstückautoren prägen. Damit hat Nestroy neben den klassischen Vertretern der Alt-Wiener Volksstücktradition die 'Basis' für Wedekinds Werk gelegt.

Neben dem Autor der politisch motivierten Zeitkritik gab es noch einen anderen Nestroy, einen sozialkritischen Dialektiker, der mit scheinbar wahnhafter Fantasie das Maßsystem der menschlichen Dinge verzerrte, um diese eben dadurch in ihrer wahren Dimension zu zeigen. Seine Sensibilität für alles Widerspruchsvolle und Vieldeutige in der menschlichen Natur, seine Gabe, die gebrochenen Seelenfarben darzustellen, stellten seine Bühnenpsychologie neben die eines Oscar Wilde oder Bernhard Shaw.

Als Nestroy 61-jährig in Graz stirbt, geht mit ihm die 150-jährige Blütezeit des Alt-Wiener Volkstheaters zu Ende. Dass sich in Wien die barocke Theatertradition mit Possen, Narren und Zauberstücken so lange hielt, ist ein gesellschaftliches und ökonomisches Phänomen. Als die Industrialisierung in Österreich im Gefolge der Märzrevolution einsetzt, verschwindet auch hier endgültig das spätbarocke Volkstheater. Dennoch ist es Nestroy noch einmal gelungen, die wahren Intentionen des Volkstheaters zu verwirklichen, ehe es dann für den Rest des Jahrhunderts zur Unterhaltungsbühne und zum Operettentheater herabsinkt.

3. Frank Wedekind und die Volksstücktradition

Frank Wedekind, eigentlich Benjamin Franklin Wedekind (1864-1918) genannt, wird als das zweitälteste von sechs Kindern des Dr. med. Friedrich Wilhelm Wedekind und seiner Ehefrau Emilie Wedekind, geb. Kammerer geboren. Der Vater wandert 1848 nach Amerika aus, um sich als Arzt niederzulassen. Weniger durch seine ärztliche Tätigkeit als durch den Bau von Häusern und durch Grundstücksspekulationen erwirtschaftet er in San Francisco ein beachtliches Vermögen. 1862 lernt er seine 24 Jahre jüngere Frau Emilie Kammerer kennen, die hier als Sängerin tätig ist. Die Hochzeit findet noch im gleichen Jahr statt. Hier wird auch der erste Sohn Armin Francis geboren, dessen Namensgebung an die Stadt erinnern soll, in der es der Vater zu Wohlstand gebracht hat.

Friedrich Wilhelm Wedekind entschließt sich 1864 mit der Familie in die Heimat zurückzukehren. Kurz nach der Ankunft in Hannover kommt Benjamin Franklin Wedekind am 24. Juli 1864 zur Welt. Als wohlhabender amerikanischer Staatsbürger muss der Vater seinen Arztberuf in Deutschland nicht mehr ausüben. Durch ein Inserat in der Tageszeitung aufmerksam geworden entschließt er sich, die mittelalterliche, gut erhaltene Burg Schloss Lenzburg im Kanton Aarau zu kaufen und übersiedelt 1872 mit der Familie für immer in die Schweiz.[57]

Der Lebensstil von Frank Wedekinds Eltern weicht von allen bürgerlichen Konventionen ab. Nicht nur, dass sie abgehoben über der Stadt residieren, sondern dass sie mit ihrer Lebensart eine konträre Auffassung zum Bürgertum praktizieren. Die Konstellation zeigt eine musisch interessierte junge Mutter, die im Schloss Konzerte und Lesungen gibt und einen alternden Vater, der völlig zurückgezogen und unnahbar in seiner Bibliothek lebt, um seine Sammlungen zu verwalten. Die Tüchtigkeit des Vaters und die Leichtlebigkeit der Mutter führen unweigerlich zu Problemen. Bedingt durch den großen Altersunterschied kann die Ehe nicht glücklich werden. Schwerste Spannungen zwischen dem ungleichen Paar sind die Folge. Damit vollzieht sich vor den Augen der Kinder eine tägliche Katastrophe, die sich als Grunderlebnis des künftigen Dramatikers beschreiben lässt. Franklins Reaktion auf die familiäre Situation ist der wichtigste Impuls für sein frühes lyrisches Schaffen. Das Elternhaus bildet einen Widerstand, der den angehenden Dichter zu höchsten Anstrengungen des Andersseins zwingt. Damit wird Schloss Lenzburg für Franklin zum Gedankengebäude und Bezugspunkt seines persönlichen und künstlerischen Bewusstseins. Es ist der Ort, zu dem er physisch und psychisch immer wieder zurückkehrt und auf den wir in seinen Werken immer wieder stoßen. Damit wird das Schloss zur dichterischen Metapher: Es ist Vaterhaus, Beobachtungsposten, Märchenschloss und Gralsburg zugleich, Herrensitz, Refugium und Verlies. Vor allem aber ist es eine erste Schaubühne, komplett ausgestattet mit der dramatischen Kulisse und dem festen Ensemble der Familiencharaktere.[58] Kein anderer Dichter der Neuzeit verfügt über einen derart dramatischen Schauplatz seiner Jugend und ein ähnlich starkes Stimulans seiner Phantasie. Hier hoch oben über der Stadt im Muff der alten Burgmauern entwirft er sein rebellisches Gegenmodell, das von der Befreiung des Menschen handelt. Hier auf Schloss Lenzburg entsteht ein Kapitel der Neuzeit.[59]

Durch die patriarchalische Persönlichkeit seines tyrannischen Vaters erlebt er hinter den Schlossmauern den erbarmungslosen Geschlechterkampf, wie er ihn in seinen Gedichten und Dramen immer wieder beschreibt.

Aufgang zum Schloss. Blick von der Zugbrücke

Sowohl in seinem persönlichen Bereich als auch in seinem Werk geht Franklin erbarmungslos gegen Macht verleihende Privilegien wie Lebensalter, Geschlecht, Besitz oder gesellschaftliche Stellung vor. Missbrauch von Macht gehört zum Verwerflichsten in seiner Werteskala. Durch die Abgeschiedenheit im Schloss hat er alle Normen längst überschritten. In dieser Sonderrolle geht der Außenseiter eine Symbiose mit dem Kleinstadtleben ein. Seine frühe Einsicht, nicht nur anders zu sein, sondern dieses Anderssein auch betonen zu müssen, ist die erste Voraussetzung seines Schreibens: eine dramatische Entscheidung für ein Kind, selbst inszenierte Einsamkeit und trotzige Herausforderung.

Was Franklin zum Schreiben inspiriert, ist nicht das Bilderbuchhafte seiner Umgebung, sondern der Gegensatz der Welten, die hier aufeinander prallen. Sexualität und bürgerliche Moral sind die Eckpfeiler, auf denen seine Dichtung basiert. Somit spielt sich auf dem Schloss nicht die sonnige Jugend eines privilegierten Bürgersohnes ab. Vielmehr wird hier ein Lebensstil praktiziert, der völlig aus der damaligen Zeit herausfällt. Das hoch über der Stadt gelegene Schloss und die Zugbrücke halten alle unerwünschten Personen von der Familie fern, so dass das 'häusliche Glück' eigentlich nicht gestört werden kann. Damit wird das Schloss jedoch zu einem Gefängnis für die Frau und die Kinder, die von ihrer hohen Warte von den Spielen mit ihresgleichen ausgeschlossen und damit isoliert sind. Wedekinds Erfahrungswelt, aus der er seine Stoffe schöpft, ist letztlich ein zerrüttetes Elternhaus.

„Der Riss der heilen Welt, den Wedekind immer wieder am eigenen Leib erfährt, spiegelt sich in all seinen Werken und macht ihn zum Skandaldichter. Um die bürgerliche Moral anzuprangern, bleibt ihm nur die Möglichkeit, zur Überdosierung zu greifen. Somit provoziert er durch grotesk verhöhnende Übertreibung und schockiert durch krasse, demaskierende Diktion."[60] Eine gestalterische Form, die wir bereits bei Nestroy in Ansätzen beobachten konnten und die bei Wedekind zu Hochform aufläuft. Ohne Rücksicht auf Psyche und Milieu stellt er die animalischen Triebe der Menschen zur Schau. Mit seiner Ironie bahnt er sich den Weg zu einem neuen Stil, bei dem sich seine Charaktere in dem gleichen sozialen Umfeld bewegen, das er in seiner Jugend in seinem Elternhaus vorgefunden hat.

Bereits als Schuljunge besitzt Wedekind eine unglaubliche Versgewandtheit und einen geschliffenen Schreibstil, dem sich weder Klassenkameraden noch Lehrer entziehen können. Seine unerhörte Fertigkeit, Kneipenlyrik spontan aus dem Ärmel zu schütteln, macht ihn zu einer Berühmtheit unter seinen Mitschülern und gleichzeitig zum 'Bürgerschreck' von Lenzburg.

Bei seinen ersten dichterischen Versuchen greift Wedekind auf banale Themen zurück, die ihm die Kulisse des Schlosses bietet. Dieser Epoche lässt sich das Jugendgedicht *Mein Säbel* zuordnen. Hier schweift sein Blick hinunter über das verschlafene Städtchen und weckt dessen Bewohner mit einem Bänkellied, das er später in seinem Schauspiel *König Nicolo* einarbeitet:

> Unter jenen hohen Bäumen
> Schauen wir aufs Städtchen nieder
> Und aus seinen tiefen Träumen
> Wecken wir's durch Galgenlieder.[61]

Seine schwärmerische Lyrik treibt ihn zu immer neuen Eskapaden. Adressaten sind jetzt nicht mehr die ehemaligen Klassenkameradinnen, sondern ausnahmslos alle weiblichen Wesen der Stadt, die seine Phantasie erregen. Am populärsten wird während der Schulzeit der *Galathea*-Komplex, der im Sommer 1841 an den sonnigen Berghängen von Schloss Lenzburg entsteht. Dabei versucht Wedekind Leben und Sexualität aus der Perspektive des anderen Geschlechts zu erfahren und schafft sich gedanklich für seine Schäferspiele mit der Figur der Galathea die ideale Begleiterin. Mit ihr sitzt er an schönen Sommertagen an den Hängen des Burgberges und hütet in Ermangelung von Schafen die Schlossesel. Um der Sache ein gutes Ende zu geben, lässt er die Geliebte im Finale sterben:

> Es streicht durch die Wälder ein kalter Wind,
> Die Blätter fallen herab.
> Und Galathea das süße Kind,
> Ich legte sie eben ins Grab.[62]

Es ist typisch, dass schon im Jugendwerk Wedekinds die Kriterien Liebe und Tod gemeinsam präsent sind. Bereits in den frühen Gedichten ist die ganze Thematik angelegt, die er in seinen späteren Dramen aufgreift. Es ist sein Anliegen, die Gefühlsinnigkeit der romantischen Tradition abzulösen und den Eros zum Schlüssel für die persönliche Menschwerdung werden zu lassen. Wie schon bei Nestroy sind Liebe und Erotik zwei unterschiedliche Varianten des gleichen Themas. Wedekind geht hier noch einen Schritt weiter. Bereits 1893 schreibt er das Liebesgedicht *Ilse*, das er später in das Dramenfragment *Das Sonnenspektrum* einfügt und im Kabarett als Hit präsentiert:

> Ich war ein Kind von fünfzehn Jahren,
> Ein reines unschuldsvolles Kind,
> Als ich zum erstenmal erfahren,
> Wie süß der Liebe Freuden sind.
> Er nahm mich um den Leib und lachte
> Und flüsterte: o welch ein Glück![63]

Die erste Artistenfigur, mit der sich Wedekind beschäftigt, ist Ella Belling, die Tochter des 'Zirkus Herzog', die er persönlich kennt und die ihn mit der Zirkuswelt vertraut macht. Ihr zu Ehren schreibt er das Gedicht *Ella Belling, Sonne, Mond und Sterne*. Ella ist Drahtseilartistin, die mit einer Mischung von Gleichgewicht und Raffinesse, die notwendige 'Balance' halten kann. Ella ist somit das erste konkrete Beispiel einer Verbindung von Lebenskunst, Kommerz, Sinnlichkeit und Vitalität. Eine Verbindung, der wir noch öfter begegnen werden. Die Figur der Seiltänzerin ist hier nicht dämonisch, sondern noch kindlich verspielt dargestellt.

Anders ist dies in der Ballade *Ännchen Tartini, die Kunstreiterin*, die Wedekind 1886 in München schreibt. Ännchen ist Kunstreiterin – aber keine Kunstreiterin in üblichem Sinne, sie ist Prostituierte. Im Reiten auf dem Pferd entfaltet sie ihre wundervolle Vitalität. Der Zweck dieser Schau, in der sich Leben und Schönheit im Auge des Zuschauers aufreizend darbieten, ist eindeutig: Das Geld soll in der Kasse klingeln. Damit wird der Zirkus zum Ort, an dem die primitivsten Instinkte angesprochen werden und die Sexualität mit allen Mitteln angeregt wird. Ännchen muss ohne jede Scheu all ihre Reize offenbaren. Und das alles nur zum Zweck des Profits. Das Reiten und ihre Kunststücke sind keine Kunst, um der Kunst willen, sondern sie dienen ausschließlich der erotischen Provokation.

> Von dem stolzen Gaul herunter
> Blickst du auf die weite Schar,
> Bietest ihr geschickt und munter
> Deine hübschen Künste dar. [...]
> Zwischen den geschürzten Höschen,
> Aus den Falten bauscht's hervor-
> Ist's ein glühend Maienröschen?
> Ist's ein schimmernd Meteor?

Worüber sich das zahlende Publikum begeistert, ist nicht der wahre Kunstgenuss, sondern ausschließlich das primitiv Triebhafte, das hier angesprochen wird.

> Und die Herren schauen's lieber
> Mit der Brillen auf der Nas'
> Setzen noch den Zwicker drüber
> Und davor ein Opernglas.
> Und so forschen und so spähen
> Nach dem süßen Wunder sie,
> Ob es Wahrheit, was sie sehen,
> Ob es Spiel der Phantasie.[64]

Ännchen Tartini gleicht damit einer 'Femme fatale' und wird zum Vorbild für 'Lulu' in Wedekinds gleichnamigem Drama.

Nach der Überzeugung seines Vaters setzt das Streben nach höheren Zielen materielle Unabhängigkeit voraus, die nur durch eine solide Berufsausbildung erreicht werden kann. Deshalb besteht er 1884 bedingungslos auf dem Jurastudium des Sohnes, obwohl Franklin bereits in Lausanne mit dem Studium der deutschen und französischen Literatur begonnen hat. Der Wunsch des Vaters stößt bei Franklin auf erbitterten Widerstand. Dennoch muss er in München das Jurastudium aufnehmen. Hierzu ist er weder motiviert noch interessiert. Mit System schwänzt er alle Vorlesungen und beschäftigt sich mit Theater und Kunst. So kommt es zu dramatischen Auftritten, die schließlich 1886 zu einem völligen Zerwürfnis mit dem Vater führen. Danach entzieht er ihm jede finanzielle Unterstützung, so dass der Sohn elend darben muss. Um sich über Wasser zu halten, nimmt er jede finanzielle Gelegenheit wahr. So arbeitet er als 'Rezitator' und als freier Journalist für die 'Neue Zürcher Zeitung'. Gleichzeitig ist er in der Werbeabteilung bei Julius Maggi tätig. Diesen Job gibt er nach einem halben Jahr wieder auf, da seine Werbegedichte nur im 'Stücklohn' honoriert werden.

Schlosshof mit Uhrturm

Am 11. Oktober 1888 erliegt der 'Patriarch' unerwartet einem Schlaganfall, so dass es keine Versöhnung mehr zwischen Vater und Sohn gibt. Der plötzliche Tod entbindet Franklin jedoch von der lästigen Pflicht, das Jurastudium fortzusetzen. Die Auszahlung seines Erbteils von 20.000 Franken durch den Verkauf des Schlosses, schenkt ihm volle Bewegungsfreiheit, die er als Lebemann und Literat auf großem Fuß abwechselnd in Berlin, München, London, vor allem aber in Paris weidlich auskostet. Hier fühlt er sich in seinem Element, hier absolviert er die hohe Schule der Lebens- und Liebeskunst. Hier auf dem Montmartre ist er zu Hause.

Wie aus seinen Tagebuchaufzeichnungen hervorgeht, lebt er in Paris das Leben eines Casanovas und genießt es, sich mit Maitressen und Zirkusmenschen zu umgeben. Gleichzeitig macht er sich mit dem modernen Cabaret vertraut. Hier lernt er auch Albert Langen, den Sohn einer Kölner Industriellenfamilie kennen, der über ein fürstliches Erbe verfügt.[65] Während Albert Langen in den Künstlerkneipen des Montmartre zielstrebig die Begegnung zu bedeutenden Literaten sucht, die er später in seinen Buch- und Zeitschriftenverlag einbindet, macht Wedekind im gleichen Umfeld seine Erfahrungen mit Prostituierten, die er exemplarisch in seinem Tagebuch festhält und literarisch in seinen Balladen, Bänkelliedern und Dramen aufarbeitet. Albert Langen gründet bereits kurz nach seinem Aufenthalt in Paris seinen eigenen 'Verlag für Literatur und Kunst' und veröffentlicht innerhalb von zehn Jahren 78 Autoren mit 354 Titeln. Hierzu zählen Knut Hamsun, Selma Lagerlöff und auch Frank Wedekind, um nur einige zu nennen. Nachdem sich Langen 1895 mit seinem Verlag in Schwabing niedergelassen hat, gibt er bereits ein Jahr später das bedeutendste Satireblatt seiner Zeit, den *Simplicissimus* heraus.

Trotz seines lockeren Lebenswandels ist Wedekind während seiner Pariser Zeit sehr produktiv. 1889 schreibt er die *Große tragikomische Originalcharakterposse, Der Schnellmaler* und das Lustspiel *Kinder und Narren*. 1890 folgt die Kindertragödie *Frühlings Erwachen*, 1891 der Schwank *Der Liebestrank* und 1892 die Urfassung *Die Büchse der Pandora*. 1894 entsteht schließlich *Das Sonnenspektrum*, das unvollendet bleibt. Zeitgleich erscheinen viele Texte, die später zur Basis seines Kabarett-Repertoires werden und zu denen er bereits hier die komplette Notation mit Gitarrenbegleitung komponiert.

Bei dem Lebensstil, den er führt, war es zu erwarten, dass er in weniger als drei Jahren das gesamte ererbte Vermögen verlebt. Sein ältester Bruder Armin, der seinen Erbteil gewinnbringend angelegt hat und zu diesem Zeitpunkt in Zürich Medizin studiert, unterstützt ihn in den Folgejahren mit größeren und kleineren Geldbeträgen. Auch bei der Schwester Erika, die zwischenzeitlich an der Dresdner Oper als Hofsängerin Karriere gemacht hat, lebt er längere Zeit, um von ihr das 'Gnadenbrot' zu erhalten, wie es in seinen Briefen formuliert.[66] Dennoch sollte Frank Wedekind noch eine lange Durststrecke vor sich haben, bis ihm mit der sensationellen Uraufführung der bereits 1891 in Zürich veröffentlichten Kindertragödie *Frühlings Erwachen* 1906 bei Max Reinhard an den Berliner Kammerspielen der Durchbruch gelingt.[67]

Wedekind kehrt 1896 nach München zurück und schreibt unter verschiedenen Pseudonymen für Albert Langens Zeitschrift *Simplicissimus*. Vor allem er ist es, der durch seine teils lyrischen, teils bissigen Beiträge das Blatt in kurzer Zeit berühmt macht. Zu seinen großen Balladen, mit denen er sein Publikum begeistert, zählt vor allem *Brigitte,* die hier gekürzt wiedergegeben wird:

Ein junges Mädchen kam nach Baden,
Brigitte B. war sie genannt,
Fand Stellung dort in einem Laden,
Wo sie gut angeschrieben stand.[...]

Die Dame sagt nun eines Tages,
Wie man zu Nacht gegessen hat:
Nimm dies Paket, mein Kind und trag es
Zu der Baronin vor der Stadt[...]

Auf diesem Wege traf Brigitte
Jedoch ein Individuum,
Das hat an sie nur eine Bitte,
Wenn nicht, dann bringe er sich um.[...]

Vorgestern hat man sie gefangen,
Wo, das sagt das Redaktionsbureau,
Dem Jüngling, der die Tat begangen,
Dem ging es gestern ebenso.[68]

Der Erstdruck des Gedichts erscheint am 8. August 1896 im *Simplicissimus* mit einer pfiffigen Karikatur von Thomas Theodor Heine. Mit dem schauerlichen Ereignis und der dramatischen Zuspitzung des Geschehens, das an die 'Berliner Ballade' erinnert, erfüllt dieses Bänkellied alle klassischen Kriterien, wie sie bei einer volkstümlichen Moritat mit epischem Charakter erwartet werden.

Als Kaiser Wilhelm II. im Oktober 1898 in den Orient reist, um das Ansehen des deutschen Reiches durch Waffenexporte in die Türkei zu fördern, verfolgt die internationale Presse dieses Ereignis mit höchstem Interesse. Wenige Tage vor des Kaisers Einzug in Jerusalem verfasst ein gewisser 'Hieronymus' zu diesem Thema ein kritisches Gedicht, das zusammen mit einer treffenden Karikatur von Eduard Thöny im *Simplicissimus* veröffentlicht wird. Hier ein kurzer Auszug:

Willkommen, Fürst, in meines Landes Grenzen,
Willkommen mit dem holden Eh'gemahl,
Mit Geistlichkeit, Lakaien, Exzellenzen,
Und Polizeibeamten ohne Zahl.
So freun rings sich die histor'schen Orte
Seit vielen Wochen schon auf deine Worte,
Und es vergrößert ihre Sehnsuchtspein
Der heiße Wunsch, photographiert zu sein.[69]

Nachdem durch eine Indiskretion bekannt wird, dass die Staatsanwaltschaft Leipzig die Verantwortlichen des *Simplicissimus* inhaftieren will, setzt sich als Erster der Verleger Langen mit einem Umweg über Wien und Zürich nach Paris ab. Noch während im Münchner Schauspielhaus das Premierenpublikum bei der Aufführung von Wedekinds *Erdgeist* applaudiert, verschwindet auch der Autor und Schauspieler durch den Hintereingang, um bei Nacht und Nebel mit dem ersten Zug seinem Verleger ins Exil nach Paris zu folgen.

Wedekinds Hoffnungen, als Dramatiker in Paris zu Erfolg zu kommen, erfüllen sich nicht. Nach Abschluss des Schauspiels *Der Marquis von Keith* ist er des Davonlaufens überdrüssig, reist im Juni 1899 nach Deutschland und stellt sich der Polizei. Nach langer Untersuchungshaft wird er in erster Instanz zu sieben Monaten Gefängnis verurteilt. Durch Gnadenerlass des Königs von Sachsen wird die Strafe in Festungshaft umgewandelt, die er auf Burg Königstein bei Dresden vom 21. September 1899 bis zum 3. März 1900, nach seiner Begnadigung, absitzt.

Zurückgekehrt nach München schließt sich Wedekind einer Schriftstellergruppe an, die bahnbrechende Ideen zur Realisierung eines literarisch-künstlerischen Kabaretts verfolgt. Nachdem sich die elf Kabarettgründer unter der Führung des Franzosen Marc Henry zusammengefunden hatten, war auch schon bald der Name für das Kabarett, die 'Elf Scharfrichter', gefunden. Marc Henry war bereits Conférencier und Chansonnier im Pariser 'Chat noir', so dass er nicht nur die notwendige Erfahrung, sondern auch noch seine Freundin Marya Delvard mitbringt, die bald mit Wedekinds Lied *Ilse* zum Star des Hauses wird. Was man anstrebt, ist eine Pflegestätte für eine neue Lyrik, für Satire, Parodie und Scherz, für deutsche und französische Chansons. Natürlich sollten auch Lieder mit szenischer Umrahmung, Schattenbilder und Balladen dargeboten werden.[70]

Über Nacht beginnt in München und Berlin die große Zeit des literarischen Kabaretts. Viele junge Dichter sehen hier ihre Chance für eine alternative und publikumsnahe Kunst. Mit der Brettlbewegung lebt die literarische Kleinkunst wieder auf. Man möchte nicht, wie das Publikum im Konzertsaal, die 'Große Kunst' genießen, sondern ganz einfach nur unterhalten werden.[71]

Frank Wedekind verzichtet als einziger unter den 'Elf Scharfrichtern' auf einen Künstlernamen. Er alleine ist mit Person und Name 'Scharfrichter'. Und der Name Frank Wedekind – der Name des Mannes, der wegen Majestätsbeleidigung verurteilt wurde und das skandalöse Theaterstück *Erdgeist* geschrieben hatte – versprach mindestens so viel Nervenkitzel wie die Namen Dionysius Tod, Kaspar Beil oder Till Blut. Stand doch damals Wedekind schon im Ruf eines 'Bürgerschrecks', der seine Lieder so gekonnt und auf Effekt berechnet vortragen konnte, dass er diesen Ruf nie verlor. Wedekinds Beitrag zur Erneuerung der deutschen Ballade spiegelt sich in den humorig grotesken Wirkmitteln, die er in seinen Gedichten einsetzt. Verbunden mit der speziellen Dirnen- und Verbrecherthematik, die den Blick hinter die Unnatur des Menschen lenkt, zeigt er uns eine neue Sichtweise. Seine durch triviale Muster inspirierten Moritaten und Bänkellieder haben damit entscheidenden Einfluss auf das deutsche Kabarett. Anstelle eines Leierkastens brilliert Wedekind mit seiner Gitarre, mit der er seine Balladen und erotischen Dirnenlieder vorträgt. Dabei reicht das Spektrum seiner Darbietungen von der Frivolität bis zur Perversität.

Da er seine Lieder selbst vortragen kann, wächst er in seine Rolle als Bänkelsänger hinein und fühlt sich auf dem Brettl heimisch. Hier kann er endlich seine Zirkusbegeisterung ausleben. Dabei nutzt er die ganze Palette kecker, greller und bisweilen giftiger Farben. Immer dynamisch, schlagkräftig, pointiert und profiliert setzen seine Strophen ihre jähen Akzente, hämmern sich ins Gehör und Gedächtnis und haben zeitgemäße Popularität. In seinem Vortragsstil stellt er eine Provokation dar und übertrifft damit den großen Satiriker und Couplet-Sänger des Wiener Volkstheaters Johann Nestroy. Gleichzeitig wird er zum Vorbild für die Songs von Bertolt Brecht.

Seine Empörung gegen den Druck der gesellschaftlichen Norm und die bürgerliche Zwangsmoral bringt er beim Gesang nicht nur mit Worten, sondern auch durch den pointierten Ton und Rhythmus zum Ausdruck. Die Entstehungszeit der meisten Moritatenlieder Wedekinds, deren Basis in der Volksstücktradition liegt, erstreckt sich von 1880 bis 1905. „Wedekind erkennt die elementaren Wirkungsmöglichkeiten, die im Trivialgesang liegen und nutzt sie für seine Effekte und literarischen Absichten."[72] Als Dichter ist er ein frühreifes Wunderkind. Seine Themen hat er bereits in der Jugend gefunden, die poetischen Mittel früh vollendet. Zahlreiche dieser Gelegenheitsgedichte hat er in seinen späteren Dramen als Liedeinlagen eingebaut. In seinem 'Steinbaukasten', der seinen dichterischen Lebensplan erkennen lässt, hat er seine Verse spielerisch gesammelt, um sie später als Grundstein für die ernsthafte literarische Tätigkeit zu nutzen.[73] Hinzu kommen sein musikalisches Interesse und seine musikdramatischen Kenntnisse, die ihn schon früh zur Reflexion der dramatischen Struktur seiner Werke anregen.

Am 1. Mai 1906 heiratet Frank Wedekind in Berlin die Schauspielerin Mathilde (Tilly) Newes. Sie ist es, die zahlreiche weibliche Hauptrollen in seinen Werken übernimmt, um sie nach seinen Vorstellungen umzusetzen, oder mit ihm auf Tournee geht, um ihn beim Vortrag der Bänkellieder zur Laute zu begleiten.

Der Bänkelsänger Frank Wedekind

Wedekind greift bei seinen Balladen immer einen Fall aus dem Leben heraus, den er in grotesk-komischer Beleuchtung darstellt. Dabei zeigt er uns eine innere Kälte, die dem Leben mit kaltem Zynismus und Verzweiflung gegenübersteht und alle bürgerlichen Werte in Frage stellt. Oft handelt es sich bei seinen Versen um passive Lyrik, die Stimmungen, Liebesglück und Todesleid vermittelt. Dabei verbirgt sich hinter der Ironie eine herbe Verbissenheit und eine Perversität der Gefühle, die einen tragischen Schleier über das Geschehen legt. Dies ist auch der Grund, warum seine Gedichte ebenso wie seine Dramen von Seiten der Tugendwächter oft Anstoß erregten. Ein typisches Beispiel ist der *Tantenmörder.* Dieses Lautenlied erinnert in seinem Ich-Ton an die alten Moritaten der fahrenden Bänkelsänger, die auf Jahrmärkten einem staunenden Publikum die neuesten Schauergeschichten in grellen Farben schilderten. Dennoch unterscheidet es sich von dem 'Volkstümlichen' der Wiener Klassik, bei dem stets das Gute siegt und das Böse bestraft wird. In grotesker Stimmung klingt das Lied düster und voller Grauen aus und stellt die Logik auf den Kopf, wenn sich unsere Aufmerksamkeit nicht dem Opfer, sondern dem Täter zuwendet:

Ich hab' meine Tante geschlachtet,
Meine Tante war alt und schwach.
Ihr aber, o Richter, ihr trachtet,
Meiner blühenden Jugend – Jugend nach.[74]

Für Wedekind besitzt Geld stets eine magische Anziehungskraft, so wie wir es bei Nestroy kennengelernt haben. Bei ihm ist jedoch Geld nicht Mittel zum Zweck, sondern Selbstzweck. Es ist ein Mittel, um Glück und Genuss zu kaufen. So versteht es sich auch, dass jeder Lebensgenuss seinen Preis hat, und so wird aus den sieben Hellern das Bestmögliche gemacht. Wer das Geld zu erwerben versteht, steigt auf, wer es verliert, steigt ab. Genauso, wie er es später in dem Schauspiel *Der Marquis von Keith* formuliert. Die Sensationsgier, die den eigentlichen Bänkelsang charakterisiert, der schauerliche Tonfall und die typisierte formelhafte Sprache erhalten in dem Bänkellied *Die sieben Heller* durch die Doppelbödigkeit eine andere Aussage:

41

Großer Gott im Himmel, sieben
Heller sind mir noch geblieben!
Was fang' ich armer Mann
Mit den sieben Hellern an?

Lehr' mich du, o Fürst der Hölle,
Was tät'st du an meiner Stelle,
Wenn im Beutel du zuletzt
Nur noch sieben Heller hätt'st?-[...]

Kommt bei Sturm und Regen
Dir ein Bettelkind entgegen,
Schwarz von Auge, schwarz von Haar,
Busen im Entwicklungsjahr.[...]

Wirf ihr deine sieben Heller
In des Hemdes losen Göller,
Sag' ihr, sie sei engelschön,
Schweig und heiß sie weitergehn!

Du hast Freude, sie hat Freude,
Freuen werdet ihr euch beide;
Meine Freude hab' auch ich,
Segne und belohne dich![75]

Frank Wedekind um 1901

Durch den besonderen Darstellungsstil und den diabolischen Humor, der mit Ironie, Bitterkeit und Hohn gemischt ist, verkehrt sich die Logik von Schuld und Sühne, die systemstabilisierende Aufgabe des Bänkelsangs, geradezu ins Gegenteil. Typisch sind die Kontrastformen, so dass Wedekind zugleich den 'großen Gott im Himmel' und den 'Fürst der Hölle' zu Rate ziehen muss, um als 'armer Wicht' eine Entscheidung treffen zu können. Wenn er dann am Ende noch um den Segen Gottes bittet, sehen wir, wie eiskalt der Zynismus dieses Bänkelsängers ist.

Die Basis für Wedekinds literarisches Schaffen und sein Bezug zu den Wiener Vorläufern lässt sich anhand von zwei Schauspielen exemplarisch belegen: *Der Marquis von Keith* (1901) und *König Nicolo oder So ist das Leben* (1911). Im ersten Stück, das ganz auf Dialog gestellt ist, finden wir vor allem in sprachlicher und inhaltlicher Hinsicht zahlreiche Querverbindungen zum Volksstück, während sich das zweite Stück vor allem durch zahlreiche Liedeinlagen und den mehrmaligen Einsatz des Chorus auszeichnet. Es ist nicht zu übersehen, dass für beide Stücke in sprachlicher und musikalischer Hinsicht die Wiener Volksstücktradition prägend war.

Den äußeren Handlungsrahmen für den *Marquis von Keith* gibt eine banale Hochstapleraffäre. Das Schauspiel in fünf Akten zeigt den Aufstieg und das Scheitern eines intelligenten Glücksritters im München der Jahrhundertwende. Aus ärmlichen Verhältnissen kommend gewinnt er die bedeutendsten Geldbürger der Metropole für sein 'Feenpalast'-Projekt, um eine moderne Kunststätte zu errichten. Sein Glücksstern sinkt jedoch rasch, als bekannt wird, dass er das Kapital für seinen persönlichen Lebensgenuss verwendet, keine Bücher führt und vor Unterschriftenfälschung nicht zurückschreckt. Dem Protagonisten Keith steht sein Jugendfreund Scholz gegenüber. Der Moralist Scholz möchte sich von Keith, dem alles zweideutig erscheint, was in der bürgerlichen Gesellschaft unter 'Moral' verstanden wird, zu einem 'Genussmenschen' ausbilden lassen. Dabei erweist sich der Altruismus von Scholz ebenso unhaltbar, wie der vitalistische Egoismus von Keith. Höhepunkt der tragischen Groteske ist der Freitod von Molly Griesinger, die sich in rückhaltloser Aufopferung für ihren Geliebten Keith eingesetzt hat. Nachdem sie ihm nicht mehr von Nutzen ist, lässt er sie fallen. Dieser weiblichen Kontrastfigur ist die Lebedame Gräfin Werdenfels gegenüber gestellt. Im Sinne von Keiths Ethik lässt auch sie ihn in seinem Unglück alleine. Keith wird damit zum Sinnbild einer pervertierten bürgerlichen Gesellschaft, die ihn am Ende als Ausgestoßenen betrachtet und aus der Kunstmetropole München verweist.

In dem Schauspiel setzt Wedekind in Anlehnung zum Volksstück neben literarischen Motiven Elemente der eigenen Biographie ein. Verarbeitet werden dabei

Begebenheiten der Familien- und Münchner Lokalgeschichte. Die Gestalt des Marquis von Keith, eine Kreuzung zwischen Philosoph und Pferdedieb, hat Wedekind zwei lebenden Vorbildern nachempfunden. Zum einen erinnert er sich gerne an die Figur des Kunstfälschers und Hochstaplers Willy Gretor, den er in Paris kennen gelernt hatte. Zum anderen weiß er von seinem Onkel, Amie Gazon, der mit betrügerischen Geldgeschäften und Spekulationen die Familie in den finanziellen Ruin getrieben hat. Diese Welt- und Zeitbezüge sind unvermittelt eingeblendet, jedoch ohne motivisch miteinander verflochten zu sein.[76]

Die volksstückhaften Elemente mit den Themenbereichen Vitalität und Lebenskunst sowie Liebe, Sexualität und Tod hat Wedekind ebenso wie die Bezüge zu Gott in der ganzen Breite von den Wiener Lokaldichtern übernommen. Allerdings spielen die vordergründigen Probleme bei ihm keine Rolle mehr. Bei seinen Charakteren bewegt sich die Aufmerksamkeit vom Schicksal der Gestalten weg hin zum Betrachten des Gravitationsfeldes, in dem sich die Figuren aufeinander zu oder voneinander weg bewegen. Wenn es im ersten Aufzug klingelt, befürchtet Molly, dass schon wieder Gläubiger vor der Tür stehen. In der Tat geht es um Geld. Dieses Mal ist es jedoch Hermann, dem für seine Reise das nötige Bargeld fehlt. Obwohl v. Keith eigentlich nie Geld besitzt, geht er äußerst großzügig damit um und kann immer irgendwelche Beträge locker machen. Notfalls verkauft er ein wertloses Bild, über das er zuvor noch einen Zeitungsartikel schreibt, für 3.000 Mark:

Molly: Du barmherziger Gott, wer das wieder sein mag. [...]
v. Keith: Ganz München hält mich für einen amerikanischen Eisenbahnkönig!
Hermann: Zamrjaki sagte, Sie hätten immer Geld.[77]

v. Keith erteilt Hermann bei dieser Gelegenheit eine Lektion, wenn er meint, dass es doch wohl höhere Güter als Reichtum gäbe:

v. Keith: Das ist Schulweisheit. Diese Güter heißen nur deshalb höhere, weil sie aus
            dem Besitz hervorwachsen und nur durch den Besitz ermöglicht werden.[78]

Nachdem Hermann einen ungedeckten Scheck über hundert Mark erhalten hat, kommt Anna, die nächste Bittstellerin. Sie sagt, dass sie jeden Abend zu Gott bete, damit sich die Energie von Keith auf sie übertragen möge. Danach kommt sie sofort zu ihrem eigentlichen Anliegen:

Anna: Kannst du mir tausend Mark geben?
v. Keith: Bist du schon wieder auf dem Trockenen?
Anna: Die Miete ist fällig.[79]

Der Marquis von Keith Kleines Theater Berlin 1901 mit Frank Wedekind in der Hauptrolle

Unvermittelt klopft der Schulfreund Scholz, ein ehemaliger Graf Trautenau an die Tür. Er hat seinen Titel abgelegt und vergeblich versucht, ein 'nützliches Mitglied der menschlichen Gesellschaft' zu werden. Er ist die Kontrastfigur zu v. Keith und behauptet von ihm, er sei stets ein 'Ungeheuer an Gewissenlosigkeit' gewesen. Deshalb möchte er von ihm zum 'Genussmenschen' ausgebildet werden. Dies ist auch der Grund, warum er unvermittelt nach vielen Jahren bei ihm auftaucht. Zum Lebensgenuss und zum Thema Geld hat v. Keith jedoch seine eigene Philosophie:

> v. Keith: Man kann seine Mitmenschen nicht mehr in dieser Welt nutzen, als wenn
> man in der umfassendsten Weise auf seinen eigenen Vorteil ausgeht. [80]

Nachdem sich beide über ihre unterschiedlichen Lebenswege in den letzten Jahren ausgetauscht haben, erzählt v. Keith seinem Schulfreund, dass er im Begriff sei, Direktor eines ungeheuren Aktienunternehmens zu werden. Die Geldbeträge, bei denen es dem Hochstapler v. Keith bei der Finanzierung seines 'Feenpalastes' geht, erreichen eine schwindelnde Höhe. Den versammelten Honoratioren von München, dem Bierbrauereibesitzer Ostermeier, dem Baumeister Krenzl und der Gräfin Werdenfels rechnet er später vor, wie einfach die Finanzierung jedoch sei:

v. Keith: Viertausend Anteilscheine à Fünftausend macht rund zwanzig Millionen
Mark. Ich gehe von der Bedingung aus, meine Herren, daß jeder von uns
vierzig Vorzugsaktien zeichnet und schlankweg einzahlt. Die Rentabilitäts-
berechnung, sehen Sie, ist ganz niedrig gestellt.[81]

Analog zum Volksstück fließen zahlreiche Elemente aus subliterarischen Zonen
wie Mundartsprache, Sprichwörter, Bibelzitate, Zirkusmotive und Tänze in das
dramatische Geschehen ein. Sie wollen es jedoch nicht komplettieren oder abrun-
den, sondern in wirkungsästhetischer Sicht verfremden. Wedekinds Figuren zeigen
uns keine heile Welt. Sie sind Repräsentanten bestimmter geistiger Beziehungen,
bei denen bereits der Name auf die dramatische Funktion hinweist. Ihre Ausstrahlung erfolgt auf Grund der bekannten Marionettenhaftigkeit und Widersprüchlich-
keit der Charaktere. Dabei werden ihre Positionsverschiebungen nicht nach moralischen Gesichtspunkten beurteilt wie bei Nestroy, sondern nur nach Erfolg und
Misserfolg. Im Unterschied zu Nestroy gibt Wedekind die Namen nicht aus, um
das Bild der Personen zu vervollständigen, sondern um andere eben über die wahre
Identität der Personen zu täuschen. So weist er Personen neue Namen zu, fixiert
Erfahrungen in Lebensweisheiten und täuscht über die Nutzlosigkeit solcher
Sprachprodukte hinweg. Somit lassen sich die Figuren nicht als eigentliche 'Charaktere', sondern nur als 'Konstrukte' mit Oppositions- und Korrespondenzfunktion
verstehen. Dabei durchlaufen sie keine Entwicklung, sondern werden in wechseln-
der Beleuchtung und in wechselnden Teilansichten vorgeührt.[82] Während in Nestroys Zauberspiel *Der Tod am Hochzeitstag* ein Herr 'Dappschädel' vom ersten bis
zum letzten Akt ein 'Dappschädel' bleibt, kann sich bei Wedekind mit den Namen
auch das Verhalten der Figuren ändern. Der Kriminalkommissar Raspe, der früher
einmal einen französischen Namen führte, war eigentlich Theologe, bis er seinen
Glauben verlor und hinter Schloss und Riegel kam. Das Nuturkind Simba heißt
ursprünglich Kathi und ist nicht 'eine geborene Dirne', sondern eine 'geborene Käs-
bohrer'. Wieder einmal zeigt sich Wedekinds Zynismus und Doppeldeutigkeit,
wenn sich ausgerechnet der heruntergekommene Literat Sommersberg als der Verfasser der 'Lieder eines Glücklichen' vorstellt. Sascha heißt eigentlich Sepperl. Und
so geht es endlos weiter. Falsche und exotische Namen, Adelstitel und adlige
Schönheiten passen natürlich ausgezeichnet dazu, den Eindruck der Hochstapelei
des Schwindler- und Gaunertums, für das der 'Marquis von Keith' steht, besonders
zu betonen.[83]

Damit gleichen die Figuren von Nestroy und Wedekind Marionetten, die in unterschiedlich starker Ausprägung die Mechanismen der Gesellschaft offen legen.
Ihre Positionsverschiebungen werden jedoch bei Wedekind nicht nach moralischen
Gesichtspunkten beurteilt, sondern nach Erfolg und Misserfolg. Die Beziehungen
zu den Figuren verändern sich wie das soziale Milieu. Kunst und Künstler, Zirkus-

leute, Prostituierte, Anhänger der Unterschicht und der Geldadel sind im *Marquis von Keith* in ständiger Bewegung. Dabei wird nicht ein homogenes soziales Milieu vorgeführt, wie es später Ödön von Horváth zeigt, sondern eine Gesellschaft, in der Macht und Gewinn jedem zugänglich ist, dem es gelingt, sich nach oben durchzuboxen. Dabei stoßen wir auf eine völlige Auflösung des Schuldbegriffs. Wedekinds Figuren bewegen sich alle nur im Kreis. Die Kreise ziehen sich an und stoßen sich ab. Sie durchdringen einander nicht. Sie bleiben für sich und vollenden nur ihren Lauf. Wedekinds Menschen sehen niemals zurück in die Vergangenheit, sondern nur nach vorn. Sie beginnen nach Sturz, Fall und Sünde das Leben auf einer immer neuen Ebene immer wieder von vorn, wie der *Marquis von Keith.*

Aus der verfremdeten Konstruktion, nicht aus der Echtheit der Gestaltung beziehen Wedekinds Figuren ihre Wahrheit und Wirklichkeitsnähe. Dennoch kann auch die Verletzung der Moral geächtet werden, wie wir im *Marquis von Keith* an den aufgebrachten Hofbräuhausgästen sehen, die Mollys Leichnam in das Arbeitszimmer v. Keiths schleifen. Beim Auftritt der Handwerker, die übrigens als einzige ihre wahren Namen behalten, kommt der Münchner Dialekt besonders deutlich zum Tragen:

(Eine Anzahl Hofbräuhausgäste schleppen Mollys entseelten Körper herein. Sie trieft von Wasser, die Kleider hängen in Fetzen. Das aufgelöste Haar bedeckt ihr Gesicht.)

Ein Metzgerknecht	Da hammer den Stritzi! - *(zurücksprechend)*: Hammer's?-Eini! *(Zu v. Keith):* Schau her, was mer g'fischt hamm! Schau her, was mer der bringen! Schau her, wann'd a Schneid hast!
Ein Packträger	Aus'm Stadtbach hammer's zogen! Unter die eisernen Gitterstangen vor! An die acht Tag' mag's drin g'legen sein im Wasser!
Ein Bäckerweib	Und da derweil treibt sich der Lump, der dreckichte, mit seine ausg'schamte Menscher umanand! Sechs Wochen lang hat er's Brot net zahlt! Das arme Weib laßt er bei alle Kraemersleut' betteln gehen, as was z'essen kriagt.
v. Keith	Ich bitte Sie, beruhigen Sie sich doch nur!
Metzgerknecht	Halt dei Fressen, du Hochstapler, du![84]

Kein Dichter vor Wedekind hat das Thema Sexualität in so drastischer Selbstverständlichkeit als Sache an sich dargestellt. So ist die Liebe von Keith zu Anna so groß, dass keine Nacht vergeht, ohne dass er sie 'im Traum, mit einem Diadem im Haar' vor sich sieht. Anna stellt jedoch ernüchternd fest, dass ihr an der Person des Marquis eigentlich nichts gelegen sei, und antwortet:

Verwerte mich doch als Dirne! – Du wirst ja sehen, ob ich dir etwas einbringe.[85]

„Damit verschließt sie sich jeder Verbindung, die auf anderen als auf rein materiellen Gütern basiert."[86] Dabei sieht Wedekind den Kontrast zwischen Eros und Liebe wesentlich schärfer, als ihn Nestroy im Rahmen der Wiener Volksstücktradition andeutet. Auch Anna ist schön, sinnlich, leidenschaftlich, vital, unzuverlässig, treulos, unehrlich und hat mit sämtlichen männlichen Hauptpersonen des Stücks erotische Affären. Sie „geht zwar mit dem Konsul Casimir ihre zweite Ehe und dritte Lebensgemeinschaft ein, aber dann wird ihre erotische Laufbahn zu Ende sein."[87] Konsul Casimir fühlt sich in diesem Zusammenhang veranlasst, auf Moral und Lebenskunst zu sprechen zu kommen:

Ich bin heute der angesehenste Mann Münchens, sehen Sie, und kann morgen hinter Schloss und Riegel sitzen.[88]

Der Marquis von Keith, Berlin 1907. Gustav Gründgens und Gudrun Genest

Geld, mit dem Nestroy noch alle Probleme löst, besitzt bei Wedekind zwar auch eine magische Anziehungskraft, ist jedoch nicht Mittel zum Zweck, sondern Selbstzweck. Es wirkt in der Gesellschaft, die er in seinen Bänkelliedern, Dramen und Schauspielen zeigt, wie eine Wasserscheide. Es ist ein Mittel, um Glück und Genuss zu kaufen, ganz so, wie wir es schon in dem Bänkellied *Die sieben Heller* gesehen haben. Geld dient nur dazu, um Macht und Lebensgenuss zu erreichen, dabei wird die Kreisbewegung besonders deutlich. Für Keith bedeutet Geld oberstes Prinzip jeglicher Tätigkeit. Es zeigt sich, dass in diesem Schauspiel „das Theater in einer Zirkus- und Jahrmarkts-Atmosphäre vorgeführt wird."[89] Für den Marquis von Keith ist das Leben nichts als ein Hochseilakt und er triumphiert bei seinem scheinbaren Erfolg, dass 'das halsbrecherische Seiltanzen ein Ende' habe. Auch wenn Wedekind in seinen Stücken die gleichen Themenbereiche wie seine Wiener Vorgänger aufgreift, kommt er zu einem anderen Ergebnis. Am Ende steht nicht das persönliche Glück, sondern ausschließlich der persönliche Ruin. Wenn v. Keith auf die Mitteilung von Scholz, dass er abreise, mit seiner charakteristischen Unverfrorenheit befiehlt:

> Dann gib mir aber noch die zwanzigtausend Mark, die du mir gestern versprochen hast![90]

Der Marquis von Keith Berlin 1920. mit Fritz Kortner (v. Keith) und Lothar Müthel (Scholz)

Scholz weist den Antrag rigoros zurück, indem er sich ganz unerwartet in die Perspektive seines ehemaligen Lehrers und Gesprächspartners begibt. Abermals erhöht v. Keith die Geldforderung, wirft sich vor Scholz auf die Knie und umklammert seine Hände: 'Gib mir die vierzigtausend, dann bin ich gerettet'. Scholz redet verlockend auf ihn ein und, reicht ihm seine rettende Hand. Er möchte ihn in die Irrenanstalt mitnehmen und bezieht sich im Sinne einer Kreisbewegung auf Anfang und Ende, während Keith auf den Tisch springt. Scholz sagt, er könne ihm zum letzten Mal helfen. Das Gespräch spitzt sich immer mehr zu, ohne dass sich v. Keith entscheiden kann, sich der Führung von Scholz anzuvertrauen.

Komm mit mir, dann bist du geborgen. Wir sind zusammen aufgewachsen; ich sehe nicht ein, warum wir nicht auch das Ende gemeinsam erwarten sollen.[91]

Konsul Casimir kommt dazwischen, wirft die Hofbräuhausgäste hinaus, lässt v. Keith eine Quittung unterschreiben, dass er das Geld, das er Gräfin Werdenfels schulde, zurückerhalten habe, und fordert ihn auf, die Stadt binnen vierundzwanzig Stunden zu verlassen. Hier zeigt sich Wedekinds Ironie besonders deutlich, wenn gerade v. Keith, der „die Ideologie der Geldherrschaft am klarsten erkennt und mit höchstem Einsatz nach dieser Ideologie zu leben versucht, von der bürgerlichen Gesellschaft durchschaut und abgeschoben wird."[92] Damit lässt er erkennen, dass nicht der Ideologe, sondern ausschließlich der Mechanismus des Geldes regiert:

> v. Keith *(in der Linken den Revolver, in der Rechten das Geld, tut nur einige Schritte nach dem Diwan, bebt aber entsetzt zurück. Darauf betrachtet er unschlüssig und abwechselnd das Geld. - Indem er den Revolver grinsend hinter sich auf den Schreibtisch legt):* Das Leben ist eine Rutschbahn... [93]

Während der Schluss des alten Volksstücks immer die moralischen Werte bestätigt und somit das Gewissen der Zuschauer beruhigt, zeigt uns Wedekind eine kontinuierliche Kreisbewegung, die jedem die Möglichkeit des sozialen Aufstiegs oder wie hier des ruinösen Abstiegs bietet. Wie später Bertolt Brecht versucht er, dass sein Publikum eine Schlussfolgerung zieht, für die seine eigenen Charaktere auf der Bühne blind sind.

Das zweite Stück Wedekinds, das im wesentlichen durch die zahlreichen Liedeinlagen die Verbindung zur Volksstücktradition deutlich macht, ist das Schauspiel *König Nicolo oder So ist das Leben*. Bereits der Prolog erfolgt im Sinne dieser Tradition:

> Nur kein Gelächter! Toren seid auch ihr
> So blind wie ich. Gleich werd' ich's euch beweisen.[94]

König Nicolo, ein als Träumer geltender Herrscher von Umbrien, wird vom Schlächtermeister Pietro Folchi gestürzt und aus der Stadt verbannt. Er entkommt jedoch seinen Wächtern, indem er sich in einen reißenden Fluss stürzt. Mit seiner Tochter zieht er in Bettlerkleidern durch das Land. Nach einem Versuch als Schweinehirt wird er von Meister Pandolfo als Schneiderlehrling eingestellt. Er ist sehr geschickt und bei den Kunden beliebt, so dass sich die Gesellen über seine Diensteifrigkeit lustig machen. Verzweifelt verflucht er den König in sich. Der Schneidermeister fasst diesen Fluch jedoch als Beleidigung des neuen Königs auf und übergibt Nicolo wegen Majestätsbeleidigung dem Gericht. Hier wird er zu Kerkerhaft verurteilt. Nach der Entlassung bewerben sich zwei Jahre später Vater und Tochter auf der Elendenkirchweih um eine Anstellung als Schauspieler. Nicolo hofft als Tragöde engagiert zu werden. Als Probestück trägt er die Geschichte seines Königtums vor. Man lacht begeistert und empfindet den Auftritt als Posse. Nicolo wird sofort als Komiker engagiert. Als das Unternehmen eines Tages in Perugia gastiert, besucht der neue König die Vorstellung. Er ist der erste Zuschauer, der Nicolos Auftritt nicht lächerlich findet. Er weint Tränen und ernennt ihn zu seinem Hofnarren. Filipo, der Sohn des Königs, möchte Alma, die Tochter des Hofnarren, heiraten. Da der neue König den Plan nicht billigen kann, wird Nicolo erneut verbannt. Nun kann er nicht länger schweigen und gibt sich als der ehemalige König zu erkennen. Niemand glaubt ihm. Man hält ihn für verrückt. Nicolo bricht in lautes Gelächter aus und stirbt an gebrochenem Herzen. Obwohl er in der Fürstengruft beerdigt wird, darf niemand erfahren, dass Pietro einen König zum Hofnarren gemacht hat.

In diesem Schauspiel verarbeitet Wedekind seine autobiographischen Bezüge. Die *Simplicissimus*-Affäre und die Festungshaft haben seine Würde als Mensch und Dichter empfindlich verletzt. Es ist der Angstschrei einer gequälten Künstlerseele und das Ringen um Anerkennung, die ihm seit Jahrzehnten versagt bleibt. Nach Irmers Meinung ist dieses Bekenntnis-Drama in Art und Aufbau ganz der griechischen Tragödie nachempfunden. Nicolo bahnt sich seinen eigenen Weg und er muss ihn selbst gehen. Damit setzt die Passion ein. Dementsprechend sind die Akte in neun Bilder eingeteilt, die gleichsam Stationen für die getriebene Hauptgestalt sind. Während der *Marquis von Keith* noch vollkommen auf Dialog gestellt war und Wort für Wort missverstanden wurde, schreibt Wedekind hier ein Stück, in dem der Dialog keine Rolle spielt und durch dessen Schlichtheit und Geradlinigkeit jedes Missverständnis ausgeschlossen ist.[95]

Bereits die Szene I/4 erinnert an den eigenen Prozess Wedekinds, in dem er sich in 'formalem Sinne der Anklage' für unschuldig, in 'moralischem Sinne' jedoch für strafwürdig hält. Während der ganzen Verhandlung wälzt sich der Procurator völlig desinteressiert stöhnend und gähnend in seinem Sessel. Auch der Verteidiger ist vorwiegend mit seinem Frühstück beschäftigt. Die unterwürfige Haltung des Gerichtsaktuars bestätigt dann das Groteske der ganzen Szene:

Hochwürdige und weise Richter! Der Krampf, der infolge einer langjährigen und nimmermüden Tätigkeit im Dienste des Gesetzes die Bewegungen meiner Rechten lähmt, lässt mich der Ehre nicht teilhaftig sein, eigenhändig das Protokoll unserer heutigen Verhandlung aufzusetzen. An meiner Seite sehet Ihr meinen Schreiberlehrling, einen mir liebgewordenen aufgeweckten Knaben, trotz seiner Jugend mit ganz außergewöhnlicher Liebe zur Rechtsgelehrsamkeit begabt, dem ich das Niederschreiben des Protokolls unter Führung und Beaufsichtigung seines Herrn anzuvertrauen bitte.[96]

So kommt es, dass ausgerechnet Nicolos Tochter Alma die Gerichtsverhandlung protokollieren muss. Um nicht erkannt zu werden, trägt sie Männerkleidung. Ganz im Sinne der Volksstücktradition schmückt sich der Oberrichter bei seinen Ausführungen mit lateinischen Floskeln:

> Du nennst dich Ludovicus und hast vordem in Baschi dem Hüten von Vieh obgelegen. Angeklagt bist du des Crimen laesae majestatis, wie es schon durch die unvergängliche Gesetzgebung unserer großen Vorfahren, der alten Römer, mit schweren Strafen bedroht worden ist! des Verbrechens der verletzten Majestät oder wie es mit anderen Worten heißt, der Beleidigung der geheiligten Person des Königs. Bekennst du dich dieses Verbrechens für schuldig? [97]

Nachdem der ehemalige König der Anklage nicht widerspricht, bezeichnet selbst der Verteidiger den Angeklagten als 'ein ganz verkommenes Subjekt' und fordert Prügelstrafe. Der Procurator geht noch einen Schritt weiter und besteht darauf, dass dieses 'Individuum von beispielloser sittlicher Verkommenheit' für sein 'himmelschreiendes Verbrechen' durch den Tod vernichtet werden müsse. Anschließend flegelt er sich wieder gelangweilt in seinen Sessel zurück. Während Alma in Tränen gebadet über dem Protokoll sitzt, schlägt der Gerichtsaktuar, als der das Unheil bemerkt, die Hände über dem Kopf zusammen:

> Josef Maria, eine Tintensau! Junge ist denn heute der Leibhaftige in dich gefahren?! Hilf mir, heilige Maria, Mutter Gottes, hat mir der Bengel in seiner Albernheit mein ganzes Gerichtsprotokoll verheult! Nicht ein Buchstabe mehr zu lesen! Die Blätter aufeinander geklebt! [98]

Das fünfte Bild spielt bereits im Gefängnis und zeigt den König beim Flechten eines Weidenkorbes. Die Szene wird durch ein Lied eröffnet, das der Wiener Volksstücktradition entspricht:

> Mit stolzen Zinnen raget ein Haus
> Auf hohen Felsen gebaut
> Da sprang ein Knabe wohl ein und aus
> Und sang und jubelte laut.
>
> Mit Epheu trug er die Stirn umlaubt,
> In den Locken blitzt ihm der Tau;
> Ein Falkenpaar über seinem Haupt
> Schoß kreischend durchs Himmelblau.
>
> Vom Söller herab mit leuchtendem Blick
> Winkt ihm die Mutter und lacht':
> Zu Abend kehret dein Vater zurück
> In strahlender Siegerpracht...[...] [99]

Wenn von den 'stolzen Zinnen' und dem 'Söller' die Rede ist, wird deutlich, dass Wedekind bewusst autobiographische Motive von Schloss Lenzburg und seiner Kindheit einblendet und sein eigenes Schicksal vorausschauend andeutet.

Nach der Haftentlassung mischt sich der ehemalige König unter das fahrende Volk, um die Elendenkirchweih zu besuchen und hier als Bänkelsänger eine Anstellung zu finden. Wie schlecht es allerdings um diese Kunst steht, zeigt bereits eine Begegnung mit einem 'Kunstreiter':

| Nicolo | Es gibt aber auch eine erhabene Kunst, die man Tragödie nennt! |
| Der Kunstreiter | Tra-Tra-Tragödie, ja! Den Namen hab ich schon gehört. Nur eines weiß ich von ihr, daß sie herzlich schlecht bezahlt wird.[100] |

Im weiteren Gespräch mit dem 'Kunstreiter' stellt sich heraus, dass er Alma gerne das 'Kunstreiten' beibringen möchte, obwohl er auf Schusters Rappen reist! Hier zeigt sich wieder Wedekinds Zynismus, indem er an sein Bänkellied *Ännchen Tartini. Die Kunstreiterin* erinnert. Aus der verfremdeten Konstruktion, nicht aus der Echtheit der Gestaltung, sondern aus der Verbindung von Lebenskunst und Kommerz beziehen seine Figuren ihre Wahrheit und Wirklichkeitsnähe. Die theatralisch sehr effektvoll gestaltete Szene der Elendenkirchweih wird durch einen dramatischen Chorgesang eröffnet, der von einem Tamburin begleitet wird. Dieses Lied zählt zu den eindringlichsten Lautenliedern Wedekinds und ist unabhängig vom *Chorus der Elendenkirchweih* bekannt. Dabei hebt er bewusst die Tragikomik der Szene mit Hilfe verfremdeter Elemente hervor. So stehen der Chorus der Vaganten und später Almas Lied in symbolischer Beziehung zu Inhalt und Problem. Ihre und Nicolos Lage charakterisierend stimmen sie das Lied an:

Auf dem Dorf und in der Stadt
Schnarchen alle Menschen hinter dichtgeschloßnen Fenstern;
Und was Haus und Bett nicht hat,
Dreht sich unterm Hochgericht mit fröhlichen Gespenstern!
Aus der Sonne Glanz verbannt,
Finden leisen Schrittes wir des Glückes Spur im Dunkeln
Und sind Herrn in weitem Land,
Wenn von hohem Himmel die Gestirne freundlich funkeln.[101]

„Der Chorus, der von allen auf der Bühne Anwesenden gesungen wird, schafft nicht nur eine zur Atmosphäre des Hochgerichts passende gespenstische Stimmung, sondern enthält darüber hinaus eine das ganze Stück umfassende Bedeutung."[102] Das groteske Geschehen gipfelt in der erneuten Verkennung Nicolos. Ein Schauspieler möchte als Bajazzo engagiert werden und versucht komisch zu wirken, verdirbt aber durch seine läppische Heiterkeit die Wirkung. Dennoch hätte sein Vortrag ebenso bei Nestroy stehen können:

> Graf Onofrio war ein Graf,
> Dumm war er wie ein Schaf,
> Er hatte sieben Töchter,
> Die gerne verheiraten möcht er;
> Es zeigt sich aber kein Freier-
> Faule Eier! Faule Eier![103]

Während sich der König unter dem fahrenden Volk als Komödiant bewirbt, bringt sein Königsmonolog die Tragödie seines Lebens zum Ausdruck:

> Ich bin der Herrscher hier in diesem Land,
> Von Gott ernannt, von niemand erkannt!
> Und wenn ich's schriee, daß die Felsen dröhnen,
> Daß ich in diesem Lande Herrscher bin,
> Der Vögel zwitschern würde mich verhöhnen.[104]

Das tragische Schicksal des Tragöden wird verkannt, wenn die Zuschauer in schallendes Gelächter ausbrechen, stürmisch in die Hände klatschen und begeistert rufen 'Da Capo! Da Capo!'. Dennoch bleibt der König genau so verkannt wie der Dramatiker Wedekind, der hier aus gequältem Herzen zu uns spricht. Wenn er als Epilog der Elendenkirchweih nochmals einen Chorus einsetzt, erinnert dies an das szenische Geschehen Nestroys:

> Sonne bald den Berg erklimmt,
> Uns bis übers Jahr in alle Winde zu verschlagen,
> Die vom Schicksal wir bestimmt,
> Unerreichte Truggebilde krampfhaft zu erjagen![105]

Die anschließende Begegnung zwischen dem gestürzten und dem regierenden König auf dem Marktplatz von Perugia führt unweigerlich zur Wende des Stücks, wobei die Ironie unverkennbar ist. Das Tragikomische erfährt dadurch noch eine Steigerung, dass ausgerechnet der dramatische Gegenspieler als einziger das königlich Weise dieses Narren erkennt und sich wundert, dass noch niemand den tiefen Ernst des Königsspiels erkannt hat.

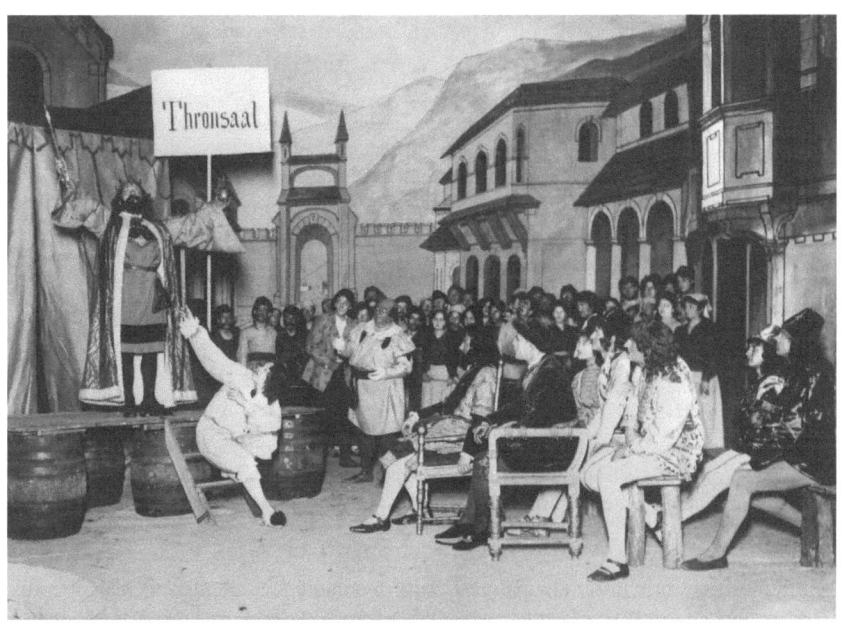

König Nicolo Berlin 1903. Von links: Emanuel Reichert (Nicolo), Tilla Durieux (Alma),
Joseph Klein (König Pietro)

König Pietro *(zum König)*   Und das nennst du eine Posse lieber Freund?! Du siehst,
daß mir die Tränen in die Augen drangen!

Der König *(nachdem er die Krone abgenommen):*
      Wollen Eure Majestät glauben, daß das Stück überall als
      eine harmlose Posse aufgefaßt wurde.

König Pietro   Das will ich dir nicht glauben! Sollten meine Untertanen
      so rohen Gemütes sein? Oder wie erklärst du mir das?

Der König   Darüber kann ich Eurer Majestät nicht Rede stehen.
      So ist das Leben.[106]

König Pietro   Ich kann einem Mann, der sein Dasein durch Einsammeln
      von Groschen fristet kein Staatsamt übertragen. Aber
      nimmer soll meine Königswürde mich hindern, mir den
      Mann, dessen Geistesgaben ich unter Tränen bewunderte,
      zum allernächsten Begleiter zu wählen! [...] Ich ernenne
      dich zu meinem Hofnarren.[107]

Im neunten Bild kauert der ehemalige König dem Thron gegenüber auf den Stufen.
Sein Amt als Hofnarr ist diskret durch eine entsprechende Kopfbedeckung ange-
deutet. In der schlaffen Hand hält er einen kurzen Narrenstab. Sein blutleeres Gesicht ist tief gefurcht. Wie König Pietro berichtet, ließ er zwischenzeitlich bei den

Medici in Florenz anfragen, ob man nicht geneigt sei, seinem Sohn Filipo eine Tochter zur Frau zu geben:

> Filipo Bevor Ihr das tatet, mein gnädiger Vater, habe ich Euch schon des
> allerbestimmtesten erklärt, daß ich niemand andres heiraten werde,
> als Donna Alma, die Tochter Alexandrinos!
> König Pietro *(aufbrausend)*
> Die Tochter meines Hofnarren! Du gehörst in die Werkstatt
> zurück, aus der du gekommen bist

Der König kann diesem Plan nicht zustimmen, auch wenn Nicolo vergeblich versucht ihn umzustimmen und die Heirat der Kinder zu ermöglichen. Wutentbrannt gibt der König seine Entscheidung bekannt:

> Wohlan denn! Mag mein Sohn, wenn ihn das Verlangen ankommt, euch nachlaufen!
> So verbanne ich denn dich und dein Kind von diesem Tag an auf Lebenszeit aus dem
> Lande Umbrien unter Verhängung der Todesstrafe für den Fall der jemaligen Rückkehr![108]

Währenddessen bricht der ehemalige König in anhaltendes munteres Gelächter aus und erinnert König Pietro daran, dass er ihn bereits schon einmal unter Verhängung der Todesstrafe aus Umbrien verbannt hat, und gesteht:

> Ich, der ich hier stehe, bin König Nicolo!

Niemand kann das glauben, bis Prinzessin Alma herein stürzt und den Sachverhalt bestätigt:

> Ihr seid König Nicolo, mein Vater! Ängstigt Euch nicht! Was kann man uns heute
> noch antun?

Tragikomisch stirbt König Nicolo an gebrochenem Herzen, beladen mit dem grässlichsten aller Flüche, mit dem Fluch der Lächerlichkeit. Dennoch gewinnt er gerade zum Schluss noch einmal menschliche Größe, wenn er seinen Anspruch noch im Sterben aufrecht erhält:

> Ich danke ab – aber nicht als König – sondern nur – als Mensch... *(Er stirbt).*[109]

Damit ist der Kampf um die nackte Menschenwürde, den Nicolo führte, durchaus vergleichbar mit Wedekinds Ringen um seine künstlerische und gesellschaftliche Anerkennung.

Der durchgängige Einsatz der Lieder gehört bei *König Nicolo* ebenso zu den wesentlichen dramaturgischen Funktionen, wie dies bei seinen literarischen Vorläufern der Fall ist. Hinzu kommt, dass sich „durch die Autonomie des Liedes […] die Spannung zwischen Lyrik und Dramatik"[110] vergrößert. Im Unterschied zu den Vertretern der Alt-Wiener Volksstücktradition haben Wedekinds Liedeinlagen jedoch nicht die Funktion, zur Erheiterung beizutragen und das Gesamtkunstwerk abzurunden, sondern sie sind immer ironisch, satirisch, grotesk und zynisch eingesetzt, um zu verändern, zu provozieren und zu verfremden. Aufgrund der übertriebenen Schlichtheit wirkt Wedekinds Musik provokativ und widersetzt sich der Kunst des Schönen. Im Unterschied zu Nestroy wird hier das Hässliche gegen die trügerische Idealisierung der Wirklichkeit eingesetzt. Unterstützt von der Laute des Bänkelsängers, hebt sich das inhaltlich Grelle ab und kehrt die Aussage um. Dieser dramaturgische Kunstgriff und auch musikalisch neue Stil wird bei seinem Verehrer Bertolt Brecht seinen bedeutendsten Verfechter finden. Nach dem Vorbild von Wedekinds Bänkelliedern wird er später seine Songs schreiben.[111]

Die Perspektive des Glücks, die wir in der Volksstücktradition immer wieder antreffen, finden wir fast in keinem Stück Wedekinds. Andeutungsweise könnte man bei *König Nicolo* von Glück sprechen, wenn Alma am Ende des Schauspiels, nach dem Tod des Vaters, den Königssohn doch noch heiraten darf.

Wedekinds Dramen spielen nicht mehr wie bei den Vertretern der Alt-Wiener Volksstücktradition im obsolet gewordenen Himmel. Sie bleiben am Boden, im Leben, im kreatürlich Lebendigen. Sein Personal besteht jedoch, im Gegensatz zu dem von Nestroy, nicht aus Repräsentanten homogener gesellschaftlicher Subsysteme. Vielmehr wird im Zusammenspiel von Aristokraten und Gauklern, Geistlichen und Dirnen erst die Vielschichtigkeit sozialer Wirklichkeit greifbar, wie wir es im *Marquis von Keith* und in *König Nicolo* gesehen haben. Die Grenzen zwischen Welt und Halbwelt geraten dabei ins Wanken. Trotz der Heterogenität des dramatischen Ensembles erfolgt die Zusammenstellung des Personals nicht beliebig. „Sie basiert auf einem Konstruktionsplan, der die Einzelfiguren kontrastierend miteinander verknüpft."[112] Dabei stellt er seinen Gestalten Komplementärfiguren zur Seite, wobei die eine Gestalt die andere spiegelbildlich erläutert. Besonders deutlich wird dies im *Marquis von Keith* mit den Figuren Scholz und Keith. Deutliche Parallelen zwischen Nestroy und Wedekind zeigen sich auch in der Tendenz zu äußerster Kürze und in der Vorliebe für das stellenweise Schleppen und Dehnen des Dialogs. Bei Wedekind erfüllt das Hin und Her im Dialog jedoch nur auf der Oberfläche des Sprachgebrauchs die Vorgaben des Konventionsstücks. Es kommt zu keinem Austausch von Meinungen oder zum Abgleich von Standpunkten. Der Schwerpunkt von Wedekinds Stücken liegt nicht in der Handlung, sondern in der komischen Situation, in der Ironie und im Witz. Damit stehen seine Burlesken der Volksstücktradition näher als dem aufblühenden Naturalismus. Souverän jongliert er mit der Sprache wie seine Wiener Vorgänger. Dabei bleibt die Sprache Werkzeug der Charaktergestaltung. Wechselnd in Form, Ton und Tempo kommt sie je nach Charakter und Lage des Sprechenden der Menschenzeichnung gleich. „Kunst ist nicht mehr der authentische Ort des Wahren, sondern die schöne Lüge."[113]

Die humoristisch-karikierende Verwendung von Heiligennamen und Namen biblischer Gestalten oder auch die Anrufung des Teufels gehört bekanntermaßen zum festen Repertoire des Volksstücks. Auch in diesem Punkt greift Wedekind nicht nur bei den Bänkelliedern, sondern auch bei den Schauspielen bewusst auf seine Vorgänger zurück. Beispielhaft sei hier an *Die sieben Heller* erinnert. Das Zentrum seines Produktionsverfahrens reicht dabei vom wörtlichen Zitat aus dem Evangelium und der bloßen Andeutung über die bewusste Verfremdung der Vorlage bis hin zur Geisterbeschwörung.

Damit schließt sich der Kreis der thematischen Schwerpunkte, die wir sowohl bei den Vorläufern als auch bei den Nachfahren der Volksstücktradition finden.

Frank Wedekind und die Schauspielerin Tilly Newes nach ihrer Eheschließung 1906

4. Bertolt Brecht

Bertolt Brecht (1898-1956), eigentlich Berthold genannt, wird als Sohn des kaufmännischen Angestellten Berthold Friedrich Brecht und dessen Ehefrau Sophie in Augsburg geboren. Der Vater ist ein sozialer Aufsteiger, der aus einfachen Verhältnissen stammend und nur mit dem Volksschulabschluss in der Tasche bald zum Prokuristen und später zum leitenden Direktor der Haindl'schen Papierfabrik befördert wird. Was treibt einen wohlbehüteten Knaben aus bürgerlichem Milieu in einer bayerischen Provinzstadt dazu, in die Rolle eines aufsässigen, zynischen Dichters zu flüchten und den bürgerlichen Konventionen den Kampf anzusagen? Fragen, die sich auch schon bei Frank Wedekind gestellt haben.

Zumindest liefert die schulische Laufbahn keinen Hinweis darauf, was den privilegierten Prokuristensohn in die antibürgerliche Aufsässigkeit treibt. In der Rolle, die er sich als arroganter und kaltschnäuziger Jugenddichter auferlegt, schafft er sich jenseits von Schule und Familie eine eigene Subkultur. Zentrum ist die elterliche Dachkammer, in der er sich mit literarisch interessierten Schulkameraden trifft. Brecht ist der unbestrittene Chef der Clique. Bereits hier entwickelt er jene Techniken des kollektiven Arbeitens, die er zeitlebens beibehalten wird. Texte werden zur Diskussion gestellt. Brecht nimmt Anregungen auf und arbeitet fremde Texte in eigene Arbeiten ein. Er schätzt poetische Außenseiter, die zu seinem Vorbild werden. Deshalb kennt er auch schon früh das literarische Schaffen von Frank Wedekind.

In die Welt der Weiblichkeit, die in seinem Leben wie in seiner Lyrik eine so herausragende Rolle einnehmen wird, begibt er sich bereits als Schüler. Eigenen Angaben zufolge holt er sich die dafür nötigen Kenntnisse bei einer Prostituierten in der Augsburger Hasengasse. Dann beginnt der Reigen seiner Geliebten, der bis zu seinem Tod nicht mehr abreißen wird. Im Umgang mit ihm nahestehenden Frauen entwickelt er ein eigenes Verhaltensmuster. Er bestimmt die Regeln des Zusammenseins und beharrt auf der Rolle des überlegenen Strategen.

Brecht beginnt seine literarische Tätigkeit bereits als Fünfzehnjähriger mit Arbeiten, die er in der Schülerzeitung 'Die Ernte' veröffentlicht. Nach dem Notabitur 1915 schreibt er sich an der Philosophischen Fakultät der Ludwig-Maximilians-Universität in München ein. Als im Frühjahr 1918 die Einberufung droht, wechselt er kühl berechnend zur medizinischen Fakultät, um seinen Militärdienst nicht als Frontsoldat, sondern als Sanitäter abzuleisten. Tatsächlich wird er, als er im Oktober eingezogen wird, zum Sanitätsdienst verpflichtet. Die Fronterlebnisse der Soldaten bestärken ihn in seiner Kriegsgegnerschaft und inspirieren ihn zur *Legende vom toten Soldaten*, einer Satire auf die Durchhaltefanatiker, die selbst lahme und blinde Soldaten wieder an die Front zurückschicken möchten. Die Ballade wurde zum politischen Ärgernis, so dass Brecht wegen dieses Gedichts bereits 1923 auf die schwarze Liste gesetzt wird. Eines von vielen Vorkommnissen, das zu seiner späteren Ausbürgerung führt.[114]

Nicht nur politisch, sondern auch literarisch bezieht Brecht inzwischen eine kritische Position. Das Studium der Literatur- und Theaterwissenschaften, das er nach der Entlassung aus dem Militärdienst an der Münchner Universität wieder aufnimmt, führt ihn im Rahmen einer Übung zu Professor Kutscher, bei dem er auch Frank Wedekind persönlich kennen lernt. Hier hat er erstmals Gelegenheit, dessen erotische Balladen und provokativen Bänkellieder zu hören, die Wedekind zur Gitarre vorträgt. Von diesem neuen Stil ist er begeistert. Er wird prägend auf sein Lebenswerk sein, so dass er sich selbst als Schüler und Verehrer Wedekinds bezeichnet. Auf den Expressionismus, der im Rahmen einer weiteren Veranstaltung vorgestellt wird, schaut er verachtend und zynisch herab. Es ist für Brecht eine willkommene Gelegenheit, gegen den Roman *Der Anfang* von Hans Johst massiv zu polemisieren. Nicht ohne Eifersucht auf den Erfolg dieses Dramatikers macht er sich bei Prof. Kutscher dermaßen unbeliebt, dass er ihn von allen weiteren Veranstaltungen ausschließt.

Der plötzliche Tod des großen Schriftstellers, Bänkelsängers und Schauspielers Wedekind erschüttert den jungen Bertolt Brecht so sehr, dass er unter dem ersten Eindruck am 12. März 1918 seinen berühmt gewordenen Nachruf in den 'Augsburger Neuesten Nachrichten' schreibt: „Seine Vitalität war das Schönste an ihm. Ob er einen Saal, in dem hunderte von Studenten lärmten, ob er ein Zimmer, eine Bühne betrat, in seiner eigentümlichen Haltung, den scharfgeschnittenen, ehernen Schädel etwas geduckt vorstreckend, ein wenig schwerfällig und beklemmend: Es wurde still. Obwohl er nicht sonderlich gut spielte, er vergaß sogar das von ihm selbst vorgeschriebene Hinken immer wieder und hatte den Text nicht im Kopf. Als 'Marquis von Keith' aber stellte er manche Berufsschauspieler in den Schatten. Er füllte alle Winkel mit sich aus. Er stand da, hässlich, brutal, gefährlich, mit kurzgeschorenen roten Haaren, die Hände in den Hosentaschen, und man fühlte: Den bringt kein Teufel weg. Er trat in rotem Frack als Zirkusdirektor vor den Vorhang, Hetzpeitsche und Revolver in den Fäusten, und niemand vergaß je wieder diese metallene, harte, trockene Stimme, dieses eherne Faunsgesicht mit den schwermütigen Eulenaugen in den starren Zügen. Er sang vor einer Woche noch in der Bonbonniere zur Gitarre seine Lieder mit spröder Stimme, etwas monoton und sehr ungeschult: Nie hat mich ein Sänger so begeistert und erschüttert. Es war die enorme Lebendigkeit dieses Menschen, die Energie, die ihn befähigte, von Gelächter und Hohn überschüttet, sein ehernes Hoheslied auf die Menschlichkeit zu schaffen, die ihm auch diesen persönlichen Zauber verlieh. Er schien nicht sterblich. Als er uns diesen Herbst in kleinem Kreis sein letztes Werk, den *Herakles* vorlas, staunte ich über seine eherne Energie. Er las zweieinhalb Stunden, ohne auszusetzen, ohne ein einziges Mal die Stimme zu senken – und was für eine starke, eherne Stimme war das! – ohne zwischen den Akten eine Minute lang aufzuschnaufen, reglos über den Tisch gestemmt, halb auswendig, diese in Erz getriebenen Verse, indem er immer der Reihe nach jedem von uns Zuhörern tief in die Augen sah. Zum letzten Mal sah und hörte ich ihn vor sechs Wochen bei der Abschiedsfeier des Kutscher-Seminars. Er schien völlig gesund, sprach angeregt und sang auf unsere Zurufe drei seiner schönsten Lieder zur Laute, ziemlich spät nach Mitternacht. Bevor ich nicht gesehen habe, wie man ihn begräbt, kann ich seinen Tod nicht fassen. Er gehörte mit Tolstoi und Strindberg zu den großen Erziehern des neuen Europa. Sein größtes Werk war seine Persönlichkeit."[115]

Bertolt Brecht, Portrait 1922

Trotz des Studiums bleibt die Mansarde in Augsburg weiterhin Treffpunkt für Brechts literarisch interessierte Freunde. Mit der Klampfe singt er das *Lied der Galgenvögel* oder das *Lied an die Kavaliere der Station D,* das von seinen Erfahrungen aus der 'Tripperstation' berichtet und dessen Refrain lautet: 'Arg schon die Liebe, aber ärger noch der Tripper brennt!'[116] Bert Brechts Vortragskunst wurde von vielen Zeitgenossen immer wieder bewundert, versetzte er doch die Zuhörer in seiner Dachstube, später auch in den Augsburger, Münchener und Berliner Lokalen in rätselhafte Verzückung. Auch Carl Zuckmayer ist von den rauh und schneidend vorgetragenen Liedern beeindruckt, aufgerührt und geradezu verzaubert.

Der Umfang der Brecht'schen Lyrik stellt selbst das Werk so bedeutender Lyriker wie Rainer Maria Rilke und Gottfried Benn in den Schatten. Brechts Gedichte gelten inzwischen als seinen Dramen ebenbürtig; manche Kritiker betrachten sie sogar als den gelungensten Teil seines Werkes, ein Urteil, das den Stückeschreiber ebenso wie Wedekind erstaunt und verärgert hätte. Waren doch beide Schriftsteller ein Leben lang bemüht, die Bedeutung ihrer Gedichte, Balladen und Lieder herunterzuspielen.

Mit seinem ersten Gedichtband *Die Hauspostille* präsentiert Brecht einen Querschnitt durch sein lyrisches Frühwerk. Es sollte ein Buch mit Gebrauchswert sein, das sich, weit entfernt von Gefühlspoesie, ironisch der Luther'schen Erbauungspostille verpflichtet. Wie diese folgt auch die Gedichtsammlung einer Gliederung in Lektionen wie Bittgesängen, Exerzitien, Chroniken, Psalmen usw. In dezidiert unchristlichen Fürbitten nimmt sich Brecht darin Gestrandeter der bürgerlichen Gesellschaft an, so dem Elternmörder *Apfelböck:*

> In mildem Lichte Jakob Apfelböck
> Erschlug den Vater und die Mutter sein
> Und schloss sie beide in den Wäscheschrank
> Und blieb im Hause übrig, er allein. [...]
>
> Und als sie einstens in dem Schrank ihm sahn
> Stand Jakob Apfelböck in mildem Licht
> Und als sie fragten, warum er's getan
> Sprach Jakob Apfelböck: Ich weiß es nicht.[117]

Die grausame Tat ist kalt und objektiv protokolliert. Anstatt Vater und Mutter zu ehren, hat der dreizehnjährige Jakob Apfelböck sie 'in mildem Lichte' erschlagen. Umgeben von Leichengeruch verharrt er neben seinen Opfern und auf die Frage nach dem Motiv folgt das mitleidlose 'Ich weiß es nicht'. Das christliche Wertesystem ist ausgesetzt. Der Tod reduziert sich auf biologische Zersetzung, auf den Übergang in den Naturzustand. Dem Verfaulen folgt das Vergessen. Transzendenz gibt es nicht. Hier finden sich deutliche Anklänge zu Wedekinds Ballade *Der Tantenmörder*. In beiden Gedichten ist die Logik auf den Kopf gestellt und der Zynismus wird überdeutlich, wenn Apfelböck 'in mildem Lichte' spricht oder die Richter der 'blühenden Jugend' des Tantenmörders nachtrachten.

Immer wieder vernehmen wir in den Balladen den Apell zu sündigen und das zeitlich begrenzte Leben ausgiebig zu nutzen. Als große sprachliche Leistung dieser unsentimentalen Gedichte, die als gesungene Balladen rezipiert werden müssen, gilt Brechts Entdeckung der Sachlichkeit für die Lyrik. Kälte und Illusionslosigkeit durchziehen den Zyklus und konzentrieren sich noch einmal in dem berühmten autobiographischen Rollengedicht *Vom armen B.B.*

Ich, Bertolt Brecht, bin aus schwarzen Wäldern.
Meine Mutter trug mich in die Städte hinein
Als ich in ihrem Leibe lag. Und die Kälte der Wälder
Wird in mir bis zu meinem Absterben sein.

In der Asphaltstadt bin ich daheim: Von allem Anfang
Versehen mit jedem Sterbesakrament:
Mit Zeitungen. Und Tabak. Und Branntwein.
Misstrauisch und faul und zufrieden am End.[...]

Von diesen Städten wird bleiben: der durch sie
        hindurchging, der Wind!
Fröhlich machet das Haus den Esser: er leert es.
Wir wissen, dass wir Vorläufige sind
Und nach uns wird kommen: nichts Nennenswertes.[118]

Es ist der lässig und emotionslos vorgetragene Lebenslauf eines B.B., der in der Asphaltstadt zu Hause ist, dessen Hoffnung sich darauf beschränkt, dass zukünftige Erdbeben seine Virginia nicht ausgehen lassen, und er weiß, dass er zu den Vorläufigen gehört, denen allerdings 'nichts Nennenswertes' nachfolgen wird. Als die Hauspostille mit dieser und weiteren Balladen erscheint, hat sich Brechts Lyrik bereits gewandelt. Die Großstadt ist ins Zentrum seiner Gedichte gerückt. Die Metropole ist hier nicht mehr mit den Angstvisionen der Expressionisten befrachtet. Brecht analysiert das großstädtische Treiben nüchtern, unbeteiligt, als Selbstverständlichkeit. Dennoch sind die Ergebnisse seines sezierenden Blicks beunruhigend.

In seinen zotig und provokant klingenden Liebesgedichten hat Brecht ein Leben lang das Privateste des Menschen offen gelegt. In seiner Lyrik bedient er sich einer Offenheit, die mit seinen Tabubrüchen als Protest gegen die bürgerliche Doppelmoral der wilhelminischen Gesellschaft zu verstehen ist. Ein Frontalangriff auf das verordnete Sündenbewusstsein. Mit der Sonett-Form stellt er sich in die Tradition, die die vulgäre Sprache des Volkes in die Dichtung aufnimmt, wie Dante in *De vulgari eloquentia* oder Pietro Aretino in seinen *Kurtisanengesprächen.* Zotig, provokant klingt sein Realismus, wenn es dort heißt:

KOMM MÄDCHEN, LASS DICH STOPFEN
Das ist für dich gesund
Die Dutten werden größer
Der Bauch wird kugelrund.[119]

In seiner Deutlichkeit geht Brecht damit noch wesentlich weiter als Wedekind. Mit zunehmendem Alter wird seine Liebeslyrik radikaler und direkter. Neben den pornographisch eingestuften Sonetten, die er aus der räumlichen Distanz an seine Mitarbeiterin und Geliebte Margarete Steffin richtet, entstehen Gedichte, die sich über Naturbilder der Liebesthematik nähern. Brecht erweist sich als freier Geist und experimentiert hier mit einer Vielfalt von Formen, vom weitschweifigen Sonett bis zum lakonischen Dreizeiler. Neben der Lyrik verfasst er Kurzgeschichten, Romane, Erzählungen, Theaterstücke und Hörspiele für den Rundfunk.[120]

In den 20er Jahren schließt er mehrere Bekanntschaften, die sein späteres Schaffen beeinflussen. Dazu gehören Karl Valentin, Lion Feuchtwanger und Arnolt Bronnen, mit dem er eine literarische Firma gründet und „kleine Filmchen herstellt".[121] In Angleichung an dessen Vornamen Arnolt ändert er endgültig seinen Vornamen in Bertolt um. 1922 inszeniert er an den Münchner Kammerspielen das viel gelobte Stück *Trommeln in der Nacht,* für das er den Kleist-Preis erhält.

Im Jahr 1926 lernt der Stückeschreiber eine Theorie kennen, die sein Leben und Werk entscheidend bestimmen sollte: den Marxismus. Er entwickelt sich zum überzeugten Kommunisten und verfolgt fortan mit seinen Werken politische Ziele. Parallel zur Entwicklung seines politischen Denkens verläuft ab 1926 die Bildung seines epischen Theaters. Folgenreich für Brechts Werk wird auch die Bekanntschaft mit dem Komponisten Kurt Weil, der mit dem Vorschlag an den Dichter herantritt, für die 'Festwochen Neuer Musik' in Baden-Baden 1927 eine abendfüllende Oper zu schreiben: die *Dreigroschenoper.* Das höchst effektiv konstruierte Unterhaltungsstück, das mit dem Begriff 'Oper' eher polemisch umgeht, wird zu einem der spektakulärsten Bühnenerfolge der 20er Jahre. Brecht und Weil gelingt das Unerwartete, die hohe Kunst kommerziell erfolgreich zu vermarkten. Im selben Jahr lernt Brecht Hanns Eisler kennen, der nun zum wichtigsten Komponisten seiner Stücke und Lieder wird.

Szene aus der *Dreigroschenoper* mit Hilde Hildebrand und Hildegard Knef

Am 10. April 1929 heiratet Brecht Helene Weigel. Die Heirat löst Bestürzung im Kreis der ihm nahe stehenden Geliebten aus. Die Schauspielerin Carola Neher wendet sich gekränkt von ihm ab, auch wenn er ihr beteuert, die Heirat habe nichts zu bedeuten. Seine engste Mitarbeiterin Elisabeth Hauptmann schneidet sich die Pulsadern auf, wird aber gerettet. Mit einer weiteren Geliebten, der Schriftstellerin Marieluise Fleißer kommt es zum Bruch. Er hat sie menschlich enttäuscht und ihr literarisches Werk ohne ihre Zustimmung vermarktet, indem er ihr Stück *Pioniere in Ingolstadt* an das Theater am Schiffbauerdamm zur Aufführung frei gibt. Erst 1962, nachdem Brecht bereits sechs Jahre tot ist, widmet sie dem Stückeschreiber mit der Erzählung *Avantgarde* ein Portrait, das ihn als einen unerbittlichen und rücksichtslosen Menschen beschreibt, der seine Geliebten in seiner 'Schreibfabrik' ausbeutet und seine persönlichen Vorteile mit gnadenlosem Fanatismus verfolgt.[122]

Zu Beginn der 30er Jahre bekommt der Autor marxistisch inspirierter Lehrstücke zu spüren, welchen Preis er für sein politisches Bekenntnis zahlen muß. Am 28. Februar 1933, einen Tag nach dem Reichstagsbrand muss er mit seiner 'Familie' und dem Kreis seiner engsten Mitarbeiterinnen Berlin verlassen. Da er über keine Fremdsprachenkenntnisse verfügt, reist er zunächst nach Prag und später weiter nach Wien, Zürich und Paris. Auf Einladung der Schriftstellerin Karin Michaelis setzt er sich nach Thurö in Dänemark ab. Kurz darauf erwirbt er in Skovsbostrand auf der Insel Fünen ein Haus und verbringt dort die nächsten fünf Jahre. Dennoch gehören gerade diese Jahre zu den produktivsten seines Schaffens. So entstehen hier die großen epischen Dramen *Leben des Galilei, Mutter Courage, Der gute Mensch von Sezuan* und *Herr Puntila und sein Knecht Matti*.

Nachdem deutsche Truppen Dänemark und Norwegen besetzen, bricht er 1940 nach Finnland auf. Die finnische Schriftstellerin und wohlhabende Geschäftsfrau Hella Wuolijoki besorgt den Geflohenen eine Unterkunft im Nebengebäude ihres Gutes Marlebaek in der Nähe von Kausala in Südfinnland/Tavastland. Hier genießen die Flüchtlinge ihre großzügige Gastfreundschaft. Dabei entwickelt sich eine schriftstellerische Zusammenarbeit, so dass Brecht bereits am Tag nach seiner Ankunft notiert: „Wunderbar die Geschichten der Wuolijoki, vom Volk auf dem Gut, in den Wäldern, wo sie einmal große Sägewerke besaß."[123]

Eine dieser Geschichten, die Wuolijowki abends erzählt, war die von Roope Juntula, dem Vetter ihres geschiedenen Mannes, der ein tavastländischer Großbauer, tyrannischer Arbeitgeber und berüchtigter Raufbold war. Er war von beachtlicher Trinkfestigkeit und zeigte sich im Suff als humorvoller jovialer Mensch, während er in nüchternem Zustand der Typ des klassischen Ausbeuters war. Die Gastgeberin hatte die wahre Geschichte, die sich auf dem Gut zugetragen hatte in der unveröffentlichten Erzählung *Der finnische Bacchus* verarbeitet. Diese Begebenheit bildet den Keim des 'Puntila'-Stoffes. Unabhängig davon unternimmt die finnische Schriftstellerin nochmals eine dramatische Bearbeitung des Stückes mit einer Bühnenfassung (1936) und einem Filmskript (1939), das den Titel *Sahanpuruprinsessa* (dt.: *Die Sägemehlprinzessin*) trägt. Brecht bezeichnet das Stück wegen seines steifen klassischen Aufbaus als 'Konversationskomödie' und nimmt zusammen mit der Finnin eine weitere Bühnenbearbeitung vor. Am 2. September 1940 notiert er: „Was ich zu tun habe, ist, den zugrunde liegenden Schwank herauszuarbeiten, die psychologisierenden Gespräche niederzureißen und Platz für Erzählungen aus dem finnischen Volksleben zu gewinnen, den Gegensatz 'Herr' und 'Knecht' szenisch zu gestalten und dem Thema seine Poesie und Komik zurückzugeben."[124]

Aufgrund der gemeinsamen Arbeit unterzeichnen Brecht und Wuolijoki eine schriftliche Abmachung über die Rechte am *Puntila,* in der sie festlegen, dass sämtliche Einnahmen zwischen den beiden Autoren zu je 50 Prozent aufgeteilt werden. Leider hält sich Brecht bei der Premiere am Zürcher Schauspielhaus am 5. Juni 1948 nicht an diese Abmachung, so dass im Bühnenmanuskript kein Hinweis auf Wuolijoki und ihren Anteil an der Entstehung des Stückes vermerkt ist.

Im Untertitel trägt *Herr Puntila und sein Knecht Matti* als einziges der abendfüllenden Werke Brechts die Gattungsbezeichnung 'Volksstück'. Dadurch ist es auf sehr auffällige Weise von der übrigen Produktion Brechts herausgehoben. Es ist deshalb naheliegend, anhand dieser Arbeit die Gemeinsamkeiten mit den literarischen Vorläufern herauszuarbeiten, zumal es Brecht mit diesem Ansatz gelingt, der Gattung eine neue Richtung zu geben, die zu einer Erneuerung des Volksstücks in den 40er Jahren führt.

Die nachfolgende Inhaltsangabe soll den Weg zu einer vergleichenden Analyse erleichtern und dabei Motive und Thematik im Auge behalten.

Das Stück spielt in Finnland. Die lockere Fügung der Einzelszenen ist dem Vorbild der literarischen Revue entnommen und gilt als typische Technik der 'Episierung'. Durch die Kontinuität der Hauptgestalten und eine Reihe immer wieder auftauchender Motive erhält das Thema seine Einheit. Im Mittelpunkt steht die Darstellung der Klassengegensätze von Herr und Knecht, Ausbeuter und Ausgebeutem. Herr Puntila, ein Gutsbesitzer aus Lammi, will seine einzige Tochter an den Attaché Eino Silakka verheiraten. Während des ganzen Stückes wird der Verlobungstermin geplant, die Ankunft Puntilas erwartet, Gäste werden eingeladen und empfangen. Der neureiche Puntila sucht durch die Verbindung seiner Tochter mit einem Angehörigen der feudalen Oberschicht gesellschaftliche Anerkennung. Nachdem er sich davon überzeugt hat, dass selbst die größten Taktlosigkeiten den Schwiegersohn in spe nicht davon abhalten können, seine Tochter zu heiraten, nutzt er die Privilegien seiner Position aus. Die Schulden des Attachés sind offensichtlich so groß, dass er bereit ist, jede Beleidigung hinzunehmen. Eva ist die vom Vater betriebene Verlobung ohnehin gleichgültig. Zynisch rät er ihr, den Chauffeur Matti zu nehmen. Um den Attaché zur Lösung der geplanten Verlobung zu veranlassen, geht Eva auf den Vorschlag Mattis ein, sich in einer gestellten Situation mit ihm in der Sauna überraschen zu lassen, so dass der Eindruck entsteht, sie sei mit ihm intim. Anstatt aus Eifersucht die Verlobung platzen zu lassen, überreicht der Attaché ein Bukett weißer Rosen. Das ist selbst Puntila zu viel und er löst das Problem auf seine Art, indem er den Attaché hinauswirft. Matti, neben Puntila die zweite Hauptperson des Stücks spielt nur eine untergeordnete Rolle. Wo immer Puntila auftritt, ist der Chauffeur nicht weit. Als Diener agiert er nur, wenn er dazu aufgefordert wird. Seine Aufgabe ist es, seinen Herrn nach Hause zu fahren, Koffer und Flaschen zu schleppen und für Dinge gerade zu stehen, die er nicht getan hat. Dennoch versteht er es, seinen Willen zu behaupten und sich trotz der Unterlegenheit seiner sozialen Stellung gegenüber dem Herrn durchzusetzen. Wenn Puntila im Suff menschlich wird und sich beim Gesinde anbiedert, sorgt Matti dafür, dass diese vergebliche Menschlichkeit ihr Ziel nicht erreicht, sondern als Schnapslaune eines Privilegierten deutlich wird. Indem Matti scheinbar bereitwillig auf den Befehl, sich mit Eva zu verloben, eingeht, gelingt es ihm, Puntila in einem sogenannten 'Eheexamen' zu demonstrieren, dass dessen Tochter den Anforderungen eines Dienstboten nicht genügt. Dadurch, dass er über seine soziale Lage als Abhängiger reflektiert, kommentiert er die Position des Herrn. Da er genau weiß, welche Pflichten und Aufgaben ein Knecht zu erfüllen hat, gibt er zu erkennen, dass er den Herrschaften nicht erlaubt, von sich aus die Grenzen zwischen Oben und Unten zu verwischen. In einem gewaltigen Rausch lässt Puntila in der letzten Szene die Einrichtung der Bibliothek durch Matti zertrümmern und zu einem Berg aufstapeln, von dessen Gipfel er auf das weite finnische Land hinabblicken kann. Indem Matti Puntila immer wieder darauf hinweist, dass er seine Rolle als Knecht genau kennt, demonstriert er, dass auch der Herr nicht aus seiner Rolle schlüpfen kann.[125]

Sowohl von der Theorie als auch vom Anspruch kann dieses Stück nicht mit den Volksstücken von Wedekind, Fleißer oder Horváth verglichen werden. Brecht setzt die Tradition des historischen Volksstücks zwar fort, indem er Elemente seiner eigenen Theorie, des epischen Theaters einarbeitet. Nachdem er jedoch den Begriff der 'Volkstümlichkeit' neu definiert hat, engt er ihn inhaltlich sofort wieder ein. Ganz im Sinne des Marxismus unterscheidet er zwischen 'Volk' und 'Proletariat'. Überraschend ist, dass er seine Theaterexperimente mit Karl Valentin und dem bayerischen Bauerntheater, die ihn in den 20er Jahren zu kürzeren 'Volksstücken' inspirierten und begeisterten, jetzt nicht mehr mit dem Qualitätsmerkmal 'volkstümlich' versehen möchte. Brecht hat jetzt nur noch ein einziges Anliegen: Die Wahrheit des sozialen Gefüges.

Deshalb ist *Puntila* zunächst in einem ganz anderen Sinne 'volksstückhaft': Das Stück spielt im bäuerlichen Milieu, wobei die gesellschaftlichen Verhältnisse stark reduziert dargestellt sind. Wie die inhaltliche Analyse gezeigt hat, finden wir einen Familienbetrieb mit patriarchalischer Ordnung und leicht durchschaubaren Strukturen vor, in dem der Gutsbesitzer allmächtige Autorität besitzt. Durch den Rückgriff auf die Antithese von Herr und Knecht versucht er die Notwendigkeit einer gesellschaftlichen Veränderung zu demonstrieren.

Im Gegensatz zum klassischen Volksstück, das von Raimund bis Horváth mit der konkreten Verankerung von Handlung und Figuren in ihrem zeitgenössischen Milieu arbeitet, legt Brecht Wert auf 'Stilisierung' und Abstrahierung von Vergänglichem. Alles deutet darauf hin, dass es ihm, nicht wie sonst im Volksstück üblich, um die Entwicklung einer übergeordneten Problematik aus Szene, Dialog und Handlung geht, die aus der Erfahrungswelt des Zuschauers gewonnen wird, sondern um ein 'klassisches' Abhängigkeitsverhältnis. Die Gegebenheiten des finnischen Exils waren besonders geeignet, um die äußeren Elemente des Milieus direkt in das Stück einfließen zu lassen. Hierzu zählen die Namen der Personen, Anekdoten aus der Arbeiterschaft und Probleme des Alkoholismus. Hinter diesen Bezugspunkten verbirgt sich ein dichtes Gewebe literarischer Anspielungen, das die Rezeption des dialektischen Abhängigkeitsverhältnisses von Herr und Knecht im Sinne von Karl Marx voraussetzt.[126]

Bereits der Prolog von *Puntila,* der von der Darstellerin des Kuhmädchens gesprochen wird, führt uns mitten in die Problematik des Stücks.

> Geehrtes Publikum, die Zeit ist trist.
> Klug, wer besorgt, und dumm, wer sorglos ist!
> Doch ist nicht überm Berg, wer nicht mehr lacht
> Drum haben wir ein komisches Spiel gemacht.[...]
> Wir zeigen nämlich heute abend hier
> Euch ein gewisses vorzeitliches Tier
> Estatium possessor, auf deutsch Gutsbesitzer genannt
> Welches Tier, als sehr verfressen und ganz unnützlich bekannt
> Wo es noch existiert und sich hartnäckig hält
> Eine arge Landplage darstellt. [...] [127]

Brecht zeigt uns hier deutliche Parallelen zum Prolog von Wedekinds *Erdgeist*, der uns in ein Zirkuszelt versetzt, in dem der 'Tierbändiger' in zinnoberrotem Frack, weißer Krawatte, langen schwarzen Locken, weißen Beinkleidern und Stulpstiefeln, in der Linken eine Hetzpeitsche, in der Rechten einen geladenen Revolver, unter Zimbelklängen und Paukenschlägen auftritt. Bei Wedekinds wildem Tier, das der 'Tierbändiger' in Schach hält, handelt es sich allerdings um keinen 'Gutsbesitzer' sondern um die 'Urgestalt des Weibes', die er auf seine Art zu bändigen versucht.

Um die Figur des Gutsbesitzers auszuhebeln und lächerlich zu machen, wird in Anspielung auf die systematische Nomenklatur der Biologie eine freie Übersetzung des Begriffs 'Gutsbesitzer' ins Lateinische vorgenommen. Darüber hinaus unterstreicht der Autor, dass Gutsbesitzer wie eine Landplage völlig überflüssig und unnütz sind. „In Puntila liegt die Paradoxie schon in der Konzeption der Hauptgestalt selbst, immer wenn Puntila betrunken ist, wird er ein guter Mensch, immer, wenn er nüchtern ist, wird er zum Schrecken seiner Umgebung. So sagt Matti:[128]

> Ja, das ist ein Glück für die Umgebung, daß er Zeiten hat, wo er sauft.[129]

In betrunkenem Zustand gewinnt die Skrupellosigkeit noch zusätzlich an Raffinesse, weil Puntilla dann in der Maske der Brüderlichkeit auftritt. Zu dem Chauffeur Matti, der ihn im Parkhotel abholen soll, sagt er in der Gaststube:

> Ich möcht sicher sein, dass da keine Kluft mehr ist zwischen uns. Sag, dass keine Kluft ist![130]

Matti erweist sich jedoch den Anbiederungsversuchen seines Herrn gegenüber als resistent:

> Ich nehm's als einen Befehl, Herr Puntila, daß keine Kluft ist![131]

Aus seinem Verhalten und seinen Antworten spricht das unerschütterliche Bewusstsein vom unüberbrückbaren Gegensatz zwischen Herr und Knecht. Auch in einem späteren Gespräch zwischen Eva und ihm wird deutlich, dass Vertraulichkeiten zwischen Herr und Knecht nicht erwünscht sind:

> Eva Ich mag nicht, daß sie von Ihrem Herrn so reden. [...]
> Matti Ich mein nichts, ich red nur, daß die Zeit vergeht und daß ich Sie unterhalt.
>   Wenn ich mit der Herrschaft red, mein ich nie was und hab überhaupt keine
>   Ansichten, weils das nicht leiden können beim Personal.[132]

Eva ist anderer Meinung und erwidert, er sei eine Windfahne. Matti entgegnet:

Das ist richtig. Aber es ist nicht gerecht, wenn man von Windfahnen redet, sondern gedankenlos. Sie sind aus Eisen, und was festeres gibt's nicht, nur fehlt ihnen die feste Grundlag, die einem einen Halt verleiht. Ich hab leider auch nicht die Grundlag. *Er reibt Daumen und Zeigefinger.*[133]

Damit spricht Brecht den Themenbereich des Geldes an, der beim Volksstück ständig auftaucht. Bereits in der ersten Szene geht es in der Schänke um Geld:

Puntila	Bruder, wir müssen vom Geld reden.
Matti	Unbedingt
Puntila	Es ist aber niedrig, vom Geld reden
Matti	Dann reden wir nicht vom Geld.[134]

Nachdem dieser Versuch Puntilas, über Geld zu reden, gescheitert ist, bittet er am Ende dieser Szene seinen Chauffeur die Brieftasche zu übernehmen und den Schnaps zu zahlen. Da der Richter bereits unter den Tisch gefallen ist und auch Puntila nicht mehr in der Lage ist, selbst zu bezahlen, zeigt er sich gegenüber seinem Chauffeur von seiner besten Seite:

> Ich verlier alles, ich wollt, ich hätt nichts, das wär mir am liebsten. Geld stinkt, das merk dir. Das wär mein Traum, daß ich nichts hätt und wir gingen zu Fuß durch das schöne Finnland, oder höchstens mit einem kleinen Zweisitzer, das bissel Benzin würden sie uns überall pumpen, und ab und zu, wenn wir müd sind, gingen wir in eine Schenke wie die und tränken ein Gläschen fürs Holzhacken, das könntest du mit der linken Hand machen, Bruder.[135]

In nüchternem Zustand wird er Matti später verdächtigen, dass er ihn bestohlen habe. In ironisierender Umkehrung des Ausspruchs 'Geld stinkt nicht' gebraucht Brecht eine Formulierung, die dem römischen Kaiser Vespasian zugeschrieben wird, der den zur Herstellung von Medikamenten verwendeten menschlichen Urin mit einer Sondersteuer belegte.

Auch die Auswahl der Namen erfolgt in diesem Stück ganz im Sinne der Volksstücktradition. Außer Puntila, Matti und Eva sind alle anderen Personen sofort an ihrem Namen zu erkennen, da sie nach ihrer Berufsbezeichnung benannt sind. Dadurch wird es dem Leser/Zuschauer leicht gemacht, die jeweilige Situation sofort zu erfassen und das Umfeld der Person zu überblicken. Die Figuren heißen: der Advokat, der Richter, der Attaché, der Viehdoktor, das Apothekerfräulein, das Kuhmädchen, der Dicke, die Schmugglerin, der Rothaarige, die Telefonistin und der Probst, um nur einige zu nennen.

Ganz im Sinne der Volksstücktradition greift Brecht durchgängig in allen Szenen des Stücks auf zahlreiche Bibelzitate zurück, von denen nur einige exemplarisch zitiert werden sollen. In der ersten Szene, die in der Schänke spielt, ist der Richter im Rausch bereits eingeschlafen. Puntila beschimpft ihn und sagt, er sei ein Schwächling, weil er vor ein paar Flaschen Aquavit kapituliere:

> Puntila zum Richter:
> Wach auf Schwächling! Laß mich nicht so allein! Vor ein paar Flaschen Aquavit ka-
> pitulieren! Warum, du hast kaum hingerochen. Ins Boot hast du dich verkrochen,
> wenn ich übern Aquavit hingerudert hab, nicht hinaus hast du dich trauen übern
> Bootsrand, schäm dich. Schau, ich steig hinaus auf die Flüssigkeit *er spielt es vor* und
> wandle auf dem Aquavit und geh ich unter?[136]

Brecht greift hier auf ein Bibelzitat von Matthäus 14,25-29 zurück, in dem Jesus nachts vom Ufer des Meeres aus über das Wasser auf das Boot zuläuft, in dem sich seine Jünger befinden. Petrus bittet ihn: 'Herr, bist du es, so heiß mich zu dir kommen auf dem Wasser', und auf die Aufforderung von Jesus steigt er aus dem Boot und wandelt ebenfalls über das Wasser. Wenig später beklagt sich Puntila erneut über die mangelnde Trinkfestigkeit seines Saufkumpans:

> Puntila vorwurfsvoll zum Richter:
> Zwei Täglein, hörst du? Und schon läßt du nach und täuschst Müdigkeit vor! Wenn
> ich mit einem Aquavit ein bissel über mich reden will. [...] Aber so fallt ihr einem al-
> le zusammen bei der geringsten Anstrengung, denn der Geist ist willig, aber das
> Fleisch ist schwach.[137]

Auch bei diesem Zitat 'der Geist ist willig, aber das Fleisch ist schwach' muss die Bibel herhalten. In komödienhafter Übertreibung finden wir eine Anspielung auf die Worte, die Jesus nach der biblischen Überlieferung (Matthäus 26,38-41) im Hof Gethsemane zu seinen Jüngern sprach. Erwähnenswert ist auch die wiederholte Einsprengung von Dialekthülsen. In der zweiten Szene, die in der Diele des Gutes Kurgela spielt, wartet Eva bereits den dritten Tag mit dem künftigen Verlobten und dem Richter auf die Ankunft ihres Vaters. Als er schließlich von seiner Sauftour zu Hause eintrifft, bittet sie ihn, nicht mehr weiter zu trinken, und lässt die Koffer mit den Flaschen in ihr Zimmer tragen. Puntila ist wütend, dass er keinen Alkohol mehr bekommt und gemaßregelt wird. Hatte er sich doch erhofft, mit liebenden Armen empfangen zu werden:

> Puntila   Ich geh weg von hier, mir gefallt's nicht. Warum, ich hab mich beeilt und
> komm spät in der Nacht an und werd ich empfangen mit liebenden Armen?
> Ich erinner an den verlorenen Sohn, Frederik, aber wie, wenn dann kein
> Kalb geschlachtet worden wär, sondern kalte Vorwürf? [...]

Eva	Zurück oben auf der Treppe:
	Geh sofort aus dem Wagen heraus, Papa!
Puntila	Du bist ruhig, Eva, und ehrst deinen Vater und Mutter, daß du lange lebest
	auf Erden! *Steht erregt auf im Wagen.* [...] Und ich krieg keine Frau! Ich
	werd dir zeigen, ob ich keine krieg! Der Klinckmann kannst du sagen, ich
	verzicht auf ihre Gesellschaft! Ich betracht sie als die törichte Jungfrau, die
	kein Öl auf der Lampe hat.[138]

Gleich drei verschiedene Bibelzitate bietet dieser kurze Monolog. Zu Beginn finden wir eine Anspielung auf das Gleichnis vom verlorenen Sohn (Lukas 15,11-32): Der jüngere von zwei Söhnen lässt sich vom Vater sein Erbe ausbezahlen, verlässt den Hof und verprasst das Geld. Als er daraufhin in Not gerät, kehrt er reumütig zu seinem Vater zurück, um diesen zu bitten, ihn als einfachen Tagelöhner einzustellen. Der Vater jedoch läuft ihm freudig entgegen, fällt ihm um den Hals, küsst ihn, lässt ihn kostbar einkleiden und schmücken und ein gemästetes Kalb schlachten, um ein Festessen zu veranstalten. Darüber ärgert sich der ältere Sohn und beschwert sich beim Vater: 'Siehe so viele Jahre diene ich dir und habe dein Gebot noch nie übertreten; und du hast mir nie einen Bock gegeben, dass ich mit meinen Freunden fröhlich wäre. Nun aber dieser Sohn gekommen ist, der sein Gut mit Huren verschlungen hat, hast du ihm ein gemästet Kalb geschlachtet.' Der Vater antwortet: 'Mein Sohn, du bist allezeit bei mir, und alles, was mein ist, das ist dein. Du solltest aber fröhlich und guten Mutes sein, denn dieser dein Bruder war tot und ist wieder lebendig geworden; er war verloren und ist wieder gefunden.' Das zweite Bibelzitat das Brecht hier anspricht, bezieht sich auf das vierte der Zehn Gebote, entsprechend 2. Mose 20,12: 'Du sollst deinen Vater und deine Mutter ehren, auf dass du lange lebest in dem Lande, das dir der Herr, dein Gott gibt.' Ein weiteres Bibelzitat ist eine Anspielung auf das Gleichnis von den klugen und törichten Jungfrauen, entsprechend Matthäus 25,1-13. Abweichend vom biblischen Gleichnis spricht Puntila nicht vom Öl 'in' der Lampe, sondern vom fehlenden Öl 'auf' der Lampe. Dies ist im Kontext des Stücks als Anspielung auf das mangelnde Vaginalsekret von Frau Klinckmann zu verstehen.

Nachdem Puntila noch einen gewaltigen Durst hat und in seinem Haus keinen Alkohol mehr bekommt, steuert er wutentbrannt sein Auto mit einem Ruck rückwärts zum Tor von Kurgela hinaus, um sich im benachbarten Dorf mit Alkohol einzudecken. Hier fährt er in trunkenem Zustand mit seinem Studebaker auf einen Telegrafenmast auf, beschimpft ihn, klopft an die Fenster der umliegenden Holzhäuser und weckt das ganze Dorf auf. Nachdem er den Viehdoktor mit einem 'feinen Wink zwischen Ehrenmännern' dazu gebracht hat, ihm für seine an Scharlach erkrankten Kühe ein Rezept für 'gesetzlichen Alkohol' auszustellen, löst er das Rezept beim Apothekerfräulein ein. Aus Sympathie verlobt er sich gleich mit ihr. Als äußeres Zeichen der Verlobung dienen in ironisierender Weise ein Ring von der Gardinenstange und ein Schluck aus der Flasche. Das gleiche Spiel wiederholt sich bei dem Kuhmädchen, der Telefonistin und der Schmuggleremma. Alle fühlen sich geehrt, dass sie zur Hochzeit eingeladen werden.

Herr Puntila und sein Knecht Matti, Deutsches Theater Berlin 1949. Regie: Brecht/Engel

Wie bei allen Volksstücken finden wir auch hier zahlreiche Liedeinlagen wie das 'Pflaumenlied', das in der dritten Szene von der Schmuggleremma vorgetragen wird:

Als die Pflaumen reif geworden
Zeigt im Dorf sich ein Gespann.
Früh am Tage aus dem Norden
Kam ein schöner junger Mann.

Als wir warn beim Pflaumenpflücken
Legte er sich in das Gras
Blond sein Bart, und auf dem Rücken
Sah er zu, sah dies und das.

Als wir eingekocht die Pflaumen
Macht er gnädig manchen Spaß
Und er steckte seinen Daumen
lächelnd in so manches Faß.[139]

73

Brecht benutzt die 'Pflaume' in seiner Lyrik häufig als Sexualsymbol für das weibliche Genitale. Ähnlich verhält es sich mit 'Daumen' und 'Faß', ein im Volksmund nicht unüblicher Sprachgebrauch, den er in der dritten Strophe als Symbol für das männliche und weibliche Genitale verwendet.

Die vierte Szene spielt auf dem Gesindemarkt, wo Puntila Verhandlungen mit dem 'Rothaarigen' und dem 'Kümmerlichen' führt. Er kommt jedoch zu keinem Vertragsabschluss und zahlt das übliche 'Handgeld' nicht aus. Matti drängt die Arbeiter vergebens, auf einem sofortigen Vertragsabschluss zu bestehen. In einem kurzen Dialog zwischen Puntila und Matti treffen wir nochmals auf eine Stelle mit einem Bibelzitat. Interessant ist, dass sich Puntila selbst nicht in der Rolle des Kapitalisten sieht, wenn er sagt:

> Matti, Matti, du Kleingläubiger! Hab ich Dir nicht gesagt, wir nehmen ihn mit zurück als einen prima Arbeiter und einen Menschen, der selbständig denkt? Und das erinnert mich an den Dicken von vorhin, der mir hat die Leut wegfischen wollen. Mit dem hab ich noch ein Wörtlein zu reden, das ist ein typischer Kapitalist.[140]

Hier verwendet Brecht ein Bibelzitat von Matthäus 14,31, in dem Petrus aus dem Boot steigt, um über das Wasser zu Jesus zu laufen. Bald darauf begann er jedoch zu sinken und bat Jesus um Hilfe. 'Jesus reckte alsbald die Hand aus, ergriff ihn und sprach zu ihm: O du Kleingläubiger, warum zweifelst du?'

Auf sexuelle Anspielungen, die typisch für das Genre des Volksstücks sind, treffen wir nicht nur im bereits zitierten 'Pflaumenlied', sondern auch an zahlreichen anderen Stellen des Textes. So auch in der fünften Szene in einem Gespräch zwischen Laina, Puntila und Matti:

> Laina   Ich hab gedacht, Sie verkaufen den Wald.
> Puntila   Ich? Ich verkauf keinen Wald. Meine Tochter hat ihre Mitgift zwischen ihre Schenkel, hab ich recht?[141]

Bezüglich der Mitgift ist Puntila der Meinung, dass sie seine Tochter nicht nötig habe, da sie über genügend Vitalität und sexuelle Potenz verfüge, was ohnehin wertvoller als jede Mitgift sei.

Auch die sechste Szene ist gehäuft mit sexuellen Anspielungen. Ein Gespräch zwischen Richter und Advokat vermittelt einen lebhaften Eindruck von den finnischen Sommernächten und deren Folgen, vor allem wenn es um die Unterhaltsbeiträge für nichteheliche Kinder geht:

| Der Advokat | Die finnische Sommernacht ist eine herrliche Angelegenheit. |
| Der Richter | Ich hab viel zu tun mit ihr. Die Alimentationsprozesse, das ist ein hohes Lied auf die finnische Sommernacht. Im Gerichtssaal sieht man, was für ein hübscher Ort ein Birkenwald ist. An den Fluß könnens überhaupt nicht gehen, ohne daß sie schwach werden. Eine hab ich vor dem Richtertisch gehabt, die hat das Heu beschuldigt, daß es so stark riecht. Beerenpflücken solltens auch nicht, und Kuhmelken kommt sie teuer zu stehn. Um jedes Gebüsch an der Straße müßt ein Stacheldrahtzaun gezogen werden. Ins Dampfbad gehen die Geschlechter einzeln, weil sonst die Versuchung zu groß würd, und danach gehens zusammen über die Wiesen. Sie sind einfach nicht zu halten im Sommer. Von den Fahrrädern steigens ab, auf die Heuböden kriechens hinauf; in der Küche passiert's, weil es zu heiß ist, und im Freien, weil so ein frischer Luftzug geht. Zum Teil machens Kinder, weil der Sommer so kurz und zum Teil, weil der Winter so lang ist.[142] |

Wenn Brecht von einem 'hohen Lied auf die finnische Sommernacht' spricht, bezieht er sich ironisierend auf das Hohe Lied Salomos, ein Buch des Alten Testaments, das auf Salomon zurückgeführt wird und eine Sammlung von Liebes- und Hochzeitsliedern darstellt. In den Äußerungen des Richters mischt sich beides und wird zugleich ironisiert bzw. entromantisiert dargestellt. Die Liebe wird ausschließlich auf Sexualität reduziert und als höchst vergänglich gezeigt. Alimentationsprozesse sind zwar durchaus eine Folge dessen, was in einer finnischen Sommernacht passieren kann, jedoch kein Beispiel für ein Hohes Lied der Liebe.

In der siebten Szene ist es Sonntagmorgen. Puntila streitet mit Eva, während die Bräute des Herrn Puntila, alles Damen aus Kurgela, auf dem Gutshof eintreffen, um ihren Verlobten zu sprechen. Sowohl die Telefonistin als auch die Schmuggleremma, das Kuhmädchen und das Apothekerfräulein, die alle auf abenteuerliche Weise mit Puntila verlobt und eingeladen sind, haben hier ihren Auftritt. Matti versucht die Wogen zu glätten, bevor Puntila, jetzt in nüchternem Zustand, sie vom Gut verweist:

Wißt ihr, was das für ein Mittag sein wird? Ihr werdet Seit an Seit mit dem Richter sitzen vom Hohen Gericht in Viborg. Dem werd ich sagen *er stößt den Besenstiel in den Boden und redet ihn an:* Euer Ehrwürden, da sind vier mittellose Frauen in Ängsten, daß ihr Anspruch verworfen wird. Lange Strecken sind sie auf staubiger Landstraß gewandert, um ihren Bräutigam zu erreichen. Denn in einer Früh vor zehn Tagen ist ein feiner dicker Herr mit einem Studebaker ins Dorf gekommen, der hat Ringe gewechselt mit ihnen und sie sich anverlobt, und jetzt möchte er's vielleicht nicht gewesen sein. Tun Sie Ihre Pflicht, fällen Sie Ihren Urteilsspruch, und ich warn Sie. Denn wenns keinen Schutz gewähren, möcht's eines Tags kein Hohes Gericht von Viborg mehr geben.[...] Ich werd also hinzusetzen: Herr Probst, daß die Lisu, das

Kuhmädchen, heut von einem porzellanenen Teller ißt, das muß Sie am meisten freu-
en, denn vor Gott sind alle gleich, steht es geschrieben, also warum nicht vor dem
Herrn Puntila? Und sie wird Ihnen bestimmt was zugute kommen lassen als neue
Gutsherrin, ein paar Flaschen Weißen zum Geburtstag wie bisher, damit sie in der
Kanzel weiter schön von den himmlischen Auen reden, weil sie selber nicht mehr auf
den irdischen Auen die Küh melken muß.[143]

Herr Puntila und sein Knecht Matti, Berliner Ensemble 1949. Regie: Bertolt Brecht/Erich Engel

Während Mattis großartiger Reden, in denen er darauf hinweist, dass 'vor Gott alle
Menschen gleich sind', ist Puntila in nüchternem Zustand auf den Balkon getreten
und hat ihm mit finsterem Blick zugehört. Da er sich an nichts erinnern kann und
die Damen angeblich nicht kennt, verweist er sie kurzerhand von seinem Gut. Matti
zeigt immer wieder, dass er zwar von Puntilla materiell abhängig ist, intellektuell
ist er ihm jedoch haushoch überlegen. Gegenüber allen Mitgliedern seiner eigenen
Klasse verhält sich Mattis stets hilfsbereit und solidarisch. Selbst Angehörigen der
Oberklasse wie Eva steht er mit Rat und Tat zur Seite, weil er weiß, dass sich
'Wasser mit Öl nicht vermischt', d.h. der Gegensatz zwischen den Klassen unüber-
brückbar ist. Dabei fällt auf, dass alle Figuren Brechts im Unterschied zum 'neuen
kritischen Volksstück' bei Fassbinder oder Kroetz sehr sprachgewandt sind und
ihre Probleme und Bedürfnisse überzeugend verbalisieren können.

„Damit wiederholt sich das alte Verhältnis zwischen Herr und Diener, wie es zuerst in der Commedia dell'arte und später im Volksstück vorkommt: stets ist der Diener dem Herrn überlegen. Allerdings, und dies ist der Unterschied, ist Matti seinem Herrn nicht einfach nur intellektuell überlegen, sondern seine Überlegenheit beruht auf der Einsicht in die antagonistische Klassenstruktur der kapitalistischen Gesellschaft. Diese Einsicht soll auch dem Zuschauer vermittelt werden, wobei Brecht das durch die Tradition des Volksstücks bekannte Verhältnis zwischen Herr und Diener benutzt und in seinem Sinne umfunktioniert, so dass wir bei Puntila/Matti von einer Dialektik zwischen Volksstück und Lehrstück sprechen können. Beide Formen bedingen sich hier gegenseitig."[144] Allerdings verzichtet Brecht am Ende auf die Auflösung der antagonistischen Klassenstruktur. Matti wendet Puntila den Rücken, nachdem er ihm geholfen hat in einem Anfall von Zerstörungswut die Einrichtung seiner Bibliothek zu zerschlagen, um aus den Trümmern dieses bürgerlichen Statussymbols den Hatelmaberg zu errichten. Nachdem Matti mit Fußtritten eine kostbare Standuhr und einen massiven Gewehrschrank demoliert hat, baut er aus den Trümmern und einigen Stühlen auf dem großen Billardtisch wütend den Hatelmaberg auf.

Herr Puntila und sein Knecht Matti, Berliner Ensemble 1949. Regie: Bertolt Brecht/Erich Engel

In dem Dialog, der sich während der Zerstörung immer mehr zuspitzt, werden die Gegensätze zwischen Herr und Knecht nochmals deutlich und auch die Hilfe 'Gottes' wird, wie beim klassischen Volksstück üblich, immer wieder erbeten:

> Puntila Nimm den Stuhl dort! Du kriegst den Hatelmaberg am besten hin, wenn Du meinen Direktiven folgst, weil ich weiß, was notwendig ist und was nicht, und die Verantwortung hab. [...] Dir kommt's nur darauf an, daß du Arbeit hast, ich muß sie einem nützlichen Ziel zuleiten.
>
> Matti So, der Berg ist fertig, jetzt könnens hinaufsteigen. Es ist ein Berg mit einem Weg, nicht in so unfertigem Zustand, wie der liebe Gott seine Berge geschaffen hat in der Eile, weil er nur sechs Tage gehabt hat, so daß er noch eine Masse Knecht hat schaffen müssen, damit Sie was mit anfangen können, Herr Puntila.[145]

Während Puntila den Berg besteigt gibt es nochmals einen Wortwechsel zwischen Herr und Knecht:

> Puntila O Tavastland gesegnetes! Mit seinem Himmel, seinen Seen, seinem Volk und seinen Wäldern! *Zu Matti:* Sag, daß dir das Herz aufgeht, wenn du das siehst!
>
> Matti Das Herz geht mir auf, wenn ich Ihre Wälder seh, Herr Puntila![146]

Im zwölften Bild wendet Matti seinem Herrn den Rücken und verlässt das Gut ohne Zeugnis noch bevor Puntila erwacht, da er seine Vertraulichkeiten nicht mehr ertragen kann:

> Die Stund des Abschieds ist nun da
> Gehab dich wohl, Herr Puntila.
> Der Schlimmste bist du nicht, den ich getroffen
> Denn du bist fast ein Mensch, wenn du besoffen.
> Der Freundschaftsbund konnt freilich nicht bestehn
> Der Rausch verfliegt. Der Alltag fragt: Wer, wen?
> Und wenn man sich auch eine Zähr abwischt
> Weil sich das Wasser mit dem Öl nicht mischt
> Es hilft nichts und s' ist schade um die Zähren:
> 's wird Zeit, daß deine Knechte dir den Rücken kehren.
> Den guten Herrn, den finden sie geschwind
> wenn sie erst ihre eigenen Herren sind.[147]

Das kurze Ende, das sich an diesen burlesken Höhepunkt des Stückes anschließt, ist unbefriedigend, weil es die Dialektik von Herr und Knecht nicht auf derselben intellektuellen Höhe löst und Brecht nicht zu erkennen gibt, wie er sich die Lösung dieses Verhältnisses vorstellt. Was bleibt, sind die vielen Aspekte, die an seine literarischen Vorläufer erinnern.

5. Marieluise Fleißer

Marieluise Fleißer (1901-1974), eigentlich Luise Marie, wird als Tochter des Eisenwarenhändlers und Zeugschmieds Franz Xaver Heinrich Fleißer und seiner Frau Anna Maria in Ingolstadt geboren. Hier wächst sie im Kreis der Familie in ungetrübter Geborgenheit in der Kupfergasse auf. Die Fleißers haben es hier zu Haus, Geschäft, Wohlstand und bürgerlichem Ansehen gebracht. Nach dem Besuch der Volksschule und der Höheren Töchterschule besucht Luise ab 1914 das Realgymnasium der Englischen Fräulein in Regensburg und ist Zögling im klösterlichen Internat. Luise ist Klassenbeste und bringt Musterzeugnisse nach Hause. Keine ihrer vier Schwestern genießt ein solches Privileg. All dies muss sie jedoch teuer bezahlen: mit einem rigiden Alltagsreglement, mit einschneidender Beschränkung der Freiheit, Briefzensur, ständiger Beaufsichtigung, mit einem Korsett katholisch-moralischer Anweisungen und der Umleitung sexueller Gefühle in den Gefühlsstrom bigotter Schwärmerei. Ein Erlebnis, das für ihr Leben und ihr Werk von entscheidender Bedeutung sein wird.[148]

In ihrem Roman *Mehlreisende Frieda Geier* (1931) hat sie das Regensburger Internat später noch einmal zum Schauplatz gewählt und die pubertären Mädchenschwärmereien ihrer Schulfreundinnen in ihren bizarren Abwegigkeiten ausgemalt. Damit hat sie sich mit den absonderlichen Gestalten im klösterlichen Internat an ihren Lehrerinnen und ihrer Schulzeit schadlos gehalten.

Nach dem Abitur und dem frühen Tod der Mutter geht sie am 15. Oktober 1920 zum Studium nach München. Der Schritt in die Freiheit ist allerdings nur ein halber, da sie ein Zimmer im Elisabethheim bezieht, das den Englischen Fräulein in Nymphenburg untersteht. Zielstrebig schreibt sie sich in der Philosophischen Fakultät ein, um mit dem Philologiestudium zu beginnen. Die Studienausrichtung und ihre Fächerwahl schließen jedoch bewusst ein Staatsexamen für das Höhere Lehramt aus. Entgegen dem Wunsch des Vaters möchte sie sich in Sachen Theater und Bühne kundig machen. Hier hört sie, wie bereits Frank Wedekind und Bertolt Brecht, bei Artur Kutscher Vorlesungen in Theaterwissenschaft und gerät in den Dunstkreis der jungen Münchner Schriftstellerelite.

Ziemlich bald nach Semesterbeginn lernt sie den Kommilitonen Alexander Weicker aus Luxemburg kennen, der sich selbst 'Jappes' nennt. „Dieser forsche Poet ist der erste, von dem sich die Klosterschülerin aus Ingolstadt faszinieren lässt, mit dem sie den Mut hat, das, was schicklich sein soll für ein junges Mädchen, hinter sich zu lassen. Er eröffnet die Reihe auffällig exzentrischer, starker, gewaltsamer, gewalttätiger und, ihrer späteren Beschreibung zufolge, zugleich ungewöhnlich zärtlicher Männer, auf die sie sich kühn und lustvoll einlässt."[149] Das Verlangen, aus den gesellschaftlichen Fesseln auszubrechen, entspricht ihrer vitalen Natur, die mit jedem hemmenden Reglement in Konflikt gerät. Dieser Spannungsbogen umfasst die Dialektik ihres Lebens und die Urzelle ihrer Dramen. Mit Alexander Weicker ist sie an einen Vulkan geraten. In seinen Briefen erscheint er wild, faszinierend und von keinerlei Konventionen gebremst. Weickers literarische Ambitionen beschränken sich auf Feuilletons und Reportagen für die Luxemburger Volkszeitung.

Ende 1927, fünf Jahre nach dem Ende der Beziehung zu ihm, setzt Marieluise Fleißer dem Geliebten ein Denkmal, ohne seinen Namen zu nennen. Auf eine Umfrage der Magdeburgischen Zeitung 'Männer, die ich heiraten möchte' antwortet sie mit einer Liebeserklärung. „Mein erster Freund, der heute verschollene Verbrecher X. Ich bin stolz auf ihn, solange ich lebe. [...] Mit seiner wilden Gewalttätigkeit und plötzlichen Bösartigkeit verband er in sich die feinfühligste Zartheit und eine kindliche Freude."[150] Marieluise Fleißer nennt in diesem Text ungeniert Namen. Dabei geht sie auf die Promiskuität des Brechtkreises als eine Beziehungsform ein, mit der sie nichts zu tun haben möchte. „Den Namen ihres Traummannes gibt sie jedoch nicht preis. Er soll ihr Geheimnis bleiben. Wir wissen, er ist weder verschollen, noch ein Verbrecher, noch namenlos. Er ist ihr einfach abhanden gekommen. Nie wieder hat Marieluise Fleißer ein solches Liebesbekenntnis abgelegt, wie zu diesem Mann."[151] In vielen Geschichten wird man Jappes wiedererkennen. In diesen Umkreis reiht sich ihr Stück *Ein Pfund Orangen* ein. Auch die *Moritat vom Institutsfräulein* geht auf ihn zurück. Mit dem Titel *Mein Ludwig – Herr Wenninger* schließt sich der Kreis um Alexander Weicker.

Im Frühjahr 1922 taucht Marieluise Fleißer in das Münchner Faschingsvergnügen ein und lernt die erste Literaturprominenz mit Bruno Frank und Lion Feuchtwanger kennen; beides notorische Frauenhelden. Der bereits verheiratete Lion Feuchtwanger nennt seine neue Freundin bald 'Marieluise' und gibt ihr den Namen fürs Leben. Die Studentin aus der Provinz besucht den prominenten Schriftsteller häufig in seinem großbürgerlichen Zuhause. In seinem Roman *Erfolg* hat er 1930 ein Bild dieser Geliebten wiedergegeben. „Ihr Antlitz war breit und rund, ein Bauernmädelgesicht eigentlich, mit dickem, blondem, nicht einwandfrei gepflegten Haar, die Augen standen grau, mit einem verwirrenden Ausdruck von Vertiefung und Abwesenheit in dem sonst naiven Gesicht. Der Umgang mit ihr war nicht einfach, sie war verzweifelt weltfremd, sehr gleichgültig gegen alles Äußerliche. Diese unbequeme Frau hatte jedoch einen sicheren Instinkt für Literatur. Sie produzierte mühselig, mit Stockungen und Zusammenbrüchen, sie vernichtete immer wieder, was sie geschrieben hatte, ihre Ziele, ihre Methoden waren schwer zugänglich; aber man spürte das Unbeirrbare darin, das Einmalige, Gewachsene."[152]

Marieluise Fleißer vor dem Realgymnasium der 'Englischen Fräulein' in Regensburg 1918

Im Juni 1925 erscheint die Erzählung *Der Apfel* von Marieluise Fleißer im *Berliner Börsen-Courier.* Damit hat sich das Tor in der literarischen Welt für die junge Autorin geöffnet. Ihre dialektgefärbte, volksnahe Kunstsprache in Verbindung mit der sexuell aufgeladenen Atmosphäre und den sozialkritischen Tendenzen ihrer Stücke sind singulär in der Literatur ihrer Zeit.

Als Marieluise Fleißer durch die Bekanntschaft mit Feuchtwanger 1924 in das Magnetfeld Brechts gerät, ist er dabei, rastlos alles auszuprobieren: leben, lieben, schreiben. Brecht bringt damals seine ersten Stücke auf die Münchner Bühne. Sie sieht *Trommeln in der Nacht* und *Im Dickicht.* Sie liest *Baal* und gerät in den Produktionsprozess von *Leben Eduards II.* Sie spürt, dass sich hier das formuliert, was sie eigentlich will: der Ausbruch der Konventionen von Denken und Sprechen. Ihr Instinkt sagt ihr: 'An dem komme ich nicht vorbei'. Brecht verlangt von ihr die bürgerlichen Fesseln abzulegen und sich selbst einzubringen. Obwohl es ihr widerstrebt, beugt sie sich und unterzieht sich seinem System. Damit hat Brecht Marieluise Fleißer aus ihrem Ingolstädter Versteck herausgeholt. Die spätere Bekanntschaft mit ihm wird menschlich wie künstlerisch zur folgenreichsten für ihr Leben werden.

Die Berliner Uraufführung von *Fegefeuer in Ingolstadt* (1926), die Dresdner Uraufführung der *Pioniere in Ingolstadt* (1928) sowie die Uraufführung des *Starken Stamms* (1950) in München verdankt sie ausschließlich Brechts Vermittlung. Von ihm lernt sie beobachten, aussparen, Knappheit des Ausdrucks, vor allem aber das naive Schreiben. *Fegefeuer,* dieses religiös-mystische Drama, zeigt von der Entwicklung her, entschiedener als Horváths dramatische Produktion, den Weg zum 'neuen Volksstück'. Dies ist auch der Grund, warum das Stück 1967 ein drittes Mal durch Rainer Werner Fassbinder mit einer nicht autorisierten Bearbeitung aufgeführt wird.

Begeistert schickt Marieluise Fleißer nach der Premiere von *Fegefeuer in Ingolstadt* am Deutschen Theater in Berlin noch in der Nacht zum 26. April 1926 um 5:30 Uhr ein Telegramm an ihren Vater: „Aufführung gelungen. Großer Beifall. Luis.“[153] Die Mehrheit der Kritiker, die zu den künstlerischen Meinungsführern der Zeit gehören, wie Kurt Pinthus und Herbert Ihering, sind von dem neuen Talent beeindruckt. Der Theaterkritiker Großmann resümiert: „Das Beste ist die Art, wie Marieluise Fleißer in ein paar Figuren die ganze bayerische Kleinstadt eingefangen hat, die Stickluft, die Enge, den Terrorismus der Nachbarschaft, die durch Sündenbewusstsein unheiter gewordenen Seelen, die bayuwarische Brutalität, die dicht neben der Religion daheim ist, der Cynismus, welcher die Kehrseite der Ekstase ist. Das ist nicht Naturalismus. Das ist intuitives Seelenschauen.“[154] „Auch das gefürchtete Urteil des polemisch-scharfzüngigen Starkritikers Alfred Kerr fällt überraschend milde, ja begeistert aus.“[155] Er macht jedoch den Kleist-Preisträger Brecht und die No-Name-Autorin aus der bayerischen Provinz zum Schreib-Paar und sie zum begabteren Part darin. Er macht sie sogar zu einer Person, wenn er schreib: „Falls die Fleißerin existiert, ist sie wirklich eine Hoffnung. Das ist stachliger Lorbeer für beide Genannten. Brecht wird daran zu nagen gehabt haben.“[156] Damit ist Fleißer unter Infragestellung ihrer eigenen Identität Brechts Lager zugeschlagen worden und bleibt es für die Öffentlichkeit bis zu ihrer schroffen Trennung im Frühsommer 1929.

Brechts Mitarbeit an Feuchtwangers *Kalkutta* beleuchtet den Zusammenhang, aus dem heraus er Fleißer zum Schreiben ihres nächsten Stückes *Pioniere in Ingolstadt* auffordert. Er probiert die Montage von Gegenwartsstücken. Dabei erkennt er die Fähigkeit von Fleißer, die Menschen zu sehen und naiv wiederzugeben. Er bringt sie in seinen Dienst, indem er ihr die Aufgabe stellt und das erforderliche Montagematerial gibt. Mit 'realistischen' Aufgabenstellungen führt er Fleißer zu einer anderen Art von Literatur, als sie in ihrem ersten Stück *Fegefeuer* verwirklicht wurde. Für Brecht war Literatur ein Entwicklungsprojekt, Werkstattarbeit. Er hat damals mit einer ganzen Mannschaft von Helfern und Zubringern gearbeitet.

Die Gruppe Brecht gewann mit jedem Auftritt, mit jedem Stück neues Terrain in Berlin. *Pioniere in Ingolstadt* ist der Intention nach ein Versuch zu dieser Werkstattarbeit. Dass dieses Stück nach der spannungslosen Uraufführung am 25. März 1928 in Dresden zu einem Hauptstück der zwanziger Jahre wird, hängt weniger mit der dichterischen Qualität der Kernszenen zusammen als mit der skandalträchtigen Inszenierung des Theaters am Schiffbauer Damm am 30. März 1929. Hatte das Stück doch genau die Qualitäten, die Brecht später als die des neuen Volksstücks formuliert. Es war naiv, aber nicht primitiv, poetisch, aber nicht romantisch, wirklichkeitsnah, aber nicht tagespolitischem Theater entnommen. Die Personen haben in den *Pionieren* noch immer die gleichen Verhaltensmuster zueinander wie die im *Fegefeuer*. Dennoch sind die *Pioniere* im Ganzen entspannter, die Personen natürlicher; sie haben keinen metaphysischen Hintergrund mehr, dafür aber persönlichen Spielraum. Die alles beherrschende Gereiztheit aus dem *Fegefeuer* ist aufgegangen in vielen einzelnen Vorgängen. Die szenischen Bindungen sind aufgelockert und die epische Darbietungsform ist deutlicher. Dies war der Grund, warum Brecht die *Pioniere* dem *Fegefeuer* vorzog. Fleißer hingegen empfand *Fegefeuer* als das bessere Stück. Im Rückblick auf seine Theaterarbeit hat Brecht die *Pioniere in Ingolstadt* als einziges Stück von einem anderen Autor unter die Entwicklungsversuche zu seinem 'epischen Theater' eingereiht.

Brecht war damals, kurz nach dem Sensationserfolg der *Dreigroschenoper* die Theaterkraft in Berlin. Er hatte plötzlich Popularität, so dass es für ihn ein Leichtes war, die Aufführung von Fleißers *Pionieren* im Theater am Schiffbauer Damm durchzusetzen. In den *Pionieren* rollte er das Thema Liebe von der sexuellen Seite her auf und provozierte dadurch einen öffentlichen Theaterskandal. Brecht verschärfte das Stück während der Proben nicht durch Textänderungen, sondern ausschließlich durch szenische Eindeutigkeiten. Jene Verklärung der Liebe, die Berta immer verlangte, wurde mit ihrer schnellen Entjungferung in der wackelnden Werkzeugkiste zerstört. Das Gezeigte überschritt dann auch die Toleranzgrenze des Publikums. Ging doch die Simulation eines Koitus über das andeutende Spielen von Liebesszenen hinaus, wie man sie bisher auf der Bühne darstellte. Dass eine Frau als Autorin eine solche Bloßstellung des Sexus gut finden konnte, war Grund genug für die öffentliche Empörung. Dass Fleißer an den letzten Proben zu den *Pionieren* schon nicht mehr teilnahm, deutet freilich auch an, dass der Punkt überschritten war, bis zu dem sie die *Pioniere* noch als ihr Stück begriff. So führte diese engste Verbindung mit dem Werk Brechts zugleich zur Trennung von ihm.

Obwohl der Skandal in Berlin durch Striche in der Aufführung rasch beigelegt wird, schwappt er über bis nach Ingolstadt. Dort erfährt die Autorin jenen Diffamierungs- und Ausstoßungsprozess, den sie in *Fegefeuer* zum Thema gemacht hatte. Dass nicht das härtere *Fegefeuer,* sondern die *Pioniere* den Skandal verursachen, beruht auf der kleinbürgerlichen Empfindlichkeit der Sexualmoral. Die Ächtung geht schließlich bis zur Diffamierung im provinziellen Ingolstadt, einer Klage gegen den Bürgermeister und sogar zum Hausverbot in ihrem eigenen Elternhaus.[157] „Obwohl Fleißer zu den unmittelbar treu ergebenen gehörte, wird ihr spontan nach der Aufführung klar, dass Brecht sie zur Durchsetzung seiner Ziele geopfert hatte. Was für ihn ausschließlich zählte, war ihre Begabung, die Liebe spielte dabei eine untergeordnete Rolle."[158]

Pioniere in Ingolstadt. Aufführung am Schiffbauerdamm-Theater 1929 mit Lotte Lenya

Aus dem weiblichen Bedürfnis nach Schutz ist Marieluise Fleißer der Welt Brechts entflohen und eine neue Bindung eingegangen. Die Beziehung mit dem rechtskonservativen Publizisten Hellmut Draws-Tychsen führt zu einem radikalen Bruch mit Brecht und dem alten Freundeskreis. „Da war ein anderer Mann aufgetaucht, der so exzentrische wie erfolglose Journalist und Schriftsteller Hellmut Draws-Tychsen. Von dem ließ sie sich nun in Besitz nehmen. Fünf Jahre dauerte diese bizarre Verbindung, besser Versklavung, die sie von allen bisherigen Freunden isoliert und künstlerisch, seelisch und finanziell vollständig ruiniert."[159] Es ist deshalb naheliegend, dass ihre literarische Produktion während ihrer gesamten schriftstellerischen Tätigkeit die Macht des eigenen Erlebens widerspiegelt. Da sich ihre Biographie immer direkt in Literatur umsetzt, schlägt die Literatur umgekehrt sofort wieder in ihre Biographie zurück. Dieses Muster funktioniert seit der Klosterschule. Unterwerfung ist eingeübt. Ihre biographischen Stücke sind somit ein Portrait des Ichs und als solche dokumentarische Verdichtung. Dass sie 1933 nach Ingolstadt zurückkehrt, beweist, dass die Bindung an die Stadt, in der man sie verachtet, größer ist als die Schmerzen der Verletzung. Der Schein, dass dort in der Person ihres ehemaligen Verlobten Bepp Haindl ein Beschützer wartet, den sie 1935 heiratet, trügt bald. Sie wird Angestellte in seinem Zigarrenladen und nur durch zwei Kräfte vom Schreiben getrennt: von der politischen Instanz der Reichsschrifttumskammer und von Bepp Haindl.

'Fußwaschung' und 'Fegefeuer', zwei unterschiedliche Titel des dramatischen Erstlingswerks verweisen auf die Bibel. Gemeint ist natürlich kein Passionsstück in herkömmlichem Sinne, sondern ein sehr diesseitiges Bild des Fegefeuers, ein Schauspiel eingesperrter Lebensangst. Der Vorgang erscheint zunächst banal. Die Klosterschülerin Olga erwartet ein Kind von einem, der sie nicht heiraten möchte. Roelle, ein überspannter Außenseiter, hässlich, mit Kropf, wasserscheu, stinkend und von seinen Mitschülern ausgestoßen, weiß von ihrem Abtreibungsversuch und möchte auf erpresserische Weise ihre Liebe erzwingen. Zugleich bietet er sich als Vater für das uneheliche Kind an. Aus verletztem Selbstwertgefühl stilisiert er sich erfolglos zu einer Art Messias. Als zwei Ministranten auf dem Jahrmarkt einen Auftritt Roelles organisieren, kann er den Beweis für seine 'Engelserscheinungen' nicht erbringen. Es gibt 'eine herrliche Pleite' mit Steinwürfen aus dem betrogenen Zuschauerkreis. Danach wird er noch grausamer ausgeschlossen. Unter derartigen Voraussetzungen können Olga und Roelle natürlich nicht zusammen kommen. Ihr Freitod in der Donau wird zwar von dem wasserscheuen Roelle verhindert, doch ist damit keinem von beiden geholfen. Dem Zwang ausgesetzt, behandeln sie sich so, wie sie selbst zuvor behandelt wurden. Jeder Ansatz der menschlichen Regung für den Nächsten entartet und wird damit zur Quälerei. Eine Verbindung oder gar Liebe ist auf dieser Basis nicht möglich. So ist es nicht anders zu erwarten als dass Roelle im Zustand religiöser Manie endet und seinen Beichtzettel verschlingt.

Im inhaltlichen Resümee kommt bereits ein zentrales Thema des Stücks zum Tragen, das Marieluise Fleißer als 'Rudelverhalten' bezeichnet und das nach ihrer Ansicht „sehr entschieden herausgearbeitet werden muss."[160] Damit ist klargestellt, dass sie nicht Charaktere nach Art des bürgerlichen Dramas gestalten möchte, sondern Verhaltensweisen im Sinne des erneuerten Volksstücks. Dabei ist die Angst der Figuren von einem metaphysischen Zug geprägt. Sie führt direkt ins Motivgeflecht ihres Werks. Grundthema sind die Verletzungen, die einer dem anderen durch Diffamierung, Enttäuschung und Ausnutzung zufügt. Damit bleibt ihr Thema die Welt, in der man die Wehrlosen missbraucht. Immer wieder tauchen Bilder von Schwachen auf, die von brutalen Personen niedergeknüppelt werden. Der inhaltliche Bezug auf das 'Fegefeuer' macht das Stück zweifelsohne zu einem Gleichnis, bei der die Realität in ihrer Abbildung bei weitem überschritten wird. Damit erinnert es in seinem losen äußeren Zusammenhang deutlich an Wedekinds *Frühlings Erwachen*.

In *Fegefeuer in Ingolstadt* zeigt sich, dass die Autorin vom Muster der Klostererziehung nicht loskommt. Bis in ihre Notizen hinein geistern die im Internat gebrochenen Mädchen durch ihre Erinnerung. Dies wird auch bei Olga deutlich, wenn sie zum Vater sagt: 'Du hast mich nicht aufwachsen lassen wie einen Menschen'. Es gibt kaum freie und selbständige Menschen. Die Freiheit, die man sich nimmt, ist nur eine andere Form der Deformation. Deshalb sind fast alle Figuren Gruppenfiguren, die von den Bedingungen ihrer Erziehung und Arbeit geprägt sind. In Fleißers Stücken werden deshalb Dienstmädchen, Soldaten, Institutsfräulein, Kleinstädter und Vereinsbrüder gezeigt. Gleichzeitig fällt auf, dass alle Figuren eine starke Gegenwärtigkeit haben. Nach wenigen Worten schon beginnen sie zu leben. Die Lebendigkeit kommt daher, dass sie in körperlicher und seelischer Bewegung gezeigt werden. 'Bewege dich, damit ich dich erkenne', so hat nur noch Ödön von Horváth seine Figuren erklärt.[161]

Das Schauspiel *Fegefeuer* erfordert ein ausgeprägtes Verständnis der allgegenwärtigen katholischen Religiosität. Von besonderer Bedeutung sind dabei heilsgeschichtliche Verweise und Bibelzitate, die analog zum Volksstück eingeblendet werden. Roelle verkehrt 'mit Engeln' und Olga wird vom 'Himmel beobachtet'. Am Beispiel der Familie Berotter kann der Leser/Zuschauer die Struktur der kleinstädtischen Gesellschaft anschaulich nachvollziehen. In rasch wechselnden Einstellungen demonstrieren der Vater, die Schwestern Olga und Clementine sowie ihr Bruder Christian, dass das Zusammenleben von Gruppen größtenteils aus Aggressivität besteht. Diese kann sich an Banalitäten wie etwa einem verlegten Schlüssel genauso entzünden wie zum Beispiel an der Beichte:

Berotter	Warst du nicht in der Kirche? Du gibst mir ein schönes Beispiel. Das ist die Älteste.
Olga	In der Kirche geht der böse Feind um den Beichtstuhl herum.
Clementine	Das ist dein schlechtes Gewissen.[162]

Wie eine Parodie auf den biblischen Erlöser wird aus einem Treffen mit Weingelage am Gründonnerstag ein stilisiertes Abendmahl. Dabei lässt sich nicht übersehen, dass der Folgetag der Tag des Todes Christi ist. Das freudige Ereignis des Abendmahls wird eingeleitet durch die Fußwaschung, die Jesus bei seinen Jüngern als Ritual der sinnlichen Demütigung vollzieht. Deshalb sollte Fleißers Stück ursprünglich 'Die Fußwaschung' heißen. Die theologische Metaphorik erweitert das Feld der skurrilen Phantasie und der Lust am unerlaubten Spiel. Roelle wird im Verlauf des Abends eine Dornenkrone aufgesetzt, und er wird einer Steinigung ausgesetzt, die zu einer Kopfwunde führt. Dann wird der Wasserscheue durch das gewaltsame Eintauchen in eine gefüllte Wanne einer symbolischen Reinigung unterzogen. Im Spiel der Rituale wird Roelle gedemütigt und erhält zugleich eine höhere Weihe, durch die seine Wasserangst verloren geht, so dass er sogar Olga aus den Fluten rettet. Dass Olga ihm für die Rettung nicht dankt, macht ihn vom ungeliebten Helden wieder zum verachteten Opfer. So bittet er Olga um den Tod durch einen Messerstich, den sie angeekelt verweigert. Das motiviert ihn wiederum zum Angriff wie zur Abwehr, wenn er zu den herbeigeeilten Schülern sagt, dass ihm Olga aus der Hand fresse und er über sie verfügen könne.[163]

> Soll ich euch das Mädchen vorführen, wo ihr es ihr einmal geben könnt? Für mich ist
> es eine Kleinigkeit.'[164]

Der Austausch zwischen masochistischen und sadistischen Genüssen scheint endlos weiter zu gehen.

Auffällig ist, dass in den Stücken von Fleißer im Unterschied zu Wedekind und Horváth kein Geistlicher auftritt. Stattdessen hat sich der Mechanismus der Beichtpraxis verselbständigt. Das 'Rudel' schikaniert den Außenseiter:

| Hermine | Das müssen Sie mitbeichten, wenn Ihnen der Frühere die Absolution verweigert hat. |
| Roelle | Ich beichte nie wieder.[165] |

Sowohl Horváth als auch Fleißer arbeiten mit dem Vertauschen der Gesichter. Wir finden das Antlitz des Engels ebenso wie die Fratze des Teufels. Beide Autoren beziehen ihre Bilder aus der höllischen Welt und verwenden biblische Zitate. Wenn Fleißer von Fegefeuer und Vorhölle spricht, breitet sich bei Horváth die unchristliche Unheimlichkeit aus, in der die Zitate und Rufe nach Gott wie Blasphemie und Hilferufe erscheinen. Diese zu Ausbrüchen neigende Atmosphäre ist aufgeladen mit pervertierten religiösen Gefühlen und Schuldkomplexen. Dies zeigt sich, als Berotter niederstürzt und Olga seinen Sadismus zur Sprache bringt. Die Vaterautorität und der in seiner masochistischen Verzerrung an die Beichtpraxis erinnernde

Versuch, durch Selbstanklage von Seiten der Kinder Vergebung und Erbarmen zu erhalten, werden hier zur Farce. Die unheimliche Kehrseite solcher Autorität zeigt sich in dem Negativbild der Jugendlichen in der jeweiligen Gruppe. Man kann nicht mehr miteinander kommunizieren, wohl aber sich mit dem quälen, was man beim 'Herrn Katecheten' gelernt hat. So setzt Clementine in krasser Selbstgerechtigkeit Olga mit der Höllenangst zu: 'Du kommst einmal nicht in den Himmel. Du musst in der Hölle brennen, und ich liege in Abrahams Schoß'. Ständig werden wir mit biblischen Bildern konfrontiert, die uns ein Zerrbild von Ingolstadt liefern. Es ist zwar eine Gottesstadt, aber verkommen und nun im Zustand des Fegefeuers. Somit erkennen wir in ihr das Kehrbild des himmlischen Jerusalem. Die religiöse Überspanntheit wird auch in der Formulierung von Roelle deutlich, wenn er sich mit seinen inquisitorischen Fragen zum Religionslehrer stilisiert:

Roelle	Ich frage Sie als Ihr Katechet, dies Kind ihrer befleckten Empfängnis, ist es Ihnen ein Gegenstand der Liebe oder des Hasses?
Olga	Es ist nicht anders als mein Widersacher.
Roelle	Ich frage Sie als Ihr Katechet: Leugnen Sie, daß Sie es haben beseitigen wollen?[166]

Fegefeuer in Ingolstadt
Schaubühne Berlin 1972

Ausgerechnet bei dem verrückten Roelle bringt das Ungeborene paradoxerweise „eine lebenszugewandte Phantasie in Bewegung. Er, von dessen Vater keine Rede ist, wäre gerne ein Vater. So spricht er gläubig und trostlos zugleich einen wahren Wunsch aus über das Kind, das nie kommen wird“.[167]

> Roelle   Es macht Menschen aus uns, indem es ein Mensch wird.[168]

Überblickt man die szenische Bilderfolge, so hat sich das Karusell einmal im Kreis gedreht. Die Katastrophe liegt darin, dass es immer so weiter geht. Damit lässt sich die Querverbindung zu Wedekind nicht übersehen.

Bei allen Figuren in *Fegefeuer* hat sich der Bereich der religiösen Erziehung verinnerlicht. Roelle treibt im Kreis extremer Selbsterlösungsversuche. Dabei wird immer wieder deutlich, dass er ein Außenseiter ist, so auch, wenn ihm Olga vor der protestantischen Kirche sagt, dass 'er stinkt und seine Haut nicht so sei, wie bei den Anderen':

> Roelle   Sie haben gesagt, ich bin die Pest. [...]
> Aber es macht nichts, daß man stinkt, es bringt einen nicht um. [...]
> Bei mir geht's nicht so glatt. Für mich sind die Dornen, das weiß ich.[169]

Was die kritische Seite des Volksstücks betrifft, so macht Fleißer den desolaten Zustand der Figuren einsehbar, indem sie den Blick auf Zeit und Gesellschaft der 20er Jahre lenkt. Bei Horváth wird in dramatische Fiktion umgesetzt, was er mit analytischem Blick beobachtet, bei Fleißer hingegen, was sie seelisch und leiblich erfährt. In Horváths Stück *Kasimir und Karoline* sind alle Figuren als Angehörige unterschiedlicher Gesellschaftsschichten sozial definiert, während die Figuren in Fleißers *Fegefeuer* nur vage umrissen sind. Wie im klassischen Volksstück ist die im Titel erwähnte Stadt Wirklichkeit, die immer dann in das Blickfeld rückt, wenn die Rede ist vom 'Gouvernementplatz', der 'protestantischen Kirche', dem 'Schäffbräu' oder der 'Schütt'.

Beide Autoren beschäftigt eine gemeinsame Frage: die nach dem Zustand der menschlichen Beziehung, nach dem Zustand der Liebe. Ein Punkt, dem auch im klassischen Volksstück Bedeutung zukommt. Auch wenn das Verlangen nach Liebe groß ist, werden die Mädchen von der Kälte und Rücksichtslosigkeit der Männer abgestoßen. Wenn Roelle in *Fegefeuer* fragt: 'Habt ihr schon was von der wirkenden Macht der Liebe gehört' und der Ministrant antwortet: 'Ich komme in kein Kino. Mein Vater nimmt mir das Ministrantengeld ab', so erscheint die Distanz zur Wirklichkeit wie ein Schlag ins Gesicht. Deshalb ist es auch verständlich, dass das Urbild der Liebe bei Fleißer nur im Zustand der Deformation gezeigt werden kann und die Sexualität vornehmlich die intimsten zwischenmenschlichen Beziehungen zwischen Mann und Frau zeigt. Als Beispiel kann der Ausspruch von Hermine zu Roelle angeführt werden:

Haben Sie genügend geglotzt, wie wir zwei uns chemisch miteinander verhalten?[170]

Der Körper als Erfahrungsinstrument von Liebe und Hass ist somit das Zentrum ihrer Reflexion. Wichtig ist dabei das Durchsetzen des Naturrechts der Frau auf Liebe als ein Menschenrecht. Auf diese Forderung treffen wir bereits bei Wedekind. Während bei ihm allerdings die sexuelle Befreiung im Vordergrund steht, strebt Fleißer keine revolutionär veränderte Gesellschaft an, aber eine, in der Glück, Liebe und Angstlosigkeit möglich sind. Ebenso wie Horváth zweifelt sie an der Veränderbarkeit des Vorgefundenen, an der Beseitigung der höllischen Strukturen dieser Welt. Was bleibt, ist alleine die Hoffnung.

Bei beiden ihrer Stücke sowohl *Fegefeuer in Ingolstadt* als auch *Pioniere in Ingolstadt* zeigen die Personen identische Verhaltensmuster. Alle reden von Freiheit, aber keiner findet sie. Bei den *Pionieren* reduziert sich der Stoff auf das Verhältnis der Soldaten und der beiden Dienstmädchen Alma und Berta. Die Kündigung Almas verschärft ihre Problematik, sie geht auf Männer, Geld und Abenteuer aus, während Berta den Ausweg aus ihrer Unterordnungssituation sucht. Nachdem sie vom Sohn der Herrschaften als Objekt der unbezahlten Liebeserprobung ausgenutzt wird, spürt sie, dass dies nicht die richtige Liebe sein kann und sucht sie bei den Pionieren. Dabei gerät sie an Männer, die wie sie ebenfalls unter Druck stehen und weder Herr über ihre Zeit noch über ihre Lebensführung sind. Bertas Dienstherr und Korls Feldwebel vertreten die gleichen Systeme, in denen es nur um Unterordnung geht. Die Freiheit von Korl besteht schließlich nur darin, dass er den Zwang nach unten weitergibt. Das Opfer sucht sich seine Opfer.[171] In diesem Sinne sagt Korl:

> Korl Heut muß ein Mädchen sich was gefallen lassen, weil es zu wenig
>   Mannsbilder gibt.
>   Den ganzen Tag muß ich mich schikanieren lassen, bei den Weibern lasse
>   ich mich aus. Das muß eine einsehen.
> Berta Aber du mußt doch spüren, wer du für mich bist. [...]
> Korl Einen Fetzen muß man aus Euch machen.[172]

Berta hingegen hat sehr romantische Vorstellungen von grenzenloser Liebe und uneingeschränkter Hingabe und erwartet, dass so 'ein Mädel geheiratet wird'. Nachdem Korl mit Berta nach einer kurzen Liebelei aus dem Gebüsch kommt, ist sie zu tiefst erschüttert und enttäuscht:

Berta	War das alles?
Korl	Warum? Hat dir was gefehlt?
Berta	Wir haben was ausgelassen, was wichtig ist. Die Liebe haben wir ausgelassen.
Korl	Eine Liebe muß keine dabei sein.
Berta	Das ist mir jetzt ganz arg.[173]

Hier wird deutlich, dass Berta keinen Sex, sondern Liebe und Zuneigung sucht und schließlich bei Korl nur Unterdrückung, Zwang und Brutalität findet. Ähnlich ist es bei Roelle: Wenn er auf Clementines sexuelle Wünsche zu sprechen kommt, schlägt die Situation plötzlich in brutale Aktion um. Der wasserscheue Roelle wird ausgezogen und ins Wasser gesteckt. Damit ist er abermals gezeichnet:

Roelle	Ich bin euch nie wieder gut. [...] Ich habe meinen Schutzengel mitbekommen. Und damit nicht an einen Stein stoße dein Fuß. [...] Auf was für einer Erde bin ich?[...]
Olga	Auf der deinigen, wo dein Nächster nichts darf wie verrecken.[...]
Roelle	Ich war nackt und ihr habt mich nicht bekleidet. Ihr habt mich mit Hohn übergossen, und jetzt blickt es euch an.[174]

Fleißer zeigt damit in tiefgehender biblischer Sprache, dass der Mangel dieser Welt der Mangel an Liebe ist. Der Teufelskreis um Roelle verdichtet sich noch durch Protasius und Gervasius, zwei kaum definierbare Gestalten, Sendboten des Mittelalters. Sie tragen die Namen von Heiligen und sind durch ihre lateinische Namensgebung unzweifelhaft im Volksstück verwurzelt. Der Zutreiber und sein Spion treiben Doktor Hähnle Menschen zu, an denen er eine unsterbliche Entdeckung machen soll. Sie behaupten von sich, dass ihnen niemand entrinnen kann. 'Wir kommen geflogen. Wir kommen geschwommen. Aber doch nicht mit Gewalt'. Durch die Umtriebe dieser beiden Figuren wird die Wirklichkeit der Kleinstadt transparent. Dass die Dämonie niemals aufhört, darauf weist zu Beginn des sechsten Bildes der Wechsel des Protasius zur Zeitung hin:

Das ist ja das Schöne bei der Zeitung, daß man auf den Betreffenden hindeuten darf und der Betreffende kann gar nichts machen. Die Zeitung ist schon heraus.[175]

Die Namensgebung zeigt auch noch in anderen Punkten deutliche Parallelen zum klassischen Volksstück. Selbst wenn die Berotters im *Fegefeuer* alle einen persönlichen Namen tragen, fällt dennoch die Klassifizierung auf: 'Erster', 'Zweiter', 'Dritter', 'Schüler', '1. Ministrant', '2. Ministrant' oder 'Mutter'. Auf die lateinischen Namen der Individuen Protasius und seines Schützlings Gervasius wurde bereits hingewiesen. Im Grunde ist keine der dramatischen Figuren sowohl in *Fegefeuer* als auch bei den *Pionieren* der Sprache mächtig. Wenn Berotter zu Olga sagt 'Du kannst nicht reden', obwohl Olga die höchste Schulbildung von allen besitzt, so fragt Berotter nicht nach den Gründen dafür, sondern zeigt die Ängste und brutalen Zynismen, die zu einer Sprache führen, die jegliche kommunikative Möglichkeit verloren hat. Wie in einem Marterinstrument stoßen die harten Sätze den anderen von sich. Die Hauptfrage, die das Stück durchdringt, bezieht sich unmittelbar auf die Formulierung: 'ich möchte wissen, warum wir einander nichts zu sagen haben'. Damit erreicht die Sprache Fleißers eine hohe Verdichtungskraft, eine starke Innenspannung und Energie. Jeder Satz ist so, als müsse er eine neue Wand durchstoßen. Er ist geprägt, von kurzen, knappen Hauptsätzen. Der Satz reflektiert nicht, er bringt Feststellungen und Ergebnisse. Damit formuliert die Sprache Positionen. Dort, wo sie Personen charakterisiert, verweist sie auf soziale Bildung. So wird die sprachliche Meisterschaft, mit der das Sprachdefizit der Unterprivilegierten ausgedrückt wird, zum Kriterium für die Volkstümlichkeit der Autorin erhoben. Die Gestalten ihrer Stücke sind zwar einfache Menschen, die den sozialen Unterschichten angehören und die unter den sozialen Handicaps zu leiden haben, dramaturgisch jedoch werden sie alle ernst genommen.

Um den Themenbereich des Geldes zu verdeutlichen, müssen wir auf das Stück *Der starke Stamm* (1945) zurückgreifen. Die Titelfigur Balbina wird hier als ein Weib gezeichnet, das seine Nase überall reinsteckt, wo sie ein Geschäft wittert und Geld vermutet. Im Grunde nutzt sie die einzige mögliche Freiheit, die ihr bleibt, nämlich die konsequente Ausschöpfung aller geschäftlichen Möglichkeiten. Die Habgier war ihr nicht angeboren. Sie ist erst so geworden, weil sie immer hinter dem Bruder zurückgesetzt war und kein Glück hatte. Jetzt ist Geld für Balbina wie eine Fata Morgana. Nur wer Geld hat, zählt. Nur wer Geld hat, kann sich über die anderen setzen und auch die ständigen Diffamierungen ertragen. Das ist die letzte Erkenntnis, die einzige mögliche Freiheit, die der Hauptfigur Balbina bleibt. Damit zeigt sie deutliche Parallelen zu Wedekinds *Marquis von Keith.*

> Und ist doch so, daß du die Tür aufreißen möchst und so viel Verlangen hast in dir drin, daß dir Flügel herauswachsen müßten aus dem, was die anderen anschaun für deinen Buckel, wenn eins bloß Augen dafür hätt und hätt an dich noch einen Glauben. Aber das gibt's ja net auf der beschissenen Welt. Was dich beißt, sind nicht deine Flügel, wo herausstoßen wollen mit aller Gewalt, das bleibt ewig dein Buckel.[176]

Eine solche Sprache hat bis dahin keine der Fleißerschen Figuren geführt. Hier schlägt eine Frau wild um sich. Eine älter und härter gewordene Balbina, die weiß, dass ihr Buckel bleibt. Die weiß, dass der Mensch keine engelhaften Möglichkeiten besitzt. Deshalb gerät sie auch nicht mehr aus der Fassung, nachdem die Spekulation auf die Erbschaft misslungen ist. Mit welchem Preis solche Verhärtung allerdings erkauft ist, wird hier deutlich. Auch wenn der Schmelz der Fleißerschen Mädchen von früher weg ist, zeigt die Autorin, dass Balbina aus Notwehr nicht anders handeln kann. Deshalb wird sie am Ende des Stücks nicht verdammt, sondern hat einen starken Abgang. Brecht hat dieses Volksstück zur Uraufführung nach seiner Münchner Inszenierung der *Mutter Courage* durchgesetzt, wohl deshalb, weil auch er den Zusammenhang zu seinem eigenen Stück gesehen hat. Damit gehört *Der starke Stamm* zu den neuen Volksstücken, die in den 20er Jahren gegen die Tradition dieser Gattung entwickelt wurden und die Problematik des Geldes zum Dreh- und Angelpunkt haben.

Die im Volksstück üblichen Liedeinlagen finden wir im *Fegefeuer* nur andeutungsweise zu Beginn des vierten Bildes: 'In Ingolstadt is zünftig, da gibt's a Pferdebahn'. Bei den *Pionieren* hingegen wird bereits in der Szene I/3 das 'Küchenmädchenlied' mit musikalischer Untermalung vorgetragen. Mit leicht abgewandeltem Inhalt finden wir diesen Text bereits in Wedekinds Jugendlyrik:

> Heinrich schlief bei seiner Neuvermählten,
> einer reichen Erbin aus dem Rhein.
> Böse Träume, die ihn immer quälten,
> ließen ihn auch hier nicht schlafen ein.[177]

Wie wir sehen, „schreibt die Fleißer nicht im bayerischen Dialekt, sie schreibt in der bayerischen Diktion."[178] Genau genommen ist es jedoch eine Form des 'Soziolekts', die weit über die übliche terminologische Bedeutung des Wortes hinausgeht und der gestischen Sprache zuzurechnen ist.

Im Hinblick auf die Motivation des Fleißerschen Werks fällt auf, dass von Glück außer in *Avantgarde* in keinem ihrer Werke die Rede ist. Solche Sekunden höchster Lebensfreude sind nirgendwo sonst formuliert. Glück und Freiheit gibt es nie gemeinsam. Dafür finden wir den Zwang durchgängig in allen Stücken, wie bereits gezeigt wurde.

Selbst die Mutter von Roelle übt in *Fegefeuer* auf den bereits erwachsenen Sohn, mit ihrem Zerrbild der Mutterliebe einen ungeheuren Zwang aus. Aus heiterem Himmel erscheint sie mit ihrem Essenträger vor der Kirche unter den versammelten Jugendlichen und demütigt ihren Sohn in aller Öffentlichkeit, wenn sie ihm die Sagosuppe einflößt.

Auch wenn die Speisung an das christliche Abendmahl erinnern soll, hat sie ähnlich wie Wedekinds Ironie nur provokativen Charakter.

Hab ich dich, setziger Balg, setziger? Tust gleich, was ich will? [...] So, das wird gegessen. Daß ich dir das jeden einzigen Donnerstag predigen muß, seine Sagosuppe läßt man nicht stehen. Meinetwegen sitzt du eine Stunde davor. Ich geh nicht eher weg. [...] *Sie gibt ihm Löffel für Löffel ein.* So, der ist für den heiligen Josef, der für dein verstorbenes Schwesterlein, tu dich nur schön überwinden. Der ist für deinen Schutzengel, du weißt nie, wann du ihn brauchst. Der ist für alle armen Seelen im Fegefeuer.[179]

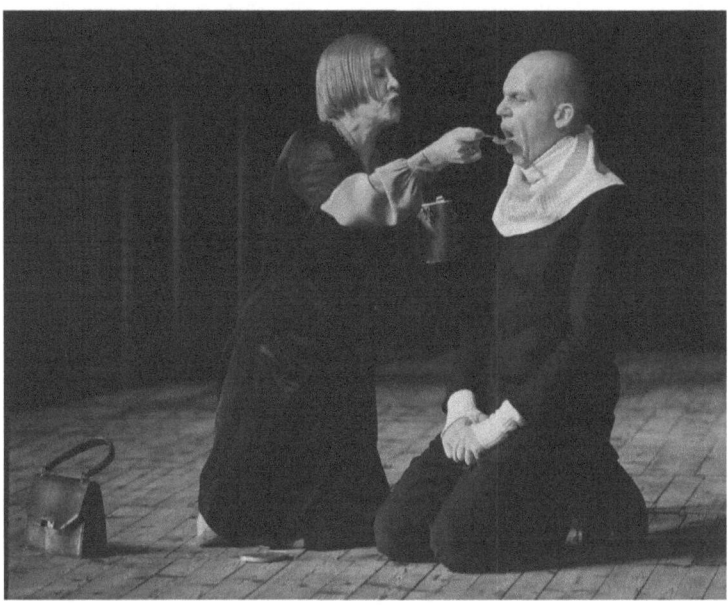

Fegefeuer in Ingolstadt. Berliner Ensemble 2001 mit Lore Brunner und Stephan Schäfer

Der Humor ist, wie bereits bei Wedekind, anders geartet als beim klassischen Volksstück. Bei Fleißer und Horváth entspringt er aus dem Betrachten der falschen sozialen Attitüden, aber bei beiden schlägt er zurück in das schlimme Bild vom Zustand der menschlichen Beziehungen. Bei beiden kommen die Probleme der Bildung und Emanzipation und der Änderung der menschlichen Verhältnisse in Sicht. Bei Horváth noch schärfer, weil er seine Beobachtungen vor allem in dem Stück *Italienische Nacht* (1931) auch auf dem politischen Feld macht. Bei beiden Autoren werden die Bilder vom Zustand der menschlichen Beziehungen so scharf, dass ihre Wirkung erst mit der Frage beginnt, ob es so bleiben kann. Dabei fällt auf, dass die Berührung von Fleißer und Horváth eng, aber absichtslos ist. Es gab keinen Kontakt zwischen beiden. Horváths Stücke machten in den Berliner Aufführungen wenig Eindruck auf Fleißer. Beide arbeiteten nebeneinander; erst später zeigte sich, wie eng es war. Horváth war nicht Brechts Freund, aber Brecht hat in

Fleißer eine Art zu schreiben erweckt, die auch die Horváths war. Damit vermitteln beide das neue Volksstück, das den Menschen kritisch betrachtet.[180]

In dem zum Schluss unternommenem Versuch der Selbsterlösung Roelles wird die Unerlöstheit und Unerlösbarkeit in dieser und jener anderen Welt dargestellt. Die unterschiedliche Intensität der daraus entspringenden Verzweiflung zeigt sich im vorausgehenden Aufschrei Roelles, in dem bereits das Motto der Selbsterlösung aus Horváths Stück *Kasimir und Karoline* anklingt:

> Wenn ich sterbe, dann komm ich in die Hölle und bin ein Verdammter, ich bin bei den Teufeln und allen verworfenen Menschen. Und das hört nie auf, überhaupt nicht. Eine noch größere Grausamkeit gibt es doch gar nicht.[181]

Wie Fleißer zeigt, hat sich der gesamte Bereich der religiösen Erziehung bei Roelle verinnerlicht und treibt ihn im Kreis extremer Selbsterlösungsversuche ohne eine Aussicht auf Hoffnung. Mit einer Geste der Verzweiflung quittiert er am Schluss des Stückes den Ruf der Mutter:

Mutter	Einen Pfarrer. Man muss ihn erlösen. *Ab.*
Roelle	Ich bin im Stande der Todsünde. Ich muss beichten, ich habe es gelernt. Aber ich weiß nichts, ich habe vergessen, wie man es macht. *Er holt einen Zettel hervor.* Ich armer sündiger Mensch klage mich an vor Gott dem Allmächtigen und Euch Priestern an Gottes statt, daß ich seit meiner letzten Beichte vor vielen Monaten folgende Sünden begangen habe: - gegen das vierte Gebot, wie oft? Gegen das sechste Gebot, wie oft? Ich muß mich fürchten. Gegen das siebente Gebot, wie oft? Gegen das achte Gebot, wie oft? Das ist mein Zettel für mich, den könnte ich gleich essen. Gegen die sieben Hauptsünden – ich bitte um eine heilsame Buße und um priesterliche Lossprechung. Das probiere ich. *Er ißt den Zettel auf.*[182]

Indem Roelle den Sündenzettel verschlingt, versucht er die Selbstabsolution zu erreichen. So verinnerlicht er die von außen erzwungene Rolle des Sündigen, ohne seine Außenseiterrolle ablegen zu müssen. Damit führt das Fegefeuer, das in Ingolstadt gewütet hat, nicht zur Erlösung.[183]

In ihren letzten Lebensjahren braucht Fleißer einige Zeit, um zu begreifen, dass sie von einer jungen Theatergeneration entdeckt worden ist. Die Autoren Franz Xaver Kroetz, Martin Sperr und Rainer Werner Fassbinder waren bayerischer Herkunft und gleichen Alters, schrieben und spielten mit persönlichem Einsatz. Wie Fleißer in einem Interview mit der Zeitschrift *Theater heute* sagt, hat sie Fassbinder bereits bei der ersten Begegnung in große Aufregung versetzt: 'Es gibt eben Sorgenkinder', wie sie bemerkt. Nachdem er von einem Verlag, der gar nicht die Rechte hatte, die Frühfassung der *Pioniere in Ingolstadt* zu lesen bekam, war er derart begeistert, dass er sofort eine Fassbinder-Version für das Büchner-Theater verfasste. Allerdings ohne die Zustimmung von Fleißer einzuholen. Verärgert verweigert sie die Erlaubnis. Vier Tage vor der Premiere erfährt sie dann von einem Freund Fassbinders, dass dessen Bearbeitung unbedingt aufgeführt werden müsse, da man sonst kein Stück zu spielen habe und das Theater Pleite ginge. Nachdem sie mit der Presse und einem Prozess droht, finden die jungen Leute einen Dreh und nennen die Aufführung *Zum Beispiel Ingolstadt, nach Motiven von Marieluise Fleißer.* Nachdem die Autorin sieht, wie schlecht es dem Büchner-Theater geht und wie begabt die jungen Leute sind, kann sie sich nicht länger verweigern und erteilt ihnen in letzter Minute die Zustimmung. Vom Theater hat sie allerdings keine Mark Tantieme erhalten. Wie Fleißer in einem Interview ausführt, waren kurze Zeit später die *Katzelmacher* in jedermanns Munde und sie erfuhr von Herrn Krüger vom Hanser-Verlag, dass Faßbinder ihr den Film gewidmet habe. „Die Widmung war auf jeder Leinwand zu sehen, über die der Film flimmerte: Rrrummm! Über die Verfilmung der Pioniere, die kurze Zeit später entstand, war ich nicht begeistert, da sie nur Verdruss brachte, für den ich nicht zuständig war".[184] Aber es gab für die Autorin ein Honorar, was bei ihrer knappen Kasse sehr erfreulich war. Marieluise Fleißer war sehr stolz auf diese jungen Volksstückautoren und bezeichnete sie deshalb kurzerhand als „Alle meine Söhne".[185]

Hanna Schygulla und G. Kaufmann 1971 in dem Film *Pioniere in Ingolstadt*

Was die Basis ihres Werkes betrifft, knüpft Fleißer zwar an ihre literarischen Vorbilder an, realisiert jedoch zielstrebig die Bemühungen, ein 'zeigendes Theater' zu schaffen. Damit ist sie maßgeblich an dem Versuch beteiligt, ein 'kritisches Volksstück' zu entwickeln, das sich zum Ziel gesetzt hat, den Zustand des Menschen differenziert zu betrachten. Zusammen mit Brecht und Horváth schafft sie in der zweiten Hälfte der 20er Jahre eine eigene Form der Dramaturgie. Im Gegensatz zu Brecht und Horváth sind jedoch ihre Stücke subjektive Berichte. Dass die Werke dieser drei Autoren dennoch einen engen Zusammenhang haben, ergibt sich aus ihren konformen Bemühungen. Wo Horváth buchstäblich Dialogfetzen auf der Straße und im Gasthaus sammelt, wartet Fleißer, bis Erlebtes aus ihrem Unterbewusstsein wieder aufsteigt. Beide Autoren bilden die gesellschaftliche Wirklichkeit nicht einfach ab, sondern zeigen die Mechanismen, nach denen sich die Wirklichkeit vollzieht.

In seinem Artikel *Liegt die Dummheit auf der Hand* schreibt Kroetz 1971: „Weil Brechts Figuren so sprachgewandt sind, ist in seinen Stücken der Weg zur politischen Utopie, zur Revolution gangbar. Es ist die Ehrlichkeit der Fleißer, die ihre Figuren sprach- und perspektivlos bleiben lässt. Die Figuren ihrer Stücke sprechen eine Sprache, die sie nicht sprechen können, und – was wichtiger ist – sie sind so weit beschädigt, daß sie die Sprache, die sie sprechen könnten, nicht mehr sprechen wollen, weil sie teilhaben wollen am 'Fortschritt' – und sei es nur indem sie blöde Floskeln unverstanden nachplappern."[186]

Es ist somit die Sprache der Fleißer'schen Figuren, die ihre Deformationen deutlich zu Tage treten lässt. Zugleich ist es ihre Ehrlichkeit, die ihre Figuren sprach- und perspektivlos bleiben lässt. Damit wird sie zum Vorbild für die Volksstückautoren der 70er Jahre und liefert zugleich die Basis, auf der Kroetz später weiter arbeiten kann.

6.   Ödön von Horváht

Edmund Josip (Ödön) von Horváth (1901-1938) wird am 9. Dezember 1901 als
erster Sohn des Diplomaten Dr. Edmund Josef von Horváth und Maria Hermine,
geb. Přehnal in Sušak, einem Vorort von Fiume, dem heutigen Rijeka, geboren.
Der Vater wird 1909 geadelt und Ministerialsekretär des königlichen ungarischen
Handelsministeriums. Kurze Zeit später avanciert er zum Attaché an der ungarischen Gesandtschaft in München. Dem dienstlichen Einsatz des Vaters entsprechend muss die Familie mehrmals den Wohnsitz wechseln. So führt sie der Weg
von Rijeka über Preßburg nach Belgrad und schließlich nach München. Hier bezieht man eine herrschaftliche Wohnung in der noblen Prinzregentenstraße. Die
Einkommenssituation und der gesellschaftliche Status des Vaters erlauben es, dass
man neben der großen Stadtwohnung bald ein geräumiges Landhaus in Murnau
bezieht, das nach eigenen Plänen gebaut wird.

Die Sprache im Elternhaus ist Deutsch, die Erziehungssprache der Hauslehrer
und der Schule Ungarisch. Während der Schulzeit wechselt Ödön viermal die Un-
terrichtssprache und besucht fast jede Klasse in einer anderen Stadt. Es ist deshalb
verständlich, dass er keine Sprache vollkommen beherrscht. Als er nach Deutschland kommt, kann er noch keine Zeitung lesen, da er die gotischen Buchstaben
nicht lesen kann. Erst mit vierzehn Jahren schreibt er den ersten deutschen Satz.
Hinzu kommt, dass das wirkliche Leben den Diplomatensohn mehr interessiert als
der trockene Lehrstoff der Schule. Deshalb erzielt er am neusprachlichen Realgymnasium in München nur sehr mäßige Leistungen und wiederholt die vierte
Klasse zweimal ohne Erfolg. Nur mit ministerieller Erlaubnis ist es auf Antrag des
Vaters möglich, aufgrund der besonderen Umstände 1916 an eine Schule in Preßburg zu wechseln. Das Schuljahr 1918 absolviert Ödön in Budapest. Die letzten
Monate seiner Schulzeit verbringt er im Sommer 1919 unter der Obhut seines On-
kels Josef Přehnal in dem Privatgymnasium der Salvatorianer in Wien. Seine Matu-
ra fällt damit zeitgleich zusammen mit dem Ende der Habsburger Monarchie. Dessen ungeachtet wird sein Onkel Josef Přehnal zum Vorbild des Rittmeister in den
Geschichten aus dem Wienerwald.[187]

Im Herbst 1919 übersiedelt Ödön von Horváth nach München zu seinen Eltern
und immatrikuliert sich an der Philosophischen Fakultät der Ludwig-Maximilians-
Universität. Die Vorlesungen und Seminare bei Professor Kutscher, einem langjährigen Freund Wedekinds, machen Horváth mit der aktuellen Theaterszene vertraut. Viele später berühmte Theaterleute sammeln sich hier um diesen ungewöhn-

lichen Universitätslehrer: Bert Brecht, Ernst Toller, Klabund, Erwin Piscator und Marieluise Fleißer. Darüber hinaus besucht Horváth Vorlesungen bei Professor von der Leyen über 'Das Märchen'. Die Auseinandersetzung mit diesem Thema verarbeitet er kurze Zeit später in seinem Stück *Sportmärchen*. Durch einen Zufall lernt er den Komponisten Siegfried Kallenberg kennen, auf dessen Anregung *Das Buch der Tänze* entsteht. Am 7. Februar 1922 wird die Pantomime im Steinickesaal in München konzertant aufgeführt und somit zu seinem ersten öffentlichen Auftritt. Horváth wollte mit seiner 'Tanzdichtung' eine innige Verschmelzung von Dichtung und Musik erreichen, die durch die tänzerische Darstellung zu einer Einheit erhoben werden sollte. Das vierundzwanzig Seiten umfassende Bändchen erscheint im Münchner El Schahin Verlag in einer nummerierten handsignierten Ausgabe von 500 Stück. Später distanziert er sich von diesem Erstlingswerk und kauft mit Hilfe seines Vaters alle erreichbaren Exemplare auf, um sie zu vernichten. Dennoch begleiten die Eltern den Wunsch des Sohnes, literarisch tätig zu werden, mit freundlichem Wohlwollen. Über seinen Werdegang als Literat berichtet er in einem Interview, dass er von Anfang an den Drang einer dichterischen Mission in sich verspürt habe und geradezu besessen war, das Erlebte sprachlich ohne Konzessionen niederzuschreiben.[188]

Ödon von Horváth mit 18 Jahren

Horváth beschreibt seine Herkunft später wie folgt: „Ich bin eine typisch altösterreichisch-ungarische Mischung magyarisch, kroatisch, deutsch-tschechisch, mein Familienname ist magyarisch, meine Muttersprache deutsch. Allerdings: der nationalistisch gefärbte Begriff 'Vaterland' ist mir fremd. Meine Heimat und mein Vaterland ist alleine das Volk. Meine Generation, die während und nach dem Ersten Weltkrieg verzweifelt die Stimme erhoben hat, kennt das alte Österreich-Ungarn nur vom Hörensagen, jene Vorkriegsdoppelmonarchie, mit ihren zwei-dutzend Nationen, mit borniertestem Lokalpatriotismus neben resignierter Selbstironie, mit ihrer uralten Kultur, den vielen Analphabeten, ihrem absolutistischem Feudalismus, ihrer spießbürgerlichen Romantik, spanischen Etikette und gemütlicher Verkommenheit. Meine Generation ist bekanntlich sehr misstrauisch und bildet sich ein, keine Illusionen zu haben. Auf alle Fälle hat sie bedeutend weniger als diejenige, die uns herrlichen Zeiten entgegengeführt hat. Wir sind in der glücklichen Lage, glauben zu dürfen, illusionslos leben zu können. Und das dürfte vielleicht unsere einzige Illusion sein. Ich weine dem alten Österreich-Ungarn keine Träne nach. Was morsch ist, soll zusammenbrechen, und wäre ich morsch, würde ich selbst zusammenbrechen, und ich glaube, ich würde mir keine Träne nachweinen." [189]

In den Jahren 1924 bis 1933 wird Murnau zum Hauptwohnsitz von Horváth. In seinen autobiographischen Notizen schreibt er, dass er keine Heimat habe, nur eine Wahlheimat, und die sei Bayern. In Murnau findet er die Leute, die ihn für seine Kleinbürgerstudien interessieren. Aus allernächster Nähe kann er menschliche Charakterzüge und Verhaltensweisen der Schicht studieren, die den raschen Aufstieg des Nationalsozialismus begünstigt. In dieser kleinen Welt bekommen Inflation, Arbeitslosigkeit und der aufkommende politische Radikalismus ein persönliches Gesicht. Stundenlang sitzt er in den Biergärten, hört den Leuten zu und macht sich seine Notizen. Auch genießt er das Privileg, an den Stammtischen seiner Lieblingswirtschaften willkommen zu sein. Auf losen Zetteln zwischen Adressen, Telefonnummern und privaten Aufzeichnungen finden sich Pläne, Titel, Konzepte und Dialogfetzen. Diese Anregungen bilden später das Rohmaterial für seine Volksstücke. Auch wenn es ihm anfangs schwer fällt, den oberbayerischen Dialekt, der dort gesprochen wird, in allen Nuancen zu verstehen, scheint Horváth doch rasch zu einem Spezialisten geworden zu sein. Sein genaues Hinhören und Unterscheiden zwischen den Sprachformen der 'besseren' und der 'einfachen' Leute im Ort werden charakteristisch für sein Werk. [190]

Die Eltern Dr. Edmund Josef und Maria Hermine von Horváth sowie die Großmutter Maria Přehnal und der Onkel Josef Přehnal vor dem Landhaus in Murnau 1925

Wer wie Horváth mit den wichtigsten Personen der Theaterwelt bekannt wurde, hatte die Chance, vielfältige Verbindungen zu knüpfen. In Berlin lernt er Carl Zuckmayer kennen, auf dessen Vorschlag ihm im Herbst 1931 der renommierte Kleist-Preis zuerkannt wird. In seiner Laudatio sagt er: „Horváth scheint mir unter den jüngeren Dramatikern die stärkste Begabung und die prägnanteste Persönlichkeit zu sein. Seine Stücke sind ungleichwertig, manchmal sprunghaft und ohne Schwerpunkt, aber niemals wird sein Ausdruck mittelmäßig, was er macht hat Format, und sein Blick ist eigenwillig, ehrlich, rücksichtslos. Seine Stärke die Dichtigkeit der Atmosphäre, die Sicherheit knapper Formulierung, die lyrische Eigenart des Dialogs. Wesentlich sind bei ihm nicht die satirischen Momente, sondern die künstlerische Umschmelzung seines Weltbildes."[191]

Mehr oder weniger im Verborgenen entstehen in Murnau seine berühmten Volksstücke: *Die Bergbahn* (1927), *Italienische Nacht* (1930), *Geschichten aus dem Wiener Wald* (1931) und *Kasimir und Karoline* (1932). Meist sind Bezüge zu den örtlichen Vorkommnissen, politischen Strömungen, Lokalitäten und markanten Persönlichkeiten bewusst herausgearbeitet, wie etwa in dem Volksstück *Italienische Nacht,* dessen Problematik schließlich dazu führt, dass er Murnau verlassen muss. Auch die Eltern sind betroffen und müssen das Landhaus aufgeben, um sich in die Münchner Stadtwohnung zurückzuziehen. Da sich seine Volksstücke durch unterschiedliche dramatische Konzepte auszeichnen, ist es erforderlich, eine kleine Auswahl für die Interpretation heranzuziehen, um die unterschiedlichen Schwerpunkte deutlich zu machen.

Als erstes Volksstück entsteht *Revolte auf Côte 3018,* das nach einer missglückten Uraufführung in den Hamburger Kammerspielen zu dem Volksstück *Die Bergbahn* umgearbeitet und am 4. Januar 1929 im Theater am Bülowplatz in Berlin erfolgreich uraufgeführt wird. Drei tödlich verlaufende Arbeitsunfälle beim Bau der Zugspitzbahn sowie massive Proteste der ausgebeuteten Arbeitnehmer gegen unzulängliche Sicherheitsmaßnahmen liefern dafür den authentischen Stoff, den Horváth Zeitungsmeldungen entnimmt. Eine Gruppe von Arbeitern baut unter unmenschlichen Strapazen im Hochgebirge die Trassen für die Zugspitzbergbahn. Der Ingenieur weiß, wie unverantwortlich es ist, trotz Schlechtwetter und unzureichender Ausrüstung weiter zu arbeiten. Ihn treibt der Ehrgeiz, sein Werk als Wunder der Technik dennoch in kürzester Zeit möglich zu machen. Zugleich steht er unter dem Druck des Aufsichtsrates und muss Zeit und Baukosten sparen. Als der Arbeiter Schulz verunglückt, verweigern die Kameraden die Weiterarbeit. Melodramatisch spitzt Horváth die Auseinandersetzungen zu: Mit dem Revolver will der Ingenieur den Bau erzwingen, schießt einige Arbeiter nieder, um dann mit Donner und Blitz in den Abgrund zu stürzen. Horváth präsentiert uns ein Theater der plakativen Kontraste, das in der Fortsetzung von Brecht den Kampf zwischen dem Kapital, dem Proletariat und einem fanatischen Technokraten zeigt. Ergänzt wird diese ideologische Sichtweise durch die marxistischen Parolen des Arbeiters Maurer, der gegen seinen Kameraden Oberle und dessen christliche Mahnung zur Gewaltlosigkeit wettert. Auf dramatische Weise begegnen wir den Schattenseiten der modernen Technik beim Bau einer gigantischen Ingenieursleistung, die letztendlich alleine von Geldinteressen bestimmt wird.[192] Damit wird die Rolle des Geldes wieder zu einem zentralen Thema, wie wir bereits mehrmals gezeigt haben.

Hannes	Des Geld hat der Teifl gweiht!
Maurer	Des Grundübel, des is die kapitalistische Produktionsweise. Solang a solche Anarchie herrscht, solang darfst wartn mit den Idealen des Menschengeschlechts. Die Befreiung der Arbeiterklasse.
Simon	*unterbricht ihn:* Des san Sprüch.
Maurer	Was san des?
Simin	Sprüch.- Und weißt warum? Weil mans nur hört, aber net spürt! Da hat erst neuli einer drunt gsprochen, vor der letzten Wahl wars, und Leut warn da von weit und breit, gstecktvoll! Und gredt hat der, zwa Stund! Vom Klassenbewußtsein und der Herrschaft des Proletariats, und vom Zukunftsstaat, zwa Stund – aber nachher, da hat er mit an Gendarm kegelt, vier Stund! Lauter Kränz habns geschobn, lauter Kränz! An Kenig habns stehn lassn, a jedesmal! Akkurat! – Alle neune, muß heißn! Alle neune!![193]

Drei Ansätze werden hier sofort deutlich: der ostalpenländische Dialekt, in dem das Stück geschrieben ist, das Thema der sozialen Gerechtigkeit und die Dummheit der Menschen.

Der Dialekt ist bei Horváth mehr als ein philologisches, er ist ein psychologisches Problem. Dabei befolgt er weder philologische Gesetze noch hat er einen Dialekt schematisch stilisiert, sondern er versucht den Dialekt als Charaktereigenschaft der Umwelt, des Individuums oder auch einer Situation zu gestalten, indem er die heutigen Menschen auf die Bühne bringt. Da der Mensch erst durch die Sprache lebendig wird, versucht er mit den Mitteln der Sprache das Bewusstsein und die geistige Welt der Menschen realistisch zu zeigen, indem er sie mit einem speziellen deformierten Dialekt sprechen lässt. Diese Zersetzung des eigentlichen Dialekts, die sich durch Vermischung von Kleinbürgertum und Proletariat herausbildet, bezeichnet Horváth als 'Bildungschargon'. Dieser etwas unscharf erscheinende Begriff erfüllt bei ihm verschiedene Funktionen: „Er dient zur Aufwertung jener Schichten, die in der Zwischenkriegszeit ihren sozialen Status verloren haben, und bildet das fragile symbolische Kapital jener, die ihr reales Kapital durch die Inflation eingebüßt haben. Hier übernimmt der 'Bildungsjargon' kompensatorische Funktion, da der von Proletarisierungsängsten gepeinigte Kleinbürger einen falschen Glanz der Wohlhabenheit vermittelt. Damit lebt er zumindest sprachlich über seine Verhältnisse."[194] Bemerkenswerterweise setzt die Flucht in den 'Bildungsjargon' immer dann ein, wenn der soziale Status der Figuren gefährdet ist. Dadurch wird der Dialog seines neuen Volksstücks zu einer Synthese von Ernst und Ironie.

Bei der Sprache von Horváth fällt ein zweiter Punkt auf: Immer dann, wenn er die berühmte 'Stille' verordnet, setzt der Kampf zwischen dem Bewussten und Unbewussten ein und liefert den Hinweis darauf, dass dieser Kampf des Individuums auf bestialischen Trieben basiert und die Art des Kampfes weder als gut noch als böse betrachtet werden kann. Im Sinne von Herbert Gamper sind die Vorgänge, Reden und Handlungen psychologisch, zeitgeschichtlich und meta-physisch inszeniert. „Der Autor zeigt, dass sich seine Figuren ihres eigenen schädigenden Sprechens und menschenverachtenden Handelns gar nicht bewusst sind und ihre Verfehlungen nicht eingestehen können. Damit sind Horváths Figuren in mehrfacher Hinsicht Gefangene und können nur in wenigen Augenblicken ihre äußere und innere Situation erkennen."[195] Horváth hat den Prozess der Sprachlosigkeit, das Sprechen aus zweiter Hand, in den Mittelpunkt seiner Arbeiten gestellt. Dieses Phänomen ist nicht leicht zu erkennen, da die Sprachlosigkeit nicht durch wirkliches Schweigen dargestellt wird, sondern durch zahlreiche sprachliche Ersatzhandlungen, durch Sprichwörter, Höflichkeitsformeln, Floskeln oder Meditieren.

Das Thema der sozialen Gerechtigkeit beherrscht Horváths Schaffen vom ersten bis zum letzten Stück. Im Unterschied zu Brecht geht es bei ihm um den Einzelnen, um das Individuum, das höchstens vorübergehend die 'Illusion eines Waffenstillstandes' mit der Gesellschaft erreicht. Dabei zeigt sich, dass diese Gesellschaft aus Einzelnen besteht, die einander im Stich lassen. Man hat Horváth wiederholt als einen Zyniker bezeichnet, weil er seine Figuren materialistisch denken und handeln lässt. Wie er in einem seiner Stücke sagt, wird eine 'rein menschliche Beziehung erst dann echt, wenn man etwas voneinander hat'. Horváth sucht mit seinen Stücken das Leben im Kleinen und das Groteske im Banalen. Was seine Darstellung der Wirklichkeit so erschreckend macht, ist ihre Vertrautheit. Ein Realist bringt den Alltag auf die Bühne, das Personal eines korrupten Mittelstandes, das Kleinbürgertum, wie es auf der Oktoberfestwiese und beim Heurigen anzutreffen ist: Offiziere, die schon bessere Tage gesehen haben, und abgebaute Chauffeure, die nie bessere Tage sehen werden. Horváth zeigt die Biedermeierwelt Nestroys vor dem Hintergrund der schäbigen 20er Jahre. Mit guten Bekannten, die einander in aller Gemütlichkeit umbringen, mit schamlosen Moralpredigern und lieben Ungeheuern: ein Bestiarium der Leidenschaften unter dem Deckmantel freundlicher Harmlosigkeit.[196]

Die Dummheit ist für Horváth das Instrument des Bewusstseins, mit dessen Hilfe es sich unbequemen Konflikten und harten Selbsterkenntnisprozessen zu entziehen versucht. Es ist das Gefühl der euphorischen Selbstbestimmung, von Macht, Freiheit und der ungetrübten Gewissheit, im Recht zu sein. Damit ist Dummheit willentliche Ignoranz, bewusstes Ignorieren von Fakten. Wo Dummheit und der Unwille, das eigene Hirn zu benutzen, auf eine desolate Umwelt treffen, entwickelt sich ein Klima für kollektive Bosheit, für Menschenverachtung und Rassismus. Deshalb sind positive Veränderungen der Gesellschaft nur dann möglich, wenn das falsche Urteil und das falsche Handeln nicht nur im Kleinbürgertum, sondern auch in den obersten Spitzen der Gesellschaft erkannt und beseitigt wird. Es ist nicht zu übersehen, dass Nestroys Geist über Horváth weht; er begleitet ihn durch eine Zeit des Egoismus, der Habsucht, der Schlechtigkeit, der immerwährenden Krise des moralischen Zerfalls und der Lüge.[197]

Neben den genannten Kriterien spielt natürlich schon in seinem ersten Volksstück *Revolte auf Côte 3018* die Sexualität eine herausragende Rolle.

> Karl   Jetzt glaub ichs, was d'Leut im Dorf redn. Es is scho wahr: Die Mutter hat mitm Teufl paktiert, an Vater hat ja no kaner g'sehn!
>
> Veronika   Halts Maul!
>
> Karl   Du bringst bloß Unglück! Lach net! Herrgottsakra! Des Fleisch! Du bist scho des best Fleisch im Land, auf und nieder! Di hat net unser Herrgott gformt; den Arsch hat der Satan baut! – Adieu, Höllenbrut! *Rasch ab.*[198]

Veronika, die dralle Dirn, erzeugt in dieser Männerwelt im Hochgebirge künstlich aufgeheizten Treibhausdampf und provokativen Sex:

> Veronika   Du weißt es nit, wie stark du schlagn kannst. Moser! Du bist a Tier! A wilds Tier! Ausm großn Wald!
>
> Moser   Und du? Sags! Ha?
>
> Veronika   Du! Du machst mi zum Tier – *Sie beißt in seine Brust.*[199]

Obwohl in der Arbeiterbaracke auf der Höhe 3018 eigentlich nicht die Voraussetzungen für Entspannung und musikalische Liedeinlagen gegeben sind, spielt Sliwinski auf seiner Mundharmonika und Xaver schnalzt, man sollte eigentlich tanzen. Reiter meint jedoch, zum Landler gehöre ein Mensch, wie die Köchin zum Kaplan. Worauf Maurer singt:

> Guten Morgen, Herr Pfarrer
> Wo is der Kaplan?
> Er liegt auf der Köchin
> Und kraht wie a Hahn!
> *Schallendes Gelächter*[200]

Horváths Methode in der Darstellung literarischer Inhalte ist die Bemühung um größtmögliche Objektivität. Wie Brecht geht es ihm um die kritische Bildwertung der doktrinären Verhältnisse, um die Demaskierung des Bewusstseins, um reflektierte Ehrlichkeit. Die Demaskierung des Bewusstseins und der dieser Demaskierung vorausgehende Kampf zwischen Bewusstsein und Unterbewusstsein ist für Horváth das Grundmotiv all seiner Stücke. Horváths Blick ist erbarmungslos, weil er die Menschen so zeigt, wie sie sind, weil er sie in ihrer Einfalt zeigt, in ihrer Härte und Grausamkeit, in ihrem Bemühen, anderen weh zu tun, nicht aus Gemeinheit, sondern einfach nur aus Dummheit.[201]

Die Figuren in Horváths Dramen bestehen aus Alltagsmenschen, wie sie für eine Ära charakteristisch sind, in der es zuerst zu viel Geld und dann zu wenig Arbeit gibt: kleine, oft gescheiterte Existenzen, Vertreter eines degradierten Mittelstandes, Kleinbürger und Proletarier. Horváth hatte genug Hintergrund, um aufzuzeigen, wie materielle Not den Menschen demoralisiert und ihn zum Feind des Menschen macht. Seine Gestalten sind Opfer einer gesellschaftlichen Fehlentwicklung. Diese Menschen sind armselige Kreaturen, da sie sich nur in unreflektiert ausgeborgter Sprache darstellen können.

Es ist die Katastrophe zwischen dem, was Horváths Figuren sagen, und dem, was sie meinen, zwischen dem, was sie meinen müssen, weil sie dazu erzogen sind, und dem, was sie letztlich zu meinen nicht in der Lage sind. Zu verurteilen sind seine sehr allgemeingültigen Figuren vor allem deshalb, weil sie nicht die geringsten Anstalten machen, das Maß an Gehirn, das auch sie besitzen, zum Durchschauen der eigenen Situation zu benutzen. Stattdessen verfallen sie in hypochondrisches Selbstmitleid. Sie fürchten sich wie Tiere und beißen, um nicht selbst gebissen zu werden. In blinder Verzweiflung zerstören sie alles und stehen dem Schicksal mit einer gewissen naiven Hilflosigkeit gegenüber. Dabei werden sie mehr getrieben, als dass sie in der Lage wären, ihr Schicksal aktiv zu gestalten. Sie folgen Vorbildern, die durch Äußerlichkeiten definiert sind, und sind sich selbst und ihrer Rolle entfremdet.

Um die Brutalität und Grausamkeit des Alltags deutlich zu machen, ist in allen Stücken Horváths vom Tod und vom Töten die Rede.[202] Im gleichen Zusammenhang erfährt man, dass Gott für die armen Leute nicht zuständig ist. Im dritten Akt des Volksstücks *Die Bergbahn,* das bei Nebel und Schneeregen auf einer Gratscharte der heutigen Zugspitzbahn spielt, lassen die Arbeiter Oberle in den Abgrund, um den abgestürzten Schulz zu bergen. Als dieser blutüberströmt oben ankommt, wird das Ausmaß des Unglücks erst deutlich:

Hannes	Ja. Der is hin.
Moser	Was ist hin? Wer is hin?! Der is net hin, du Rindvieh! Der darf net hin sein! [...]
Reiter	*erhebt sich langsam:* Aus. Der werd nimmer. Des is ja des ganz Geripp zersplittert.
Simon	Ja, der is runter.
Maurer	*gedämpft:* Der Neuschnee halt, der Neuschnee! Und das Schuhzeug is a nix fürs Hochgebirg. Die Sohln wie Papier. Da liegt er. [...]
Hannes	*fällt langsam in die Knie, betet:* Vater unser, der Du bist im Himmel, geheiliget werde Dein Name.
Moser	*unterbricht ihn:* Verflucht! Ka Litanei, ka Rosenkranz! Der da drobn is taub für uns arme Leut!
	In weiter Ferne Donnerrollen.
	Ja donnern, des kann der!
	Und blitzen und stürmen! Schreckn und vernichtn!-
	Was gedeiht, ghört net uns. Was gehört dem armen Mann? Wenn die Sonn scheint, der Staub, wenns regnet, der Dreck! Und allweil Schweiß und Blut!
	Ein leiser Wind hebt an, der allmählich zum Sturm wird. [203]

Trotz des Unglücks versucht der Ingenieur die Arbeiter erbarmungslos anzutreiben und verlangt von ihnen weiter zu arbeiten, obwohl der Leichnam des Kameraden im Eis neben ihnen liegt. Doch hier hat er sich verrechnet. Keiner ist bereit weiter zu arbeiten. Die Lage spitzt sich in wenigen Augenblicken dramatisch zu.

Ingenieur	Die Arbeit ist eingestellt. Alles ist eingestellt. Ihr seid entlassen [...]
Ingenieur	Geht langsam auf Xaver zu und hält dicht vor ihm; fixiert ihn; plötzlich schlägt er ihm vor die Brust, daß er zurücktaumelt.
	Stille.
	Verliert die Nerven: Jetzt könnt ihr gehen! Verschwindet! Marsch!
Oberle	Wohin?
Ingenieur	Was weiß ich?! Wohin ihr wollt! Wohin ihr könnt! Wohin ihr gehört! Zum Teufel!
Moser	Halt! Komm mit!
Simon	Komm mit zum Teufel!
Moser	Dort hockn alle armen Sünder hinterm Ofen – alle in aner warmen Stub. Komm mit zum Teufl! Mit uns! Komm mit, komm mit!
	Er schlägt ihn nieder. Sturm.
Reiter	Schlag ihn nieder, den Satan!
Simon	Schlagt ihn tot!
Xaver	Ganz tot!
Hannes	Tot! Tot! Tot!
	Es blitzt und donnert [...]
Ingenieur	*Zieht einen Revolver, stößt Oberle zur Seite:* Weg! Weg! Ein Revolver langt für Halunken! Zurück! Und Hände hoch! Hoch! oder – [...]

Alle	Der Satan!!
Moser	*röchelt und will sich auf den Ingenieur stürzen.*
Ingenieur	*schießt toll*
Xaver	Mörder!
Sliwinski	Danebn! Danebn!
Simon:	Bravo! Bravo! [...]
Ingenieur	*tritt und schlägt winselnd auf Moser ein; reißt sich los und retiriert sprunghaft, den Abgrund im Rücken:* Die Kreatur! *Er lacht höhnisch-irrhellauf; tritt ins Leere; krallt in die Luft, brüllt verzweifelt und stürzt kopfüber hinab.* Finsternis.[204]

Wie sich zeigt, ist dieses erste Volksstück Horváths bereits sehr dramatisch und zeitkritisch, auch wenn nicht alle im klassischen Volksstück üblichen Kriterien eingearbeitet werden. Anders ist dies in dem Volksstück *Italienische Nacht,* das am 20. März 1931 im Theater am Schiffbauerdamm in Berlin unter Polizeischutz uraufgeführt wird. Hier gerät Horváth auch als Zeitzeuge und Bürger Murnaus mitten in den Strudel des Geschehens.

Der Gastwirt einer süddeutschen Kleinstadt vermietet sein Lokal nachmittags an die Nationalsozialisten, abends an den 'Republikanischen Schutzbund'. Die Parteimitglieder des 'Republikanischen Schutzbundes' vertreiben sich die Zeit bei einer harmlosen 'Italienischen Nacht' mit Tanz, Theater und Plausch, während sich die Ortsgruppe der Faschisten mit Geländeübungen und militärischen Aufmärschen zum Kampf gegen die Demokratie rüstet. Stadtrat Ammetsberger als Vorsitzender des republikanischen Ortsvereins prahlt als alter Sozi mit marxistischen Sprüchen. Die jüngeren Genossen boykottieren den Tanz, stören eine neckische Balletteinlage und ziehen unter Protest ab, als der Stadtrat mit Parteiausschluss droht. In der Zwischenzeit ist das Denkmal des abgedankten Landesvaters heimlich mit roter Farbe beschmiert worden. Anlass für die Rechtsradikalen, in das Fest der Republikaner einzugreifen. Ihr Anführer, ein Exmajor mit kolonialem Touch, lässt sich den schneidigen Auftritt nicht nehmen, um mit dem 'roten Gesindel' abzurechnen. Mit seinen Schlägern presst er dem Stadtrat die Selbstbezichtigung ab, er sei ein Schweinehund. Martin zunächst entschlossen, den Honoratioren die faschistischen Prügel zu gönnen, verjagt mit seinen Genossen die Gegner. Der Stadtrat ist noch einmal mit einem blauen Auge davongekommen, hat aber nichts dazu gelernt. Wieder einmal glättet er sein erschüttertes Selbstgefühl mit Phrasen. Seiner Meinung nach könne von einer akuten Bedrohung der demokratischen Republik keine Rede sein, solange der 'Republikanische Schutzbund' unter seinem Vorsitz stehe. Die Republik könne deshalb völlig unbesorgt und ruhig schlafen![205]

Die *Italienische Nacht* ist das Paradigma für die Verhaltensweise eines Staates, der bereits inflationistische Züge trägt. Entlarvend ist der Blick, mit dem Ödön von Horváth die sterbende Weimarer Republik bereits im Jahr 1930 durchleuchtet. In der süddeutschen Kleinstadt sind die Fronten vorgezeichnet. Rechts die braune Phalanx der Nazi-Marschierer. Links die strategischen Schwärmer der roten Revolution. In der Mitte das schwache, korrumpierte Kleinbürgertum. In der Mikrowelt Murnaus entwickelt Horváth mit dieser brillanten Komödie Gesetzmäßigkeiten und politische Mechanismen, die später das politische Leben in ganz Deutschland bestimmen sollten.[206] Dass Horváth als Zeitzeuge ein ausgezeichneter Beobachter dieser Ereignisse war, beweisen mehrere Artikel in der Regionalpresse, die über diesen Vorfall lang und breit berichtet:

„Der 1. Februar brachte unserem sonst so stillen Murnau ein schreckliches Ereignis. Die Sozialdemokratische Partei hatte in der Gaststätte Kirchmeir für Sonntagnachmittag eine Versammlung einberufen, in der der Vizepräsident des Bayerischen Landtages Erhard Auer sprach. Der erste Teil der Versammlung verlief programmgemäß. Nach 5 Minuten Pause meldete sich als Sprecher für die nationalsozialistische Partei Herr Otto Engelbrecht zu Wort. Auch er konnte seine Diskussion ungestört bis zum Ende vortragen. Als seine Rede mit einem Heil Hitler ausklang, platzte die Bombe. Was nun geschah, spielte sich rasend rasch ab, Pfuirufe erklangen, das Horst-Wessel-Lied wurde angestimmt, der erste Stuhl und der erste Bierkrug flogen, worauf eine wahre Saalschlacht entbrannte. Selbst mit Tischen wurde zugeschlagen. Gummiknüppel, Stahlruten und Totschläger besorgten das Übrige. In 10 Minuten war die ganze Einrichtung zerschlagen, überall lagen Scherben und Trümmer. 26 Personen wurden zum Teil erheblich verletzt. Der angerichtete Sachschaden belief sich auf 2.800 Reichsmark. Unter den 50 Zeugen befand sich der Schriftsteller Ödön von Horváth, der als erster das Lokal betreten hatte und am dritten Verhandlungstag unter Eid vor dem Weilheimer Schöffengericht aussagte." [207]

„Ich war um 1 Uhr 14 am Bahnhof, wohin ich Bekannte begleitet hatte. Vom Bahnhof ging ich direkt zur Versammlung. Ich gehöre keiner Partei an. Auf dem Bahnhof sah ich, dass 60 bis 70 junge Leute ausstiegen und gemeinsam ins Versammlungslokal gingen. An meinem Tisch saßen Reichsbannerleute. Ich hielt die uns umgebenden jungen Leute für Sozialdemokraten und sagte zu den Reichsbannerleuten, ihre Genossen sollen doch den Platz für die Murnauer frei machen. Darauf wurde mir erwidert, dass das lauter Nationalsozialisten sind und dass beabsichtigt ist, die Versammlung zu sprengen. Meiner Meinung nach gibt es nicht den geringsten Zweifel, dass hier eine verabredete und organisierte Versammlungssprengung vorlag."[208]

Der Weilheimer Prozess endet am 1. August 1931 trotz der eindeutigen Aussage von Horváth mit einem Freispruch fast aller nationalsozialistischen Angeklagten. Der Richter hat sie nicht nur straffrei erklärt; er hat ihnen in seiner Urteils-begründung auch noch Winke gegeben, wie sie sich künftig verhalten müssten, um den polizeilichen Vernehmungen und Gerichtsverhandlungen zu entgehen. Mit seiner offenen und kritischen Aussage riskiert Horváth viel. Damit belastet er die NASDAP-Mitglieder und bezieht eindeutig Stellung gegen die nationalsozialis-tische Bewegung. Horváths Ansehen in Murnau ist nach diesem Prozess verspielt, so dass sich seine Freunde aus dem Ort von ihm distanzieren.

Portrait Ödön von Horáth um 1937.

Wie sich gezeigt hat, liefert ein authentischer und zeitkritischer Vorfall in Murnau das Material für die *Italienische Nacht.* Die Namen der Spiegelbilder des Men-schen entsprechen der Volksstücktradition. Sie heißen: Stadtrat, Engelbert, Betz, Wirt, Ein Kamerad aus Magdeburg, Ein Faschist, Der Leutnant, Der Major, Adele, Anna, Die Dvorakische, Zwei Frauenzimmer, Geschwister Leinsieder usw. Schon die Namen der Figuren sind Fenster zum Unbewussten. Sie verbergen nichts als das, was in ihrer 'Demaskierung' dargestellt wird. Der böse Blick trifft letzten Endes nur auf Spiegelbilder des Verdachts. Und dieser Verdacht ist der Motor der Zirkulation der Bilder und Symbole. Wenn man den mit Bedacht angebrachten Spuren des 'Unbewussten' folgt, trifft man auf Sprüche bekannter Herkunft. Das passiert selten so unverstellt wie in diesem Stück, wo der Biertrinker Betz mit seinem sozialdemokratischen Volksschulwissen vollmundig Sigmund Freud zitiert und betont, dass man bei der politischen Weltlage das Liebesleben der Natur beachten müsse.

> Betz   Ich hab mich in letzter Zeit mit den Werken von Professor Freud befasst, kann ich dir sagen. Du darfst doch nicht vergessen, dass um unser Ich herum Aggressionstriebe gruppiert sind, die mit unserem Eros in einem ewigen Kampfe liegen, und die sich zum Beispiel als Selbstmordtriebe äußern, oder auch als Sadismus, Masochismus, Lustmord-
> Martin Was gehen mich deine Perversitäten an, du Sau?[209]

Je unvermittelter diese Zitate auftauchen, desto eher scheinen sie Aufrichtigkeit zu verbürgen. An diesen Stellen werden die oberflächlichen Floskeln von innen gesprengt. Horváths 'Demaskierung' alles Unechten gleicht damit einer Drehtür, die die Sprachfähigkeit und das Sprachverständnis des Menschen als kommunikativen Akt immer wieder in Frage stellt.

Liebe und Erotik haben bei Horváth einen anderen Stellenwert als beim klassischen Volksstück und eine andere Aussage als bei Wedekind, dem es primär um die sexuelle Befreiung der Frau geht. Bei Horváth scheitern alle Situationen der Intimität bereits an der Glaubwürdigkeit der Kommunikation, zu der die Frauen ihre Kavaliere zwingen wollen. Der Kern ihrer Kommunikation zeigt, worum es eigentlich geht. Dabei führt der Ernst des Tonfalls immer ins Absurde. Die Dialoge zeigen, dass es gleichgültig ist, ob man den verbalen Austausch ernst nimmt oder nicht. Der andere macht sowieso daraus, was er will. Und je ernster die Situation wird, desto unwahrscheinlicher ist, dass sie überhaupt zu etwas anderem als zu Selbstzerstörung führt. Ein Dialog zwischen Karl und Leni zeigt dies deutlich:

> Karl   Kommt und erkennt Leni: Ist das aber ein Zufall!
> Leni   Jetzt so was! Der Herr Karl! [...]
> Leni   Ich hab jetzt nicht viel Zeit Herr Karl!
> Karl   Ich auch nicht. Aber ich möchte Ihnen doch nur was vorschlagen, Fräulein!
> Leni   Was möchtens mir denn vorschlagen?
> Karl   Daß wir zwei Hübschen uns womöglich heut Abend noch treffen, möchte ich vorschlagen – ich hätts Ihnen schon gestern vorgeschlagen, aber es hat sich halt keine Gelegenheit ergeben-
> Leni   Lügens mich doch nicht so an, Herr Karl.
> *Stille.*

Karl	*verbeugt sich barsch*: Gnädiges Fräulein. Das hab ich doch noch niemals nicht notwendig gehabt, ein Weib anzulügen, weil ich doch immerhin ein gerader Charakter bin, merken Sie sich das!
Leni	Ich wollt Sie doch nicht beleidigen-
Karl	Das können Sie auch nicht.
Leni	*starrt ihn an.* Was verstehen Sie darunter, Herr Karl?
Karl	Ich versteh darunter, daß Sie mich nicht beleidigen können, weil sie mir sympathisch sind – Sie können mich höchstens kränken, Fräulein. Das versteh ich darunter. Pardon! *Stille.*
Leni	Ich glaub gar, Sie sind ein schlechter Mensch.
Karl	Es gibt keine schlechten Menschen, Fräulein. Es gibt nur sehr arme Menschen. Pardon! *Stille.* [210]

Typisch für Horváth sind die zeitkritischen Dialoge, die den Menschen und sein Verhalten während der Wirtschaftskrise zeigen. Auch das spätere Gespräch zwischen Karl und Anna dreht sich im Kreis. Auf Wunsch von Martin soll Anna mit den Faschisten anbandeln, um Informationen über deren Kleinkalibergewehr zu bekommen. Für Karl ist es unbegreiflich, dass sich Anna deshalb prostituieren soll:

Italienische Nacht. Inszenierung im Theater am Schiffbauerdamm Berlin 1931 mit Albert Hoermann, Trudi Moos und Fritz Kampers

Anna	Ich habe schon viel erlebt auf erotischem Gebiet, und da wird man halt mit der Zeit leicht zynisch. [...]
Karl	Es hat doch keinen Sinn, als Vieh durch das Leben zu laufen und immer nur an die Befriedigung seiner niederen Instinkte zu denken – *er legt seinen Arm unwillkürlich um ihre Taille, ohne zu wissen, was er tut.*
Anna	*Nimmt seine Hand langsam fort von dort und sieht ihn lange an.*
Karl	*wird sich bewusst, was er getan hat.*
	Stille.[...]
Karl	Ich kanns mir nicht vorstellen, wie er dich liebt. Ich meine: ob normal, so wie sichs gehört-
Anna	Was willst du?
Karl	Es tät mich nur interessieren. Wenn er nämlich so etwas von dir verlangt, er schickt dich doch gewissermaßen auf den politischen Strich – ob er dabei innere Kämpfe hat?[211]

Wie hier entpuppen sich die Liebesangebote meist als Falle; sie resultieren aus praktischem Eigennutz, spekulieren auf Geld, Karriere, Machtbedürfnis oder streben einfach nur sexuelle Geilheit an. Manchmal lässt Horváth Frauen in Momenten der totalen Verzweiflung und Einsamkeit für Augenblicke aus der Verlogenheit heraustreten und ihre eigene Lage erkennen. Die Männerfiguren hingegen zeichnen sich im Umgang mit den Frauen durch Gefühlskälte, Rücksichtslosigkeit, Egoismus und Brutalität aus. Der Dialog des Stadtrats mit seiner Frau Adele, die er noch kurz zuvor während des Unterhaltungsprogramms schlecht behandelt hat, ist hierzu ein treffendes Beispiel:

Adele	Alfons, warum hast du gesagt, dass ich die Öffentlichkeit nicht liebe? Ich ging doch gern öfters mit.- Warum hast du das gesagt?
Stadtrat	Darum.
	Pause.
Adele	Ich weiß ja, dass du im öffentlichen Leben stehst, eine öffentliche Persönlichkeit-
Stadtrat	Still, Frau Stadtrat!
Adele	Du stellst einen immer in ein falsches Licht. Du sagst, dass ich mit dir nicht mitkomm-
Stadtrat	*unterbricht sie:* Siehst du!
Adele	*gehässig:* Was denn?
Stadtrat	Dass du mir nicht das Wasser reichen kannst.
	Pause.
Adele	Ich möchte am liebsten nirgends mehr hin.
Stadtrat	Eine ausgezeichnete Idee! *Er lässt sie stehen; zu Betz.* Meine Frau, was? *Er grinst und droht ihr schelmisch mit dem Zeigefinger.* Wenn du zum Weibe gehst, vergiss die Peitsche nicht.
Betz	Das ist von Nietzsche.
Stadtrat	Das ist mir wurscht! Sie folgt aufs Wort.[212]

Die Einstellung der Frauen zu ihren Männern, die in besonderen Situationen über ihren eigenen Schatten springen, aus der Verlogenheit heraustreten und die eigene Situation erkennen, zeigt sich im Dialog zwischen Adele und dem Major. Heroisch kauft sie dem ehemaligen Major in Kolonialuniform den Schneid ab und steht in einer riskanten Situation bedingungslos zu ihrem Mann, obwohl er sie noch kurz zuvor schamlos beleidigt hat:

Adele Halten Sie ihr Maul! Und ziehen Sie sich doch mal das Zeug da aus, der Krieg ist doch endlich vorbei, Sie Hanswurscht! Verzichtens lieber auf Ihre Pension zugunsten der Kriegskrüppel und arbeiten mal was Anständiges, anstatt arme Menschen in ihren Gartenunterhaltungen zu stören, Sie ganz gewöhnlicher Schweinehund![213]

In solchen Momenten traut Horváth den Frauen zu, dass sie eine Welt schaffen können, in der beide Geschlechter als gleichberechtigte Partner das Leben gemeinsam meistern. Die Männer scheinen dazu nicht in der Lage zu sein. Dies zeigt sich auch in der Beziehungskrise zwischen Leni und Karl, in der es um das Verhältnis zu Gott geht. Hier wird ein Weg zur Erlösung gezeigt, wenn auch in einem ganz anderen und ungewöhnlichen Sinne:

Leni Glaubst du an Gott?
Karl *schweigt*
Leni Es gibt einen Gott, und es gibt auch eine Erlösung.
Karl Wenn ich nur wüsst, wer mich verflucht hat.
Leni Lass mich dich erlösen.
Karl Du? Mich?
Leni Ich hab viertausend Mark, und wir gründen eine Kolonialwarenhandlung-
   [...]
Karl Ich hab ja schon immer von der Erlösung durch das Weib geträumt, aber ich habs halt doch nicht glauben können – ich bin nämlich sehr verbittert, weißt du?[214]

Da sich die Figuren in Horváths Volksstücken ständig in kreisförmiger Bewegung befinden, besteht für sie, auch wenn sie von der Erlösung durch Geld träumen, trotzdem keine Chance auf Glück oder persönliche Freiheit.

Im fünften Bild, das im Gartenlokal spielt, ertönt Musik, die Faschisten trinken Bier und stimmen Heinrich Heines Loreleylied an. Kurz darauf wird man eindeutiger und ruft: 'Heil! Heil! Heil!' Dann singt man vom Rhein, vom deutschen Rhein und bricht mit Gesang zu einer militaristischen Nachtübung auf:

Lieb Vaterland magst ruhig sein,
Lieb Vaterland magst ruhig sein,
Fest steht und treu die Wacht, die Wacht am Rhein...[215]

Wie der Stadtrat am Ende des Stückes lakonisch bemerkt, kann trotz der Sprengung der Veranstaltung durch die Nationalsozialisten und der Schlägerei keinesfalls von einer akuten Bedrohung der demokratischen Republik gesprochen werden.

Stadtrat Kameraden! Solange es einen republikanischen Schutzverband gibt – und solange ich hier die Ehre habe, Vorsitzender der hiesigen Ortsgruppe zu sein, solange kann die Republik ruhig schlafen!
Martin Gute Nacht![216]

Das dritte Volksstück *Geschichten aus dem Wienerwald* entsteht 1930. Es ist die Zerstörung der Legende vom gemütlichen Wien mit seinen lauschigen Gassen. Eine Bestandsaufnahme der menschlichen Brutalität unter dem Druck sozialen Elends. Um zu desillusionieren, überzuckert Horváth seine grausame Geschichte mit idyllischem Kitsch. Penetrant unterlegt er die Alltagsbrutalitäten mit schmelzenden Walzerklängen, wählt trauliche Schauplätze an der 'schönen blauen Donau' für Erpressung, Prostitution und Kindesmord. Zyklisch führt die Handlung wieder zu den Partnerschaften des Beginns zurück: Das Mädchen Marianne sollte eigentlich den Fleischer Oskar heiraten, den sie nicht mag, der aber eine sichere Zukunft geboten hätte. Während ihrer Verlobungsfeier verliebt sie sich in den mittellosen Luftikus Alfred. Er ist der Star auf dem Rummelplatz, der ein flottes Leben führt, solange es ihm die ältere Freundin Valerie mit ihrem Zigarrenladen und ihrer Pension als Beamtenwitwe finanziert. Direkt daneben betreibt der 'Zauberkönig', der Vater von Marianne, einen Laden für Scherzartikel und Spielzeug. Für Marianne und für Alfred ist die Liebe ein Ausbruchsversuch aus den materiellen Zwängen. Mit ihrem Baby sitzen sie arbeitslos in einem Zimmer zur Untermiete. Erfolglos versucht sich Alfred als Vertreter für Kosmetik. Marianne prostituiert sich als Striptease-Tänzerin in einem Nachtlokal. Der Versuch, einen betrunkenen Amerikaner zu bestehlen, bringt sie ins Gefängnis. Ihr Baby kommt unterdessen in die 'schöne Wachau' zu Alfreds Großmutter, die mit ein wenig Nachtluft Sterbehilfe leistet. Von dem toten Kind kehrt die verzweifelte Marianne wieder zu dem Fleischer Oskar zurück. Alfred wird von Valerie, die sich inzwischen mit dem deutschnationalen Studenten Erich getröstet hat, wieder übernommen. Gefühle werden hier wie Immobilien gehandelt und meistbietend verschachert. So sprunghaft Horváth anscheinend diesen Episodenreigen anlegt, so streng setzt er formale Koordinaten. Neben der Rondo-Form in der Anordnung der Figurenpaare und der Schauplätze verweist er auch innerhalb der Szenen auf Analogien: Die Abweisung, die Marianne in ihrer Verzweiflung vom Priester im Stephansdom erfährt, steigert sich noch in der Zurückweisung durch ihren Vater, der sie unvermittelt und zufällig in einer Bar antrifft, in der sie als Tänzerin arbeitet. Indem er sich von der missratenen Tochter lossagt, bemitleidet er nur sich selbst. Damit wird das Motiv der doppelten Moral abermals deutlich.[217]

Schmelzende Walzerklänge liegen wie ein flimmernder Schleier vom ersten bis zum letzten Bild über dem gesamten Stück. Gleich zu Beginn steht in der Bühnenanweisung: 'In der Luft ist ein Klingen und Singen – als verklänge irgendwo immer wieder der Walzer *Geschichten aus dem Wiener Wald* von Johann Strauß'. Auch im zweiten Bild, in dem der Fleischhauer Oskar und sein Gehilfe Havlitschek mit blutigen Händen vor der Fleischhauerei stehen, ertönt völlig unpassend auf einem ausgeleierten Klavier die Melodie *Geschichten aus dem Wiener Wald*. Pausenlos werden wir zur unpassendsten Gelegenheit mit Musik und Gesang bombardiert. Um die Provokation zu verstärken, wird häufig mitten im Takt abgebrochen, um dann später unvermittelt weiter zu spielen.

Manuskriptseite von Ödon von Horváth 1930

In dem Volksstück *Geschichten aus dem Wienerwald* gibt es kein einziges ordentliches Paar. Alle sind entweder zu alt oder zu jung für einander, sie kennen einander zu kurz oder zu lang. Marianne und Alfred wären das einzig ideale Paar, aber genau ihre Beziehung misslingt. Horváth provoziert in uns Publikumserwartungen, die sich am klassischen Volksstück orientieren. Während dort am Ende das 'richtige Paar' gegen alle negativen Einflüsse siegt und gefeiert wird, stellt Horváth die richtige Vereinigung gleich an den Anfang des Stückes, um sie dann zu zerstören. Während Alfred und Valerie eine nicht ordnungsgemäße, aber gutfunktionierende Beziehung darstellen, sind Oskar und Marianne die Umkehr dieser Variante. Ihre Beziehung ist pervertiert. Sobald Oskar das Trauerjahr um seine verstorbene Mutter beendet hat, soll Marianne ihren Platz in der Familie einnehmen.

Der direkte materielle Zweck liegt auf der Hand. Die Ehe, so wie sie Horváth hier darstellt, ist eher eine institutionalisierte Form des Tabubruchs als eine Institution gegen die Unmoral. Damit gleicht sein Denkmodell zumindest in diesem Punkt der Sichtweise Wedekinds.

Das Auseinanderdriften von Sprache und Identität lässt sich am besten an Mariannes Äußerungen während der Verlobungsfeier in der Szene 'An der schönen blauen
Donau' demonstrieren. Horváth unterstreicht das Theatralische durch die Regieanweisung. Alfred der Filou 'blickt verträumt' und Marianne steigt nicht aus der realen Donau, sondern aus der 'schönen blauen Donau'. Damit derealisiert Horváth
gleichsam die Szene; die sprachlichen Zeichen referieren nicht eine Wiener Wirklichkeit, sondern ein kitschiges Surrogat, das die Filmindustrie der 20er Jahre gemacht haben könnte. Alfred mimt den galanten Kavalier, er lüftet – im Bademan-
tel – den Strohhut. Die Diskongruenz von Outfit und Habitus wirkt mehr als komisch. Oskar hat ein Stativ und einen Fotoapparat mit Selbstauslöser mitgebracht
und bringt sich neben seiner Braut Marianne und der Gesellschaft in Positur, um
diese malerische Gruppe für das Familienalbum festzuhalten. Noch kann Oskar
unbefangen zur Laute singen: 'Sei gepriesen, du lauschige Nacht, hast zwei Herzen
so glücklich gemacht'. Das Reisegrammophon der Tanten spielt den 'Hochzeits-
marsch' und 'Wie eiskalt ist dein Händchen'. Man spricht große Worte und diskutiert über Seelenwanderung, bevor man sich in der Donau abkühlt. Alleine Alfred
hat andere Pläne und macht sich in der Zwischenzeit, unbemerkt von der Gesellschaft, an Marianne heran. Wenn Marianne bei ihrem Flirt mit Alfred während des
Ausflugs sagt 'die Donau ist heute weich wie Samt', erinnert das an einen Vergleich
mit der trivialliterarischen Mottenkiste.

Alfred	Was haben wir aus unserer Natur gemacht? Eine Zwangsjacke. Keiner darf wie er will.
Marianne	Und keiner will, wie er darf.
	Stille
Alfred	Und keiner darf wie er kann.
Marianne	Und keiner kann, wie er soll-
Alfred	*Umarmt sie mit großer Gebärde, und sie wehrt sich mit keiner Faser.* *Ein langer Kuss.*
Marianne	*haucht:* Ich habs gewusst, ich habs gewusst-
Alfred	Ich auch.[218]

Nachdem Marianne blitzlichtartig festgestellt hat, dass sie nicht zu Oskar passt,
obwohl Alfred ein völlig mittelloser Spieler ist, wirft sie Oskar den Verlobungsring
ins Gesicht, beruft sich auf Gott und bricht alle Fesseln:

Marianne	Ich lass mir mein Leben nicht verhunzen, das ist mein Leben! Gott hat mir im letzten Moment diesen Mann zugeführt. – Nein, ich heirat dich nicht, ich heirat dich nicht, ich heirat dich nicht!! Meinetwegen soll unsere Puppenklinik verrecken, eher heut als morgen!
Zauberkönig	
	Das einzige Kind! Das werd ich mir merken!
	Stille[219]

Während Marianne zuvor lautstark geschrien hat, sind in der Zwischenzeit die übrigen Ausflügler erschienen und hören interessiert und schadenfroh zu:

Oskar   *tritt zu Marianne:* Mariann, ich wünsche dir nie, dass du das durchmachen
sollst, was jetzt in mir vorgeht – und ich werde dich auch noch weiter
lieben, du entgehst mir nicht – und ich danke dir für alles. *Ab. Stille.*[220]

Doch das Theater geht weiter. Später bewohnen Alfred und Marianne ein 'feuchtes Loch' im 18. Bezirk und haben ein Kind, das sie stört. Alfred produziert sich derweil als Haustyrann, es gibt zu wenig Geld und Marianne wird 'praktisch', indem sie in einer Bar arbeitet. Ihr ständiger Streit vollzieht sich sprachlich in ganz natürlichen Bahnen, man macht sich jetzt nichts mehr vor.[221]

Marianne   Du sollst mich nicht immer beschimpfen.
               Stille
Alfred   *seift sich ein, um sich zu rasieren:* Liebes Kind, es gibt eben etwas, was ich
               aus tiefster Seel heraus hass – und das ist die Dummheit. Und du stellst
               dich schon manchmal penetrant dumm. Ich versteh das gar nicht, warum du
               so dumm bist! Du hast es doch schon gar nicht nötig, dass du so dumm
               bist!
               Stille
Marianne   Du hast mal gesagt, dass ich dich erhöh – in seelischer Hinsicht –
Alfred   Das hab ich nie gesagt. Das kann ich gar nicht gesagt haben. Und wenn,
               dann hab ich mich getäuscht.[222]

Marianne ist jetzt endgültig ernüchtert und erkennt die Ausweglosigkeit ihrer Lage. Damit ist auch ihre Flucht in die Scheinrealität und in eine falsche Sprache vorbei. Aller Illusionen beraubt gibt sie ihr Kind in die Wachau und wird Tänzerin im Maxim. Marianne ist von ihrer 'Dummheit' geheilt, die ja nichts anderes war als der jedem Mensch zustehende Wunsch nach Glück. Es hat sich ausgezaubert, und auch ihr Vater, der Zauberkönig, kann nicht mehr die beste aller Welten restituieren, wie es noch in den Zaubermärchen von Ferdinand Raimunds möglich gewesen wäre.

Was die Figuren betrifft, so geht es in Horváths Volksstücken fast immer um die Wurst. Sieht man von der sauren Milch in der Eingangsszene der *Geschichten aus dem Wienerwald* ab, so ist die Wurst fast ausschließliches Nahrungsmittel. Was das Konsumverhalten der Figuren betrifft, so ist Oskars gediegene Fleischhauerei mit halben Kälbern, Rindern, Würsten, Schinken und Schweinsköpfen in der Auslage ein krasser Widerspruch zu jenen besseren Zeiten, welche die musikalische Untermalung ständig herbeizitiert. Als Havlitschek, der Gehilfe Oskars, ein Riese mit blutigen Händen und einer ebensolchen Schürze, in der Tür der Fleischhauerei erscheint, verschlingt er gierig eine kleine Wurst. Die kleine Ida hat es gerade eben gewagt, seinen Stolz zu verletzen:

Havlitschek	*deutet mit seinem langen Messer auf Ida:*
	Das dort! Sagt das dumme Luder nicht, dass meine Blutwurst
	nachgelassen hat – meiner Seel, am liebsten tät ich so was
	abstechen, und wenn es dann auch mit dem Messer in der Gurgel
	herumrennen müsst, wie die gestrige Sau, dann tät mich das nur
	freuen! [223]

Zum Glück tröstet ihn der seit dem Zusammenbruch pensionierte Rittmeister:

Rittmeister	Also das muss ich schon sagen: die gestrige Blutwurst –
	Kompliment! First class!
Oskar	Zart, nicht?
Havlitschek	Herr Rittmeister sind halt ein Kenner. Ein Gourmand. Ein
	Weltmann. [224]

Die zahlreichen Todesmotive erinnern primär an Wedekinds *Frühlings Erwachen*, vor allem aber an *Die Büchse der Pandora* mit der Lulu-Figur. Die Lust am Töten mit ihrer ganzen Brutalität und Grausamkeit, die sich von Anfang an bei Horváth zeigt, übersteigt jedoch bei weitem Wedekinds Vorgaben. Wenn Havlitschek zu Beginn des zweiten Teils wieder vor der Tür der Fleischhauerei steht und pausenlos Wurst in sich hinein schlingt, verschweigt er nicht sein Frauenbild:

Oskar	*tritt aus der Fleischhauerei:*
	Dass du es nur ja nicht vergisst: wir müssen noch die Sau
	abstechen.- Stichs du, ich hab heut keinen Spaß dran.
Havlitschek	Darf ich einmal ein offenes Wörterl reden, Herr Oskar?
Oskar	Dreht sichs um die Sau?
Havlitschek	Es dreht sich schon um eine Sau, aber nicht um dieselbe Sau- Herr
	Oskar, bittschön, nehmens Ihnen das nicht so zu Herzen, das mit
	Ihrer gewesenen Fräulein Braut, schauns, Weiber gibt's wie Mist!
	Ein jeder Krüppel findet ein Weib und sogar die
	Geschlechtskranken auch! Und die Weiber sehen sich ja in den
	entscheidenden Punkten alle ähnlich, glaubens mir, ich meine es
	ehrlich mit Ihnen! Die Weiber haben keine Seele, das ist nur
	äußerliches Fleisch! [225]

Was die häufig zitierten Sprichwörter betrifft, die das klassische Volksstück auszeichnen, so wird auch hier nicht gespart. Sehr treffend ist eine Bemerkung Oskars, als Alfred vor der Puppenklinik unvermittelt auftaucht und das Gespräch mit Valerie sucht. Beiläufig bemerkt Valerie zu Oskar, dass er sicher Marianne wieder heiraten würde, wenn sie das Kind nicht hätte. Worauf Oskar antwortet:

Wer weiß! Gottes Mühlen mahlen langsam, mahlen aber furchtbar klein. Ich werd an meine Mariann denken – ich nehm jedes Leid auf mich, wen Gott liebt, den prüft er. Den straft er. Den züchtigt er. Auf glühendem Rost, in kochendem Blei. [226]

Gott wird in diesem Stück ständig angerufen oder zumindest aber zitiert. Besonders aufschlussreich und erschütternd ist ein Gespräch zwischen Marianne, dem Beichtvater im Stephansdom und Gott. Marianne erhält nach der Beichte keine Absolution, so dass sie völlig verzweifelt ist und mit Gott hadert:

Beichtvater
> Also rekapitulieren wir: Du hast deinem alten Vater, der dich über alles liebt und der doch immer nur dein Bestes wollte, schmerzliches Leid zugefügt, Kummer und Sorgen, warst ungehorsam und undankbar – hast deinen braven Bräutigam verlassen und hast dich an ein verkommenes Subjekt geklammert, getrieben von deiner Fleischeslust – still! Das kennen wir schon! Und so lebst du mit jenem erbärmlichen Individuum ohne das heilige Sakrament der Ehe schon über das Jahr, und in diesem grauenhaften Zustand der Todsünde hast du dein Kind empfangen und geboren – wann?

Marianne Vor acht Wochen.
Beichtvater
> Und du hast dieses Kind der Schande und der Sünde nicht einmal taufen lassen. – Sag selbst: kann denn bei all dem etwas Gutes herauskommen? Nie und nimmer! Doch nicht genug! Du bist nicht zurückgeschreckt und hast es sogar in deinem Mutterleib töten wollen-[...]

Beichtvater
> Und dass du dein Kind im Zustand der Todsünde empfangen und geboren hast – bereust du das?

> *Stille.*

Marianne *unterbricht ihn:* Nein, das tu ich nicht. Nein, davor hab ich direkt Angst, dass ich es bereuen könnt.-Nein, ich bin sogar glücklich, dass ich es hab, sehr glücklich.-

Stille

Beichtvater
> So geh! Und komme erst mit dir ins reine, ehe du vor unseren Herrgott trittst.- *Er schlägt das Zeichen des Kreuzes.* [...]

Marianne Wenn es einen lieben Gott gibt – was hast du mit mir vor, lieber Gott? – Lieber Gott, ich bin im achten Bezirk geboren und hab die Bürgerschul besucht, ich bin kein schlechter Mensch – hörst du mich? – Was hast du mit mir vor, lieber Gott?

Stille.[227]

Marianne ist ein gebrochener Mensch. Dennoch hat sie durch die Schicksalsschläge zu sich selbst gefunden. Alleine bei Valerie finden wir die Möglichkeit weiblicher Selbstbestimmung. Sie ist finanziell unabhängig, neben ihrer Witwenpension bezieht sie noch Einkünfte aus ihrer Trafik. Sie lässt sich auch von Männern nichts gefallen, bringt den starrköpfigen 'Zauberkönig' zur Räson und sagt Alfred offen, dass er Marianne schuftig behandelt hat. Das ungleiche Paar Valerie und Alfred scheint den Härten der Trennung am besten gewachsen. Sie haben offenbar die triebhaft befriedigende Variante gewählt, wie ihre Wortwahl durchblicken lässt:

Alfred	Nun steck ich in einer direkt schweinischen Situation. Du hast doch früher auch für jede Schweinerei Verständnis gehabt-
Valerie	*unterbricht ihn:* Wie wars denn in Frankreich?
Alfred	Relativ genau wie hier.
Valerie	Und wie sind denn die Französinnen?
Alfred	Wie sie alle sind. Undankbar.
Valerie	*lächelt:* Du Lump. Was würdest du denn tun, wenn ich dir jetzt fünfzig Schilling leihen würd?
	Stille
Alfred	Ich würde natürlich sofort telegraphisch in Maisons-Lafitte auf Sieg und Platz setzen.[228]

Alfred hat die Beziehung zu der jungen Marianne, die ihn heiß und innig geliebt hat, zugunsten der alternden Valerie, die ihm dafür finanzielle Sicherheit bietet, geopfert. Er macht keinen Hehl daraus, dass ein großer Altersunterschied zwischen ihm und Valerie besteht, er findet es sogar normal, dass Valerie ihn deshalb mit Hilfe des Geldes an ihn zu binden trachtet. Beide bringen einander sogar eine gewisse Anerkennung entgegen, deren Inhalt allerdings ironisch aufzufassen ist und sich gängiger Theaterklischees bedient. So lobt Valerie Alfreds Eignung für die 'Rennplätze', wo das doch sein spezielles Gebiet sei, also gerade das Unsolide an ihm, während seine hyperkorrekte Anrede 'Frau Kanzleiobersekretärswitwe' die Figur der lustigen Witwe hervorruft.

Peter Lorre und Lucie Höflich in *Geschichten aus dem Wienerwald*
Deutsches Theater Berlin, November 1931

Ein Ausflug in die Wachau zur Großmutter, an dem Marianne, Zauberkönig, Vale-rie, Oskar und Alfred teilnehmen, sollte dazu dienen, den kleinen Leopold zu besu-chen. Nachdem Marianne von der Großmutter erfährt, dass ihr Kind tot sei, bricht für sie eine Welt zusammen. Alles ändert sich und der Besuch wird zu einer hand-lungslenkenden Begegnung zwischen Alfred und Marianne. Hier zerbricht ihre Beziehung endgültig. Die Großmutter hatte den kleinen Leopold der kühlenden Nachtluft ausgesetzt; die Liebe des Paares war jedoch schon vorher erkaltet. Mari-anne kehrt zu dem ihr bestimmten Verlobten zurück. Oskar und die Großmutter bleiben in ihrer mörderischen Brutalität bis zum Ende unverändert, beide gelangen an ihr Ziel: die Alte, indem sie das Kind ermordet; Oskar, indem er eine gebroche-ne, gedemütigte und apathische Marianne zum Altar führt, die einer trostlosen Ehe entgegensieht.

Das Schicksal des toten Kindes lässt erahnen, dass keine dieser Beziehungen die wahre ist. Der kleine Leopold findet keinen Platz, außer auf dem Friedhof. Alfred und Valerie machen das Kind zum Objekt einer Bestattungsästhetik.

Valerie	Wir werden ihm einen schönen Grabstein setzen. Vielleicht ein betendes Englein
Alfred	Ich bin sehr traurig. Wirklich. Ich hab jetzt grad so gedacht – so ohne Kinder hört man eigentlich auf. Man setzt sich nicht fort und stirbt aus. Schad! [229]

Mariannes Rede ist noch schlimmer als die Bestattungsästhetik von Valerie. Sie wendet sich direkt an das tote Kind:

Marianne	Kind! Wo bist du denn jetzt? Wo?
Oskar	Im Paradies.
Marianne	So quäl mich doch nicht-
Oskar	Ich bin doch kein Sadist! Ich möchte dich doch nur trösten.- Dein Leben liegt noch vor dir. Du stehst doch erst am Anfang.-Gott gibt und Gott nimmt.
Marianne	Mir hat er nur genommen, nur genommen-
Oskar	Gott ist die Liebe, Marianne – und wen er liebt, den schlägt er-
Marianne	Mich prügelt er wie einen Hund!
Oskar	Auch das! Wenn es nämlich sein muss.
	Nun spielt die Großmutter auf ihrer Zither drinnen im Häuschen die 'Geschichten aus dem Wienerwald' von Johann Strauß.
Marianne	Ich kann nicht mehr
Oskar	Dann komm. *Er stützt sie, gibt ihr einen Kuss auf den Mund und langsam ab mit ihr – und in der Luft ist ein Klingen und Singen, als spielte ein himmlisches Streichorchester die 'Geschichten aus dem Wienerwald' von Johann Strauß.* [230]

Damit sind wir zwar am Ende des Stückes, aber zugleich wieder am Anfang. Viel ist in der Zwischenzeit geschehen, aber nichts hat sich geändert. Die Denkfiguren des kreisförmigen Tauschs erinnern an Wedekinds Dramen und machen verständlich, warum die ungleichen Paare wie ein Fetisch der Betäubung in diesem Kreislauf treiben, der durch Mordlust, Appetit und Sexualgier angeheizt wird.

Das Volksstück *Kasimir und Karoline,* das 1932 am Schauspielhaus in Leipzig uraufgeführt wird, setzt die Happy-End-Trostlosigkeit der *Geschichten aus dem Wiener Wald* fort. In der Ankündigung der Leipziger Presse vom 18. November trägt das Stück noch den Titel *Ein Abend auf dem Oktoberfest von Ödön von Horváth.* Der Untertitel lautet in Anlehnung an den 1. Korintherbrief 13.8 *Und die Liebe höret nimmer auf.* Das Stück spielt auf dem Oktoberfest in München während der Wirtschaftskrise. Hier wird die Liebe zwischen der Büroangestellten Karoline und dem Chauffeur Kasimir inmitten der Vergnügungsgeschäfte, Schnapsbuden und Bierzelte auf eine harte Probe gestellt, um schließlich zu scheitern. Kasimir ist arbeitslos geworden und Karoline glaubt, etwas Besseres verdient zu haben. Sie will sich amüsieren und lernt dabei eine Reihe 'besserer Herren' kennen, während Kasimir seine trüben Gedanken im Rausch ertränkt. Doch der Traum vom schnellen Aufstieg ist für Karoline rasch zu Ende. Sie wird von den Männern verachtet und geht am Ende leer aus. Der Merkl Franz und seine Freundin Erna, Kasimirs Begleiter auf dem Oktoberfest, sind die heruntergekommene Variante des spiegelbildlichen Liebespaares. Auf der untersten sozialen Stufe folgen dann Geschöpfe aus der Abnormitätenschau mit den Liliputanern und dem Dorf der Lippennegerinnen. Mutlos bleiben die beiden Paare beim ungeliebten Ersatz: Karoline bei Schürzinger, Kasimir bei Erna. Ein Scheitern aus Vorurteilen lässt somit kein Eigenleben aufkommen und die Menschen erstarren wie bei Wedekind zu Marionetten.[231] "Daran liegt es wohl auch, dass uns das Stück auf den ersten Blick wie eine Mischung aus Wedekind und Brecht erscheint. Auch wenn sich seine Arbeitsweise ansonsten von Wedekinds Dramaturgie und Brechts epischem Theater unterscheidet, zeigen sich tendenzielle Ähnlichkeiten. Horváth sucht einen Weg in der 'Peripherie' und findet ihn."[232]

Markierungszeichen für den szenischen Ablauf ist primär die Musik, indem sie jeweils auf den entsprechenden Schauplatz einstimmt. In neun Szenen setzt Horváth durchgängig ein Potpourri ein. Dabei wechseln sich Bayerische Volksmusik, Walzer, Märsche und Operettenmelodien ab. Zu Beginn der ersten Szene wird im verdunkelten Zuschauerraum die 'Münchener Nationalhymne' angestimmt. Eigentlich handelt es sich dabei um das Wienerlied *Solang der alte Peter* von Carl Lorens. Michl Huber arrangierte das Lied für München um, wo es seither als 'Nationalhymne' verehrt wird. Damit wird die Musik in Horváths Stück zu einem signifikanten Element der Kontrastmontage: Die Lokalhymne, die das Heimische präsentiert, wirkt als Diskrepanz zum exotischen Schauplatz, dem Dorf der Lippennegerinnen, in dem das Abnormale direkt neben einer Münchner Eisdiele zur Schau gestellt wird. In dieser Gegenüberstellung von Normalität und Monstrosität erscheint die Jahrmarktsnummer wie ein Spiel im Spiel.

Gleich zu Beginn des ersten Bildes überfliegt das nach seinem Konstrukteur Ferdinand Graf von Zeppelin benannte Luftschiff die Stadt München. Horváth sieht darin ein Motiv, um auf den wachsenden Nationalismus hinzuweisen, weshalb er die Bewunderung für den Zeppelin thematisiert. Alle Besucher des Oktoberfestes, selbst die Liliputaner halten inne und verfolgen gebannt das neuartige Spektakel am Himmel. Diese Gelegenheit nutzt Horváth ausgiebig, um unter dem Einfluss der aktuellen Wirtschaftslage Einzelschicksale offen zu legen:

> Karoline Der Zeppelin, der fliegt jetzt nach Oberammergau, aber dann kommt er
>   wieder zurück und wird einige Schleifen über uns beschreiben.
> Kasimir   Das ist mir wurscht! Da fliegen droben zwanzig Wirtschaftskapitäne und
>   herunten verhungern derweil einige Millionen! Ich scheiß dir was auf den
>   Zeppelin, ich kenne diesen Schwindel und hab mich damit
>   auseinandergesetzt – Der Zeppelin, verstehst du mich, das ist ein Luftschiff
>   und wenn einer von uns dieses Luftschiff sieht, dann hat er so ein Gefühl,
>   als tät er auch mitfliegen, derweil haben wir bloß die schiefen Absätze und
>   das Maul können wir uns an der Tischdecke hinhaun![233]

An der finanziellen Notlage zerbricht schließlich die Freundschaft zwischen Kasimir und Karoline. Allerdings gerät Kasimir in keine Abhängigkeit zu Karoline, sondern zieht es vor, die Bindung selbst zu lösen:[234]

> Karoline Wenn du so traurig bist, dann werd ich auch traurig.
> Kasimir   Ich bin kein trauriger Mensch.
> Karoline Doch. Du bist ein Pessimist.
> Kasimir   Das schon. Ein jeder intelligente Mensch ist ein Pessimist. Ich hab es dir
>   doch gleich gesagt, dass ich heut unter gar keinen Umständen auf dein
>   Oktoberfest geh. Gestern abgebaut und morgen stempeln, aber heut sich
>   amüsieren, vielleicht sogar noch mit lachendem Gesicht![...]
> Karoline Vielleicht sind wir zu schwer füreinander-
> Kasimir   Wie meinst du das jetzt?
> Karoline Weil du halt ein Pessimist bist und ich neige eher zur Melancholie - Schau,
>   zum Beispiel zuvor - beim Zeppelin -
> Kasimir   Geh halt doch dein Maul mit dem Zeppelin!
> Karoline Du sollst mich nicht immer so anschreien, das hab ich mir nicht verdient
>   um dich!
> Kasimir   Hab mich gerne. *Ab.*[235]

Alles ist trostlos grau in grau gezeichnet und selbst Karoline konstatiert, dass man 'so gar keinen Zukunftsblick hat'. Damit lässt Horváths Menschenbild nicht die geringste Chance auf Hoffnung zu. Aus seiner Sicht ist nur die wirtschaftliche Lage an der Verrohung und Brutalität Schuld und lässt jeden Anflug von Liebe im Keim ersticken. Auch Erna ist davon fest überzeugt:

> Aber die Menschen wären doch gar nicht schlecht, wenn es ihnen nicht schlecht gehen tät. Es ist das eine himmelschreiende Lüge, dass der Mensch schlecht ist.[236]

Karoline und Schürzinger sind in diesem Punkt der gleichen Meinung:

Karoline   Aber die Oberammergauer sind auch keine Heiligen. Die Menschen halt sind überall schlechte Menschen.

Schürzinger   Das darf man nicht sagen, Fräulein! Die Menschen sind weder gut noch böse. Allerdings werden sie durch unser heutiges wirtschaftliches System gezwungen, egoistischer zu sein, als sie es eigentlich wären, da sie doch schließlich vegetieren müssen. Verstehens mich? [237]

Sucht man literarische Vorbilder für Horváths Szenen, könnte man auf eine Passage aus Johann Nestroys Posse *Heimliches Geld, heimliche Liebe* (1835) zurückgreifen. In einem Dialog, auf den wir dort zwischen der Köchin Leni und dem Kupferschmiedgesellen Kasimir treffen, wird ein einfacher Sachverhalt ebenso verwirrend und unlogisch dargestellt:

> Mir hat einer g'sagt, der Prozeß des weiblichen Altwerdens hat eine durch das Formelle der sozialen Position bedingte, von dem faktischen Jahresquantum abstrahierende Distinktion.

Die Reaktion auf diese pseudowissenschaftliche Aussage überrascht nicht:

> Das versteh' ich nicht![238]

Zwar geht es auch in Nestroys Stück um Verhältnisse zwischen ökonomisch ungleichen Partnern, doch die Szenenfolge und das Happy-End weisen nach einer Vielzahl von Intrigen zu große Unterschiede gegenüber Horváths Dramen auf, als dass man außer bei den Namen von einer echten Vorlage sprechen könnte. Wie bei Nestroy besitzt Geld auch hier eine magische Anziehungskraft und beherrscht die Akteure. Um Erfolg zu haben, ist es erforderlich, dass man ein hohes Risiko trägt. Während noch bei Wedekind jeder auf der sozialen Leiter auf- oder absteigen kann, ist hier die Marschrichtung eindeutig vorgegeben. Auch der Rückblick von Karoline bestätigt dies:

Eigentlich hab ich ja nur ein Eis essen wollen – aber dann ist der Zeppelin vorbei-
geflogen. Und dann hab ich es mir halt eingebildet, dass ich mir einen rosigeren Blick
in die Zukunft erringen könnte – und einige Momente habe ich mit allerhand Gedanken gespielt. Aber ich müsste so tief unter mich hinunter, damit ich höher hinauf
komm. *Stille.*[239]

Auf der untersten Stufe der Karriereleiter stehen die Liliputaner aus der Abnormitätenschau, denen jede Chance des sozialen Aufstiegs verwehrt bleibt. Wenn der
Direktor der merkwürdigen Truppe den kleinsten Liliputaner mit 56 cm Größe, die
dickste Dame mit 450 Pfund, den Mann mit dem Buldoggenkopf oder den Löwen-
menschen vorführt, fragt man sich, wo die Menschenwürde bleibt. Dieser Aus-
wuchs der Schaustellerei wurde erstmals 1870 in Amerika gezeigt, wo Menschen
mit körperlichen Missbildungen in 'Side-Shows' vorgeführt wurden. Seit 1928 ist
Carl Gabriel alljährlich auf dem Oktoberfest mit der bisher größten 'Abnormitätenschau' vertreten. Hier wurden 'die sieben neuesten Weltwunder', wie er sie nannte,
gezeigt. Der folgende Dialog vermittelt diesen makabren Eindruck:

Der Liliputaner	erscheint auf der Bühne mit einer Hundepeitsche: Heinrich! Was gibt's denn da?
Der Ausrufer	Direktor! Die Krüppel sind wahnsinnig geworden! Sie möchten den Zeppelin sehen!
Der Liliputaner *scharf:*	Sonst noch was gefällig?
	Stille [...]
Der Liliputaner	Auf die Plätze! Aber schleunigst bitte! Was braucht ihr einen Zeppelin zu sehen – wenn man euch draußen sieht, sind wir pleite! Das ist ja Bolschewismus!
Juanita	Also beschimpfen lass ich mich nicht. *Sie weint.*
Der Mann mit dem Buldoggenkopf	
	röchelt, wankt und faßt sich ans Herz.
Die dicke Dame	Johann! Johann –
Der Liliputaner	Raus mit euch! Marsch marsch!
Die dicke Dame	*stützt den Mann mit dem Buldoggenkopf:*
	Der arme Johann – er hat doch so ein schwaches Herz – [...]
Die Zuschauer	*betreten nun wieder den Zuschauerraum.*
Der Ausrufer	*schlägt auf den Gong:* Meine Damen und Herren! Wir waren dort stehen geblieben, daß Juanita auf dem ganzen Leibe tierisch behaart und daß auch die Anordnung ihrer inneren Organe wie bei einem Tier ist. Trotzdem hat Juanita aber eine äußerst rege Phantasie. So spricht sie perfekt englisch und französisch und das hat sie sich mit zähem Fleiße selbst beigebracht. Und nun wird sich Juanita erlauben, den Herrschaften eine Probe ihrer prächtigen Naturstimme zu geben! Darf ich bitten – *Auf einem ausgeleierten Piano ertönt die Barcarole aus Hoffmanns Erzählungen* [240]

Ein erschütterndes Kontrastprogramm: Auf der einen Seite bemuttert die 'dicke Dame' aufopfernd den armen Johann mit seinen Herzproblemen. Dem gegenüber steht das menschenverachtende und brutale Verhalten des Ausrufers. Die anschließende *Barcarole aus Hoffmans Erzählungen* rundet das Geschehen nicht ab wie beim klassischen Volksstück, sondern sorgt wie bei Wedekind für die notwendige Entfremdung, so dass selbst der ungeübteste Leser sofort bemerkt, dass hier ein Bruch mit der realen Welt vorliegt. Es ist gleichsam das Hereinbrechen einer anderen, irrealen Welt in die reale Welt. Um mit Helmut Karasek zu sprechen, findet der Zuschauer hier die 'simpelste und primitivste Gelegenheit zur Überheblichkeit'. So übel er auch dran ist, hier findet er jemanden, der noch übler dran ist. So klein er sich vorkommen mag, Liliputaner sind noch kleiner!

Es ist ein ungeschriebenes Gesetzt in Horváths Werk, dass es zwischen Mann und Frau keine Liebe gibt. In den Beziehungen geht es, wie bereits mehrfach gezeigt, lediglich um materielle Überlegungen oder um schnellen Sex, nicht jedoch um zärtliche Gefühle. Sobald zwei Menschen Sympathie für einander empfinden, scheitert ihre Beziehung bereits im Ansatz. Die generelle Verachtung gegenüber den Frauen, die immer wieder zum Tragen kommt, kann zu keinem anderen Ergebnis führen. Der Dialog zwischen Merkl Franz und Erna bestätigt dies:

Der Merkl Franz	Weiber gibts wie Mist! *Zu Erna.* Wie Mist.
Erna	Sei doch nicht so ordinär. Was hab ich denn dir getan?
Der Merkl Franz	Du bist eben auch nur ein Weib.[241]

Auch Kasimirs Aussage, dass die Liebe niemals aufhört, solange man nicht arbeitslos wird, ergänzt dieses desaströse Frauenbild:

Und die Liebe macht deine Hütte zu einem Goldpalast – und sie höret nimmer auf, solang, daß du nämlich nicht arbeitslos wirst.[242]

In überspitzter Form weist das Zitat auf den ehemaligen Untertitel des Stücks hin: *Und die Liebe höret nimmer auf.* Der Zusatz von Kasimir, 'solang du nämlich nicht arbeitslos wirst' stellt die Aussage wiederum auf den Kopf und verfremdet sie. Interessant ist die Tatsache, dass sich in den *Geschichten aus dem Wiener Wald* eine ähnliche Argumentation findet. Alfred erklärt Valerie: 'Eine rein menschliche Beziehung wird erst dann echt, wenn man etwas voneinander hat. Alles andere ist Larifari.' Nachdem Kasimir Karoline verlassen hat, fährt er mit seiner Kategorisierung der Frauen fort:

| Kasimir | Überhaupt sind alle Weiber minderwertige Subjekte - Anwesende natürlich ausgenommen. Sie verkaufen ihre Seele und verraten in diesem speziellen Falle mich wegen einer Achterbahn.[243] |

Horváth lässt uns hier an einer Handlung teilnehmen, durch die keine märchenhafte irreale Realität hindurch schimmert. Im Gegensatz zu den 'Original-Zauberspielen' von Ferdinand Raimund ist die Liebe keine treibende Kraft, die über das Böse siegt, sondern ausschließlich Mittel und Zweck zum Machtgewinn:

Kasimir	Wenn man nur wüsst, was daß man für eine Partei wählen soll.
Der Merkl Franz	Kasimir, der Politiker.
Kasimir	Leck mich doch du am Arsch, Herr Merkel!
	Stille. [...]
Der Merkl Franz	Es gibt überhaupt keine politische Partei, bei der ich noch nicht dabei war, höchstens Splitter. Aber überall markieren die anständigen Leut den blöden Hund! In einer derartigen Weltsituation muß man es eben derartig machen, wie zum Beispiel ein gewisser Merkel Franz. [...]
Der Merkel Franz	*streckt ihm seine Hand hin:* Das liegt in deiner Hand -
Kasimir	*stiert abwesend vor sich hin:* Ich weiß das jetzt noch nicht.
Erna	So lasse ihn doch, wenn er nicht mag.
	Stille
Der Merkel Franz	*fixiert Erna grimmig* – plötzlich schüttet er ihr sein Bier in das Gesicht.[244]

Fritz Kampers, Hermann Erhardt und Blandine Eibinger bei der Uraufführung des Stückes *Kasimir und Karoline* 1932 in Leipzig

Das Gespräch zwischen Kasimir, Merkl Franz und Erna führt zu keinem Ergebnis; im Grunde kann es das auch gar nicht, weil sich die Figuren selbst über ihre Gefühle und Handlungen nicht im Klaren sind. Dumpfe Emotionen und Ahnungen ersetzen die Überlegung und das drückt sich schließlich auch in der Sprache aus, die nicht mehr Denkprozesse und deren Ergebnisse wiedergibt, sondern sich verselbständigt hat.[245]

Horváths Namenswahl orientiert sich weit mehr am Lautklang seiner beiden Hauptfiguren als an ihrer Herkunft. Als 'Friedensstifter', so die Bedeutung des aus dem Polnischen stammenden Vornamens, kann Kasimir in diesem Stück höchstens ironisch gelten. Was die Figur von Schürzinger betrifft, so liegt der Gedanke des 'Schürzenjägers' nah. Hinzu kommt sein Beruf als 'Zuschneider', der in übertragenem Sinne an den Zuhälter erinnert. Natürlich lässt Horváth keine Gelegenheit aus, um ironische oder flapsige Redewendungen einzuflechten, die er bei dieser Gelegenheit Schürzinger in den Mund legt.

> Die Kleinen hängt man und die Großen läßt man laufen.[246]

Das hier zitierte Sprichwort bezieht sich auf ein Zitat, das auf den römischen Philosophen Seneca zurückgeht: 'Sacrilegia minuta puniuntur; magna in triumphis ferentur', was wörtlich übersetzt bedeutet: 'Die kleinen Verbrecher werden bestraft, die großen gefeiert'. Neben zahlreichen anderen Redewendungen ist noch ein Zitat von Rauch erwähnenswert:

> Ein politisch Lied ein garstig Lied – *Er prostet mit Karoline.* Auf unseren nächsten Ritt.[247]

Eine eindeutige Anspielung auf die Szene 'In Auerbachs Keller' von Goethes *Faust* (1790), in der es heißt: 'Ein garstig Lied! Pfui! Ein politisch Lied!'.

Nicht so aufdringlich wie in den *Geschichten aus dem Wienerwald,* aber dennoch durchgängig sind die Liedeinlagen bei *Kasimir und Karoline,* denen auch hier eine herausragende Bedeutung zukommt. Neben Bayerischer Volksmusik und bekannten Operettenmelodien sind zahlreiche Lieder eingeblendet, die auf dem Oktoberfest angestimmt werden. Nur wenn die Menschen singen, können sie für einen Augenblick in ihren Illusionen leben und andeutungsweise glücklich sein. Deshalb sind die Lieder bei Horváth die letzten Bruchstücke der Gemeinsamkeit. Und wenn sich Kasimir und Erna eigentlich gar nichts mehr zu sagen haben, fängt Erna leise zu singen an, und 'Kasimir singt zum Ende des Stückes allmählich immer lauter mit':

Und blühen einmal die Rosen
Wird das Herz nicht mehr trüb
Denn die Rosenzeit ist ja
Die Zeit für die Lieb
Jedes Jahr kommt der Frühling
Ist der Winter vorbei
Nur der Mensch hat alleinig
Einen einzigen Mai.[248]

Mit diesem Ende macht Horváth deutlich: Das Kleinbürgerliche setzt sich gegenüber dem angedeuteten Proletarischen durch. Dennoch endet *Kasimir und Karoline* gerade so trostlos, wie es begonnen hat, auch wenn zwei ungleiche Paare schließlich doch noch zueinander finden.

Horváth wurde bei diesem Volksstück offensichtlich von dem Wunsch geleitet, das Gemeine sichtbar und transparent zu machen. Es gelang ihm, ungewöhnliche Charaktere zu schildern, die zu eigenwilligen Trägern der Handlung wurden. Dabei hat er sich als ausgezeichneter Beobachter und eigenständiger Menschengestalter erwiesen.

Leider fand er die 'Wahrheit' nicht bei sich selbst, sondern bei Wedekind, von dem er die Blickeinstellung und Handlungsführung übernahm. "Die *Geschichten aus dem Wienerwald* sind somit eine Abwandlung von Wedekinds *Musik*. Dass die Handlung 'von Stufe zu Stufe' der von *Musik* ähnelt, wäre kein allzu großes Problem und bliebe, da die Charakteristik bei Horváth selbständig ist, unwesentlich. Aber, dass einer, der innerlich auf Selbständigkeit angewiesen ist, wie Horváth, Empfindungsweise, Stilisierung und das gesamte Weltbild übernimmt, das gibt diesen *Geschichten aus dem Wienerwald* einen eigentümlich tauben Klang. Hier ist einer, der Wedekind geigt, aber ohne dessen siegreiches Temperament, ohne dessen grotesk-zwingende Bogenführung zu beherrschen. Damit zeigt er sich dieses Mal leider nur als ein talentierter Wedekind-Epigone."[249]

Wie sich bei den bisherigen Analysen der neueren Volksstückautoren gezeigt hat, haben Horváth und Fleißer die Gattung des 'kritischen Volksstücks' durch ihre Arbeiten systematisch weiterentwickelt, während sich Brechts Einfluss vorwiegend auf seine theoretischen Schriften bezog, zumal er ja nur mit *Herr Puntila und sein Knecht Matti* ein Volksstück verfasst hat. Im Unterschied zu Horváth und Fleißer zeigte es sich, dass Brechts Figuren ihre Probleme und Bedürfnisse auf Grund ihrer Sprachgewandtheit exakt verbalisieren konnten. Mit diesem Sprachverständnis unterscheidet er sich von allen anderen Autoren und zeigt den Weg zu einer positiven Utopie.

7. Martin Sperr

Martin Sperr (1944-2002) wird am 14. September 1944 in Steinberg, Kreis Landshut, als Sohn eines Lehrerehepaares geboren. Nach der Grundschule folgt der Besuch der Handelsschule im Internat der Barmherzigen Brüder in Algasing, der mit der Mittleren Reife endet. Danach beginnt er eine Ausbildung zum Industriekaufmann, die er nach drei Monaten abbricht, um Schauspieler zu werden. Deshalb nimmt er privaten Schauspielunterricht in München. Hier debütiert er 1962 am Theater 44. Im Anschluss besucht er bis 1964 das Max-Reinhardt-Seminar in Wien, um später an eine Schauspielschule in Wiesbaden zu wechseln. Sein erstes Engagement führt ihn ans Bremer Stadttheater, wo er gleichzeitig als Regieassistent tätig ist. Dort wird 1966 sein erstes Stück *Jagdszenen aus Niederbayern* uraufgeführt, das schnell zu einer Sensation wird. Bereits 1967 wird Sperr Schauspieler und Hausautor an den Münchner Kammerspielen und findet hier ausgiebig Gelegenheit, weitere Stücke auf die Bühne zu bringen.

Mit dem Erscheinen von Martin Sperrs *Jagdszenen aus Niederbayern* stellt die Literaturwissenschaft das Wiederaufleben einer Theatertradition fest, die ihre letzte Hochphase zu Beginn des 20. Jahrhunderts erreicht hatte: dem Volksstück. Schnell zieht man die Verbindungslinie zu Marieluise Fleißer, Ödön von Horváth, ja in mancherlei Hinsicht zu Bertolt Brecht und Frank Wedekind. Sperr ist der Vorreiter dieser neuen Bewegung und avanciert mit seinem Erstlingsstück zum Prototyp des 'neuen kritischen Volksstücks'. Mit der an Fleißer gerichteten Widmung des Stücks und des gleichlautenden Films *Katzelmacher* hat Rainer Werner Fassbinder diese Orientierung forciert, die Franz Xaver Kroetz später fortsetzt.

Das sogenannte 'neue kritische Volksstück' entwickelt sich unter Sperr und seinem Kommilitonen Kroetz, den er vom Max-Reinhardt-Seminar in Wien her kannte, seit den 60er Jahren im gesamten deutschsprachigen Raum zu einer neuen Blütezeit. Beide Autoren werden zu den wichtigsten Vertretern dieser Strömung. In ihrem Verlauf erleben auch inzwischen fast vergessene Autoren eine Renaissance. So beginnt Anfang der 60er Jahre die Rezeption Ödön von Horváths. Auch Marieluise Fleißer wird, nicht zuletzt durch die Bekundungen von Kroetz, als eine immer noch aktuelle Autorin wiederentdeckt. Bei einem Interview in der Zeitschrift *Theater heute*, das sie 1972 führt, geht sie sogar so weit, dass sie diese junge Schriftstellergeneration als 'Alle meine Söhne' bezeichnet. Damit hat Marieluise Fleißer die Renaissance des Volkstheaters in den 70er Jahren noch selbstgestaltend miterleben dürfen.

Das 'neue kritische Volksstück' der 68er Jahre ist geprägt von den politischen Auseinandersetzungen dieser Zeit. Auf der Suche nach neuen Formen des Theaters will man Brecht überwinden und findet doch in der 'realistischen' Aufarbeitung der Gegenwartsproblematik wieder zu ihm zurück. Sperr schreibt, dass er von Brecht gelernt habe: „dass der Mensch in seinem Privatleben von der Gesellschaft beeinträchtigt wird. Diese Gesellschaft ist keine mystische Institution, sondern veränderbar und damit keine gottgegebene Sache."[250] Aus diesem Tatbestand leitet Sperr die Aufgabe des heutigen Theaterautors ab: Das Theater soll die Wirklichkeit nicht nur 'abspiegeln', sondern auch 'bewerten'. Freilich, und hier geht er über Brecht hinaus, muss der Zuschauer die Freiheit haben, die Wirklichkeitsdarstellung des Autors kritisch zu hinterfragen. Damit wird deutlich, dass Sperr zwischen der Form der Wahrnehmung und der Art der Darstellung unterscheidet. Für ihn gibt es eine 'Wirklichkeit' und offenbar verschiedene Möglichkeiten, diese 'Wirklichkeit' bewusst zu erkennen. Für Brecht dagegen ist die Form der Wahrnehmung und die Art der Darstellung ein und dieselbe Sache. Wer 'realistisch' schreibt, so hatte Brecht in *Volkstümlichkeit und Realismus* dargelegt, schreibt vom 'Standpunkt der Klasse' aus. Indem er sich mit Brecht auseinandersetzt, gelangt Sperr damit zu Positionen, die eher an Horváth erinnern: Sein Anliegen ist die Sensibilisierung des Zuschauers. Er will ihn damit in die Lage versetzen, sich kritisch diskutierend mit anderen über die eigene Situation zu verständigen und auf diesem Wege die Moral verbessern.[251]

Für die Strömung, die Mitte der 60er Jahre einsetzt, kursieren bald eine Reihe von unterschiedlichen Bezeichnungen: Neben dem Begriff 'neues kritisches Volksstück' trifft man in der wissenschaftlichen Auseinandersetzung auch auf die Begriffe 'neues realistisches Volksstück', 'critical Volksstück' oder auch 'New Folk Drama'. Markantestes Kennzeichen all dieser Stücke ist der meist bayrisch-österreichische Dialekt, dessen Funktion als Theatersprache von den Autoren sehr unterschiedlich eingesetzt wird. Dieses gesellschaftskritische Theater, das durchaus lehrhafte Züge trägt, wählt sich als Schauplatz immer die Provinz, in deren abgekapselter Welt all jene Themen schlummern, deren provokatives Potential diese Autorengeneration für sich entdeckt: Die latente Brutalität, die Ausgrenzung von Minderheiten, ja die offene Inhumanität sind Ausformungen dieser oft klischeehaft skizzierten, zumeist bäuerlichen Gesellschaft.

In seinen *Jagdszenen* thematisiert er die Demaskierung einer Dorfgemeinschaft im Nachkriegs-Bayern: Das Stück zeigt die Hetzjagd auf einen Homosexuellen und andere Außenseiter. Dabei legt Sperr die Brutalität, den Konformismus und Egoismus der ansonsten so ehrenwerten und hochmoralischen Dorfbewohner offen. Wie in den frühen Stücken von Kroetz kommt es aber nicht zu einer Solidarisierung unter den Außenseitern, sondern der Unterdrückte wehrt sich auch hier, indem er seine Aggression gegenüber noch Schwächeren und Unschuldigen entlädt.

Anders als Franz Xaver Kroetz, der in seinen Stücken die Mikroebene, also die Nahperspektive fokussiert, wählt Martin Sperr für sein Volksstück – ebenso wie Fassbinder in dessen thematisch sehr ähnlich gelagertem Stück *Katzelmacher* – die Makroebene, also die von oben blickende Gesellschaftsperspektive mit einem großen Figurenensemble. Diese ist bei Sperr nicht nur werkimmanent, sondern auch werkübergreifend erkennbar, wenn sich etwa die Stücke seiner 'Bayerischen Trilogie', bestehend aus *Jagdszenen aus Niederbayern, Landshuter Erzählungen* und *Münchner Freiheit,* zu einem umfassenden Gesellschaftsportrait eines dörflichen, kleinstädtischen und großstädtischen Milieus zusammenfügen lassen. Ähnlich lassen sich auch bei Kroetz 'seriell' konzipierte Stücke zu größeren Arbeiten verbinden. Während Kroetz jedoch mit seinen Figuren fühlt und sich vehement gegen Vorwürfe wehrt, er würde seine Figuren verraten, besteht Sperrs Bestreben unmissverständlich darin, seine Figuren fertig zu machen und ihre Borniertheit, Voreingenommenheit und Besessenheit vorzuführen.

Sperr unternimmt mit dieser thematischen Arbeit einen umfassenden Versuch, sich mit der Nachkriegswirklichkeit auseinander zu setzen. Obwohl die in der Trilogie zusammengefassten Stücke in Bayern spielen, sind sie nicht ausschließlich auf Bayern bezogen. Vielmehr beabsichtigt der Autor die gesamte westdeutsche Gesellschaft auf die Bühne bringen. In der 1968 entstandenen Verfilmung von Peter Fleischmann spielt Sperr selbst den Abram. Der Streifen gewann den Bundesfilmpreis und überzeugte auf der Berlinale und beim Filmfest in Locarno. Die 1966 in der Hansestadt Bremen uraufgeführten *Jagdszenen aus Niederbayern* werden rasch zu einer Theatersensation.

Das Stück spielt in dem niederbayerischen Dorf 'Reinöd', dessen Namen nicht von ungefähr 'rein' und 'öd' verbindet. Dennoch ist Sperrs Bayern geographisch nicht einzuengen; vielmehr ist es der finsterste Winkel des menschlichen Herzens. Im Zentrum des Geschehens steht die Bigotterie einer Dorfgemeinschaft, die einen Mord und einen Selbstmord zur Folge hat. Der Titel des Stücks bezieht sich auf eine Lieblingsbeschäftigung weiter Kreise der Landbevölkerung. Gejagt wird in diesem Stück jedoch nicht Niedrig- oder Hochwild, sondern Abram, der homosexuelle Sohn der Landarbeiterin Barbara, der als Außenseiter gebrandmarkt ist. Man verweigert ihm die Aufnahme in die Dorfgemeinschaft und damit die Resozialisierung des gerade aus dem Gefängnis Entlassenen. Anfangs hat er noch die Hoffnung, dass vielleicht sein guter Wille ihm die Integration in die Dorfgemeinschaft eröffnen könne. Er beginnt eine Beziehung zu Tonka, die allerdings für ihn zu einer unlösbaren Aufgabe wird. Tonka erwartet ein Kind von ihm. Aber anstatt dass ihm durch seine Beziehung die Integration ermöglicht wird, sieht er sich plötzlich mit der Verantwortung für die Freundin und sein zukünftiges Kind überfordert. Er ist dieser Belastung nicht gewachsen und ermordet in einer Kurzschlussreaktion Tonka. Die Dorfbewohner veranstalten daraufhin eine Treibjagd auf ihn und überstellen ihn den Behörden. Die letzte der 18 Szenen spielt in einem Wirtshausgarten. Alle Dorfbewohner sitzen am Tisch und trinken, während die Dorfkapelle spielt. Der Bürgermeister hält eine Wahlrede und appelliert an das Solidaritätsgefühl der Dorfbewohner. Das auf die Ergreifung von Abram ausgesetzte Kopfgeld soll für eine gute Tat, die Renovierung der Kirchenorgel, verwendet werden. Das Stück schließt mit dem allgemeinen Gesang:

> Ich schieß den Hirsch im wilden Forst
> im dunklen Wald das Reh...
> Kein Ort, der Schutz gewähren kann,
> wo meine Büchse zielt
> und dennoch hab ich harter Mann
> die Liebe auch gefühlt.[252]

Damit deutet der Autor die Tätigkeit des Jagens zu einer Metapher zwischenmenschlichen Zusammenlebens um: So erbarmungslos wie im Lied Hirsch und Reh zur Strecke gebracht werden, wird auch Abram gejagt. So sicher das Wild der Kugel des Jägers zum Opfer fällt, verendet Abram unter dem Fangschuss der Dorfbewohner. Dass die Borniertheit und Böswilligkeit, die Voreingenommenheit und Dummheit der Mitmenschen einen anderen Menschen in Verzweiflung stürzen können, hat bereits Marieluise Fleißer in ihrem Stück *Fegefeuer in Ingolstadt* gezeigt. Auch Ödön von Horváth lieferte diesbezüglich genügend Beispiele. Zu einem wesentlich späteren Zeitpunkt hat auch Max Frisch mit seinem Drama *Andorra* (1961) das gleiche Problem nochmals bearbeitet.

Im Stück begegnen wir Bauern, Knechten, Landarbeitern und Tagelöhnerinnen, einem Bürgermeister und einem Pfarrer. Von den Namen her lässt sich ein leichtes Übergewicht süddeutscher Formen feststellen. Wie beim Volksstück üblich erfahren wir über die Namen bereits etwas über deren Träger, so ist Knocherl natürlich der Totengräber vom Ort. Viele Figuren tragen gar keine persönlichen Namen wie der Bürgermeister, die Metzgerin, die Flüchtlingsfrau, zwei Jungen oder der Kriminalinspektor. Die im Stück verwendete Sprache ist eine der Umgangssprache angeglichene Form der Hochsprache, in der dialektale Wendungen nur eine untergeordnete Rolle spielen. An Horváths Bildungsjargon angelehnt verwendet Sperr auch gelegentlich verballhornte Formulierungen, um die ungebildete Bevölkerung zu charakterisieren:

Zenta Der Schwager von meiner Schwester, die in die Stadt geheiratet hat, der
studiert Psicherologie-[253]

Wenn bei Horváth *Stille* angesagt ist, verwendet Sperr mit der gleichen Intention
die Formulierung *Sie schweigen.* Auch hier findet ein Kampf zwischen Bewusstem
und Unbewusstem statt und liefert einen Hinweis darauf, dass dieser Kampf des
Individuums, ähnlich wie bei Horváth, noch lange nicht abgeschlossen ist.

Während seiner Tätigkeit als Regieassistent und Schauspieler in Bremen macht
Sperr mit diesem Stück auch als dramatisches Talent auf sich aufmerksam. Hier
macht er die Entdeckung, dass auch nach Brecht das Theater wie vor Brecht noch
funktioniert: dass es noch immer möglich ist, auf der Bühne traurige, rührende und
schreckliche Geschichten zu erzählen, zu Herzen und auch zu Verstand gehende
Melodramen, mit denen man lieben und leiden kann. Sperr prangert die Bigotterie
und Heuchelei einer Dorfgemeinschaft an, die aus moralischen Gründen einen geistig Behinderten zum Selbstmord und einen Homosexuellen zum Mord treibt. Jäger
werden Gejagte und Gejagte zu Jägern, Täter und Opfer tauschen die Rollen. Wir
erleben einen sozialpsychologischen Kreislauf, bei dem aus Außenseitern Mitläufer
oder Mörder werden. Die Macht der Normalität ist zerstörerisch. Diese Thesen hat
der zwanzigjährige Sperr in das Soziogramm eines niederbayrischen Dorfes übersetzt und mit pointierten Dialogen zu einem Theaterstück angereichert. Vor Fassbinder und Kroetz war das eine unglaubliche Sensation und der Beginn des 'neuen
kritischen Volksstücks', das 1965 mit dem Gerhart-Hauptmann-Förderpreis ausgezeichnet wurde.

Sperr hat die Thematik gleich zweifach präzisiert, indem sie sich zum einen
ausdrücklich auf die gesamte westdeutsche Gesellschaft bezieht und zum anderen
mit der Landbevölkerung einen Teil der Population fokussiert, der von vielen
Volksstückautoren romantisierend dargestellt wird. Sperr zeigt, dass sich der Dorfbewohner in Bezug auf Hartherzigkeit, Egoismus und Brutalität durch nichts vom
Städter unterscheidet. Er demonstriert, dass auch im Dorf das gesellschaftliche Leben nach den Regeln der Hackordnung organisiert ist, in der der ökonomisch Wichtigste, nämlich der Großbauer, zugleich den größten Einfluss hat. So kann er als
Arbeitgeber darüber entscheiden, ob die Tagelöhnerin Barbara im Dorf bleiben darf
oder nicht. Dabei zeigt er, dass wiederum das Geld auch im Dorf eine dominieren-
de Rolle spielt.

Was es in einem kleinen Dorf bedeutet, ausgestoßen zu sein, wird bereits in der
ersten Szene gezeigt. Es ist Sonntagvormittag, die Leute kommen aus der Kirche.
Einige gehen in die Wirtschaft, andere bleiben auf dem Dorfplatz stehen. Die

Flüchtlingsfrau aus Ostpreußen und ihr Sohn haben hier ihren Auftritt, wenn Konrad enttäuscht zu seiner Mutter sagt:

> Du, Mutter, die anderen spielen nicht mehr mit mir, weil ich evangelisch bin.[254]

Sperr macht deutlich, dass Flüchtlingsfamilien in der Nachkriegszeit bei der Dorfbevölkerung oft nicht willkommen waren und schon gar nicht, wenn sie einer anderen Glaubensgemeinschaft angehörten. Hier zeigt sich, dass der Weg vom Außenstehenden zum Außenseiter nur durch einen schmalen Grat getrennt ist.

Kontrapunktisch stehen sich in diesem Stück zwei lieblose Mütter mit ihren Söhnen gegenüber. Auf der einen Seite die Tagelöhnerin Barbara mit ihrem schwulen Sohn Abram; auf der anderen Seite die Bäuerin Maria und ihr debiler Sohn Rovo. Beide Söhne sind den Müttern lästig, da sie bei der Dorfbevölkerung unangenehme Fragen hervorrufen. Deshalb möchte man sie auf elegante Art und Weise loswerden: Abram soll sich in der Stadt Arbeit suchen und Rovo möchte man wieder in ein Heim geben, damit er das zweite Glück der Mutter mit dem Knecht Volker nicht stört. Jetzt, nachdem der Vater im Krieg für tot erklärt wurde, wäre er nur hinderlich. Statt auf Mutterliebe treffen wir bei beiden Frauen nur auf Egoismus und Hass. Barbara ist im Dorf nur tragbar, solange sie ihre billige Arbeitskraft zur Verfügung stellt und nicht durch den missratenen Sohn selbst zum Diskussionsgegenstand wird. Trotzdem wird die gesellschaftliche Chance von den Dorfbewohnern nicht als statisch vorgegeben betrachtet. Sie wissen im Grunde alle, dass man der wird, zu dem man erzogen wird. Nur machen leider alle den falschen Gebrauch von diesem Wissen. Selbst Barbara ist nicht in der Lage, Rückschlüsse aus dieser Einsicht auf ihr Verhalten gegenüber ihrem Sohn zu ziehen, wenn sie sagt:

> Da hab ich dich nicht tanzen gehen lassen und da hast du dann deine Schweinereien mit den Burschen machen müssen - daran bin ich auch schuld, ich weiß schon. Ich bin überall schuld. Ich - ich habs versucht, jawohl hab ichs versucht, dass du ein anständiger Mensch wirst. So hab ich dich erzogen. Nicht zu einem - zu einem solchen-.[255]

Nachdem ihr Sohn Abram aus dem Gefängnis zurückgekommen ist und er sie bei der Feldarbeit antrifft, möchte sie ihn am liebsten gleich wieder loswerden und fragt ihn, ob er in der Stadt denn keine Arbeit gefunden hätte. Sie schämt sich für ihn, da die Leute mit dem Finger auf sie zeigen und sie sich in ihrer Existenz als Tagelöhnerin bedroht fühlt. Dennoch ist es für alle Anwesenden unverständlich, dass ausgerechnet die eigene Mutter die Erste ist, die sich gegen Abram stellt und ihm den Tod wünscht:

Ich hoff, sie schlagen dich solang, bis du freiwillig gehst, ich hoff, sie schlagen dich aus dem Dorf hinaus. Vielleicht schlagen sie dich gleich tot. Und ich wünsche mirs, dass sie dich totschlagen. [256]

Während Abram wegläuft, sehen ihm die Landarbeiter nach. Die Flüchtlingsfrau hat als einzige ein Herz. Sie läuft zum Brotkorb, holt einen Laib heraus und lässt ihn durch ihren Sohn Konrad Abram zukommen. In der Zwischenzeit findet sich eine kleine Gruppe zusammen, die tuschelt. Zenta führt das Wort:

Das sind ja schöne Zustände. Wie soll der Bub auch anders werden, bei der Mutter. Wenn sie so mit ihm umgeht. Die wird ihn schon so erzogen haben. Von selber wird man nicht so. [257]

Die fünfte Szene spielt in Marias Küche. Abram kommt von der Stadt zurück und gibt ihr das Geld für die Miete. Bei dieser Gelegenheit erkundigt er sich bei Maria, wie es ihrem Sohn Rovo gehe. Sie sagt, dass es noch schlimmer geworden sei, er nachts nicht schlafen könne und vor lauter Angst herumschreie. Rovo verfolgt das Gespräch teilnahmslos durch das angelehnte Küchenfenster.

Martin Sperr und Maria Seiser in dem Film *Jagdszenen aus Niederbayern*, Regie: Peter Fleischmann 1968

Abram	Was sagt der Arzt?
Maria	Ich geb kein Geld mehr aus für den Rovo. Was ich schon Geld ausgegeben hab! Du hast keine Ahnung, wie teuer Dummheit ist. Für das Geld könnt er studieren. Nein, mir kommt kein Doktor mehr ins Haus. Und was hat die

	Anstalt genützt, letztes Jahr? Und wieviel Geld hab ich dafür bezahlt? Und wofür? Für nichts! Guten Appetit.
Abram	Danke.
Maria	Ich geb keinen Pfennig mehr für ihn aus. Weißt du, ich hab ihn gestern, weil gestern wars besonders schlimm, da hab ich ihn mit Brennesseln abgerieben, das ist ein altes Hausmittel und ist billig. Das hat geholfen.[258]

Im klassischen Volksstück spielen Liebe und Herzenswärme eine wichtige Rolle. Da selbst bei den Müttern nur Lieblosigkeit demonstriert wird, können wir auch zwischen Männern und Frauen keine liebevolle Zuwendung erwarten. Was Sperr zeigt, ist ausschließlich triebhafte Sexualität. In der sechsten Szene arbeiten Volker und Tonka am Fluss, um Weidensträucher zu schneiden. Tonka liegt im Gras, Volker schaut sie lüstern an. Da es Tonka trotz mehrerer Anläufe nicht gelungen ist, Abram zu sagen, dass sie ein Kind von ihm erwartet, hat sie sich aus Verzweiflung während der Arbeit betrunken. Marias Knecht Volker nutzt diese günstige Gelegenheit, um sich an Tonka heranzumachen. Zuerst weist sie ihn ab, da sie sich vor ihm ekelt, dann sagt sie ihm, dass er es nicht umsonst bekäme, er müsse zahlen. Volker meint, er müsse nur bezahlen, weil er ein Holzbein habe.

Volker	Stell dich nicht an.
Tonka	*hat Angst:* Schau mich nicht so an. Schau mich nicht so an! Ich hab zuviel Bier.
Volker	Ich hab nicht lang Zeit. Ich zahl dann schon.
Tonka	Also gut. *Sie beginnt sich auszuziehen.*
Volker	Du brauchst dich nicht auszuziehen. Es geht so. Sehen will ich dich gar nicht.[259]

In der zwölften Szene, die am Fluss spielt, will sich Tonka mit Abram endlich aussprechen. Sie sagt, dass sie ihn betrogen habe und dass es ihr leid tue. Abram sagt, dass er das Dorf verlassen werde. Sie vermutet, weil sie ihn betrogen habe oder weil sie kein Geld besitze. Er gesteht ihr jetzt langsam den wahren Grund:

Abram	Tonka, ich geh weg aus dem Dorf.
Tonka	Wir können doch dableiben, Abram. [...]
Abram	Wisch dir die Semmelbrösel vom Mund weg. Ich könnt jetzt sagen, was ich wollte, und du verstehst es nicht. *Langsam:* Ich hab versucht dich zu lieben. Ich hab es wirklich versucht. Aber ich muss mich zu dir zwingen.
Tonka	Du hast versucht mich zu lieben. Du hast dich zu mir gezwungen. *Sie denkt nach.* Und ich hab wirklich geglaubt, wir lieben uns. Wir gehören zusammen, hab ich geglaubt.-Warum sagst du mir das alles Abram? Sag doch, dass es nicht wahr ist.- [...] *Sie geht zu ihm.* Abram, ich muss dir noch etwas sagen. Ich krieg nämlich ein Kind von dir.- Ich hab es dir nicht früher sagen können, weil du mir immer aus dem Weg gegangen bist.- Du darfst nicht mehr solche Sachen sagen, wie vorhin.

Abram	Ein Kind?
Tonka	Was ist denn? Freust du dich nicht?
Abram	Ob ich mich freu? Bist du wahnsinnig? Wie hast du dir das vorgestellt? Wie kannst du - du kannst doch kein Kind von mir auf die Welt setzen.[...] Lass es wegmachen. Sofort!
Tonka	*nach einer Pause.* Nein. Ich lass es nicht wegmachen. [...]
Tonka	Mein lieber Herr und Heiland, wie hab ich denn bis jetzt gelebt? Du musst mich heiraten. Das Kind braucht einen Vater. Es soll später, wenn es groß sein wird, allen sagen können: Ich hab einen Vater. Mich musst du halt mitnehmen. *Beide schweigen.*
Abram	Ich kann dich nicht heiraten: *Beide schweigen*
Tonka	Ich hab den ganzen Dreck mit dir für Liebe gehalten. Ich werde ein Kind auf die Welt bringen, und niemand will es, weils ein Versuch ist. [...] Jeder hörts von mir, dass du kein Mann bist!
Abram	*Packt sie am Arm.* Geh!
Tonka	Weißt du, was du bist?
Abram	Wirst du still sein? Du Vieh! *Tonka reißt sich los*
Tonka	Eine schwule Drecksau bist du!
Abram	Du sollst still sein. *Er nimmt sein Messer und sticht blindlings auf sie ein.* Sei still! Nur nicht reden! Nur nicht schreien! Wenn du schreist, dann kriegst dus. *Tonka bricht zusammen. Er sticht mechanisch weiter.* Nicht schreien! Das Kind ist es! Das Kind auch tot! Weils mein Kind ist! Soll den Vater spüren! – Du sollst dir doch endlich die Semmelbrösel abwischen. *Er hört plötzlich auf.* Was ist denn? [260]

Nachdem 2.500 Mark Kopfgeld ausgesetzt sind, beginnt die Hetzjagd auf Abram. Auch Maria und Volker sitzen mit Gewehren im Wald auf einem Schießstand, um Abram zur Strecke zu bringen. Bei dieser Gelegenheit erzählt Maria, dass sie Rovo gestern Abend beigebracht habe, dass er wieder in die Anstalt müsse, da er ihnen nur im Weg stehe. Jeder der Dorfbewohner möchte das ausgesetzte Kopfgeld bekommen. Man überlegt bereits, was man alles damit anfangen könne. Man teilt sich sogar in Gruppen auf und wäre auch mit einem Anteil zufrieden. Aus Geldgier lassen die Dorfbewohner alles im Stich, das Vieh, den Hof, die Ernte, und ziehen mit Taschenlampen durch den Wald, um Abram aufzustöbern. Schließlich wird er von zwei Jungen und Georg in einer Scheune entdeckt und gestellt. Als man ihm sagt, dass man auch die Leiche gefunden habe, kann er sich an nichts mehr erinnern.

In der 15. Szene hat sich Rovo erhängt. Wir befinden uns vor der Friedhofsmauer, wo das Grab für den Selbstmörder ausgehoben ist. Plötzlich entwickelt Maria eine ungewöhnliche Fürsorge und Liebe für den verstorbenen Sohn, die an Horváths Geschichten aus dem Wienerwald erinnert, wo Oskar und Marianne dem 'kleinen

Leopold' einen Grabstein mit einem Engel setzen lassen wollen. Maria beklagt sich, dass er vor dem Friedhof auf freiem Feld begraben wird und die Hunde ihn ausscharren werden.

> Maria   Auf freiem Feld muß erliegen. Der Rovo. Die Hund werden ihn
> ausscharren. Ich lass einen Zaun herummachen. Damit er geschützt ist.
> Und Blumen pflanz ich auch, und ein schön geschnitztes Holzkreuz kriegt
> er auch. Später. Ein schön geschnitztes. Ja.[261]

Nachdem er schon nicht in geweihtem Boden liegen darf, beginnt jetzt mit dem Pfarrer ein erbitterter Kampf um den Segen.

> Maria   In der Kirch sagen sie immer, ein Katholik hat ein Recht auf ein geweihtes
> Grab und den Segen Gottes. Kirchensteuer zahl ich jetzt keine mehr. Die
> haben alle gehört, dass sie sich nicht an das halten, was sie auf der Kanzel
> sagen.
> *Der Pfarrer schweigt.*
> Er war jeden Sonntag in der Kirche.
> Volker   *stellt den Pfarrer so, dass er mit den Rücken zu den Leuten steht:*
> Niemand siehts! Wir verraten es nicht
> Maria   Dann geh. Aber ich bin nie wieder in der Kirch!
> Volker   Die Leut sehen es nicht. Und wir erzählens niemand. Oder? Knocherl?
> Pfarrer   Also gut. *Er macht hastig und verstohlen das Kreuzzeichen.*
> Maria   *sehr undankbar*: Danke.
> *Sie gibt ihm Geld und geht wieder ans Grab. Der Pfarrer geht ab*[262].

Immer wenn es kritisch wird, ruft man Gott an. Maria lamentiert: 'Mein Gott, wie ists denn möglich, dass er tot ist?' Auch Volker macht sie bittere Vorwürfe, dass er den Strick nicht weggenommen habe. Dass sie allerdings den Sohn mit ihrer Lieblosigkeit, dem brutalen Abreiben mit Brennesseln und der Aussicht, wieder in ein Heim zu kommen, in den Freitod getrieben hat, will sie nicht wahrhaben. Gott muss auch in der Schlussszene bei der Ansprache des Bürgermeisters nochmals herhalten, wenn dieser sagt:

> Dieser bedauerliche Mordfall hätt in jeder Gemeinde passieren können. [...] Ich hätt
> es nicht vermeiden können, denn dieses Vorkommnis hat uns Gott auferlegt und wir
> wollen Gott danken dass wir es ohne Anfechtung und so gut und korrekt überstanden
> haben. – Am besten wir reden nicht mehr darüber.[263]

Sperr lässt es auch in der letzten Szene nicht an Gesellschaftskritik fehlen. Man merkt, dass die Nachkriegszeit noch vom Nationalsozialismus überfrachtet ist:

Georg	Und ich sag, für solche gehört der Hitler wieder her.
Max	Vergast gehört er! Vergast! Der Abram. Da muss doch die Todesstrafe wieder her.[264]

Doch dann geht man zum gemütlichen Teil über, trinkt, tanzt und singt das passende Lied zur 'Treibjagd': 'Ich schieß den Hirsch im wilden Forst.' Sperr hat uns hier ein Volksstück hinterlassen, mit dem er zu den großen Erneuerern dieser Tradition gezählt werden darf und das seinen festen Platz in dieser Tradition behalten wird.

Die Trilogie wird 1967 durch das Volksstück *Landshuter Erzählungen* ergänzt. Das Stück gleicht einer Katalogisierung fast aller Mitte der 60er Jahre anstehenden gesellschaftspolitischen Probleme, ohne auf eine dieser Fragen eine kompetente Lösungsmöglichkeit zu geben. Thematisch reicht es von der Ausbeutung der Gastarbeiter bis hin zur sogenannten Vergangenheitsbewältigung und kann damit nicht als großer Wurf angesehen werden. „Um die abstrakte Problematik überhaupt darstellbar zu machen, muss Sperr eine Handlung erfinden, die möglichst überzeugend die Aktualisierung der politischen Thematik motiviert. Das Ergebnis ist ein Kompromiss, der nicht befriedigen konnte. Politisch interessierte Kritiker wie Ganschow bemängeln, dass die Kraft des Autors nicht ausgereicht habe, neben der angesprochenen Problematik Lösungsmöglichkeiten anzudeuten. Vielmehr habe er nicht einmal einen Weg gefunden, der das ungeteilte Interesse der Zuschauer auf die politischen Fragen gelenkt hätte.“[265]

Vor einer ähnlichen Problematik sah sich Sperr 1971 auch im dritten Teil seiner bayerischen Trilogie, *Münchner Freiheit*, gestellt. Die unter dem Namen Sanierung betriebene Umwandlung alter und unmodern gewordener Wohnungen in attraktive Geschäftszentren und die Problematik von Hausbesetzungen durch Gruppen junger Aktivisten dienen als aktuelle Aufhänger. „Die unübersichtliche Handlung macht es konservativen Kritikern leicht, die Auseinandersetzung mit diesem 'Machwerk' einfach abzulehnen, so dass man aus seinem Stück eher Argumente gegen diese Form der Bürgerbewegung sammeln konnte, als es seine ursprüngliche Absicht gewesen sein mag.“[266]

1971 schreibt Sperr mit Reinhard Hauff das Drehbuch zu dem Fernsehfilm *Der Räuber Mathias Kneisel,* in dem Mathias Kneisel als Sozialrebell dargestellt wird. Anschließend ist er im Schauspielhaus Bochum nochmals auf der Bühne zu sehen und spielt hier in der deutschen Erstaufführung von Brendan Behans *Borstal Boy.* Der Autor schildert in diesem autobiographischen Bericht den Alltag eines irischen Freiheitskämpfers im 'Knast'.

Ernst Konarek und Martin Sperr im Bochumer Schauspielhaus mit dem Stück *Borstal Boy*

Bei einem Reifenwechsel erleidet Sperr im Januar 1972 eine Gehirnblutung, in deren Folge er zunächst im Koma liegt, dann länger mit einer halbseitigen Lähmung zu kämpfen hat. Immer wieder leidet er an epileptischen Anfällen. Sein Schaffensdrang ist fortan sichtlich gebremst. Marieluise Fleißer war von seinem persönlichen Schicksalsschlag sehr betroffen, besucht ihn mehrmals und äußert sich in einem Artikel wie folgt: „Mit großer Besorgnis habe ich in Zürich gehört, dass Martin Sperr während eines Reifenwechsels an seinem Wagen einen Gehirnschlag erlitt und, wie ich später erfuhr, operiert werden musste. Warum gerade der, fragen wir, und warum immer die? Ich konnte es nicht glauben, ich hatte noch den Anblick vom Sommer in mir. Da stand er groß und gesund vor dem Gärtnerhaus, das er sich hergerichtet hatte, am Rand eines Waldes, die Bienen summten am Wildrosenstrauch, sein vier Wochen altes Töchterlein schrie, von weitem schaute sein Heimatort auf ihn her und Martin stand auf dem Rasen, wie das blühende Leben. Von den Ärzten wolle er überhaupt nichts mehr wissen, sagte er, und halte nichts davon, wenn man ihn vollstopfe mit Medikamenten, das sei alles nur Gift. Dass er gesund lebe, sagte er, Gesundes esse und sich den heilenden Kräften der Natur anvertraue. Dann nahm er sein winziges Töchterlein zu sich an die braungebrannte Brust und horchte, indem er darauf niederschaute, mit fragender Innigkeit in seine Zukunft hinein. Er war ganz gesammelt. Er war ein in sich geschlossener Mensch. Aber es strahlte von ihm aus, und ich spürte, da kommt noch was, dem ist das Wasser nicht abgegraben, in dem Mann steckt noch mehr.

Marieluise Fleißer mit Martin Sperr und seinem Kind

Mit der Kunst ist es ja seltsam, abfordern auf Zeit lässt sich da nichts, weil sie aus speisenden Quellen sich sammelt. Und wenn das Schicksal einen ausgesucht hat, der hochbegabt ist, so bin ich doch froh, dass es ihm schon wieder viel besser geht. So werden wir ihn doch nicht verlieren."[267]

Dennoch erlosch der Komet 1972, die Gehirnblutung warf Sperr nieder, von der er sich nie wieder erholte. Astrologie und Fresssucht fesselten ihn. Als Schauspieler und Klein-Texter musste er sich mühsam durchs Leben schlagen. Es folgten noch kleinere Auftritte in Münchner Privattheatern und Lesungen eigener Nonsens-Gedichte am Studiotheater München. 1983 schließt er sich dem Ensemble des Münchner Volkstheaters an. Am 6. April 2002 stirbt er im Alter von 57 Jahren in Landshut.

8. Rainer Werner Fassbinder

Rainer Werner Fassbinder (1945-1982) wird am 31. Mai 1945 in Bad Wörishofen als Sohn des Arztes Dr. Hellmuth Fassbinder und dessen Ehefrau Liselotte geboren. Kurz nach der Geburt zieht die junge Familie in das zerbombte München, wo der Vater eine große Wohnung mietet, eine Arztpraxis einrichtet und Zimmer an Flüchtlinge untervermietet. „Glaubt man Fassbinders Erinnerungen, so wächst er praktisch ohne Vater und Mutter auf: Er habe lange nicht einordnen können, wer von den vielen Menschen, die sporadisch für ihn sorgen, seine Eltern seien. Nach Lust und Laune beschäftigen sich Verwandte oder Untermieter mit dem Jungen, wirklich zuständig fühlt sich offenbar niemand."[268] Am meisten bemängelt er, dass ihm Wärme und Geborgenheit fehlten. Nach der Scheidung der Eltern wächst er ab 1951 zunächst bei seiner Mutter auf. Sie verdient ihren Lebensunterhalt als Übersetzerin und ist dabei, sich an einen neuen Partner zu binden. Eine Situation, in welcher der Sohn häufig stört. Um in Ruhe arbeiten zu können, schickt sie ihn ins Kino, wo er täglich bis zu drei Spielfilme konsumiert. Seine Leidenschaft für den Film wird bereits zu diesem Zeitpunkt geweckt, so dass seine berufliche Laufbahn vorprogrammiert ist. Nachdem die Mutter an Tuberkulose erkrankt, wird Rainer kurzfristig in einem Heim untergebracht. In der Schule fällt er unangenehm auf: Die Lehrer stufen ihn als schwer erziehbar ein, deshalb wechselt er auf eine Rudolf-Steiner-Schule. Auch hier hält er es nicht lange aus, so dass ihn die Mutter in ein Internat nach Augsburg gibt. Kurz vor dem Abitur bricht er das Gymnasium ab und zieht zu seinem Vater nach Köln, um dort in den Jahren 1961 bis 1963 als Gelegenheitsarbeiter zu jobben. In dieser Zeit verfasst er seine ersten Stücke, Gedichte, Kurzgeschichten und Filmtreatments. Er gilt als sehr belesen und eignet sich durch die Beschäftigung mit philosophischen, gesellschaftskritischen und psychoanalytischen Schriften eine Bildung auf hohem Niveau an.

Schon in jungen Jahren beginnt Fassbinder, sich für das Filmemachen zu interessieren. Deshalb nimmt er von 1963 bis 1965 am Fridl Leonhard Studio in München privaten Schauspielunterricht, ohne jedoch die staatliche Prüfung abzulegen. Der Besuch der Schauspielschule war für ihn eine Verlegenheitslösung, nachdem ihn die gerade gegründete Filmhochschule in Berlin nicht aufnehmen wollte. So muss sich Fassbinder dem Film als Autodidakt nähern und kann sich wenig um Konventionen kümmern. Bereits 1965 und 1966 produzierte er mit seinem Partner Christoph Roser dessen erste beiden Kurzfilme *Der Stadtstreicher* und *Das kleine Chaos*. 1967 stößt er in München auf das 'Action-Theater'. Hier wird er von der jungen Gruppe sofort als Regisseur und Ensemblemitglied aufgenommen, um bald zur bestimmenden Figur der Underground-Bühne zu werden. Fassbinder bereichert die Gruppe, indem er Hanna Schygulla und Irm Hermann mitbringt, die er beide auf der Schauspielschule kennen gelernt hat. Für Hanna Schygulla schreibt er unter anderem die Theaterstücke *Bremer Freiheit* und *Die bitteren Tränen der Petra von Kant.* Nach der Auflösung des 'Action-Theaters' gründet Fassbinder 1968 mit Peer Raben, Hanna Schygulla und Kurt Raab das 'antiteater', das Aufführungen im Büchner-Theater, in der Kunstakademie und schließlich im Hinterraum einer Schwabinger Kneipe veranstaltet. Bereits der Name – bewusst unbürgerlich schon in der Schreibweise: ohne Dehnungs-h – sollte die gesellschaftlich oppositionelle Haltung signalisieren.

In zwei Jahren schreibt und inszeniert er hier fünfzehn Stücke: noch einfach zusammengezimmerte Textcollagen und mit Brachialgewalt vorgenommene Klassiker-Bearbeitungen. In diese Zeit seiner früher dramaturgischen Arbeit fällt auch die Umsetzung der *Bettleroper,* in der nicht einmal der Versuch unternommen wird, die Antipoden des zeitgenössischen Theaters zu verbinden. Fassbinder und Raben begeben sich mit ihrer Version ganz in die Brecht/Weil-Nachfolge: Die historische Satire wird jedoch zu einer locker-lässigen Operette mit einer Wechselbeziehung zwischen sex, crime and money. Das Happy-End als großes Finale entfällt jedoch bei Fassbinder. Stattdessen gibt es eine Etüde à la Artaud: Alberne Reimereien und christliche Gebetsformeln leiten die letzte Szene ein und am Schluss kriechen alle Darsteller auf der Bühne umher und bellen.

Rainer Werner Fassbinder 1968

„Im 'antiteater' erprobt Fassbinder die verschiedensten Möglichkeiten im experimentellen Umgang mit szenischen Darstellungsmitteln bei klassischen Texten. Die 'Lust an etwas Vorgefundenem und Vorgedachtem' gibt Anlass dazu, die Tradition von innen zu erneuern. Der überlieferte Text, sei er von Bertolt Brecht, Carlo Goldoni oder Marieluise Fleißer, wird undogmatisch auf die gegenwärtige Realität übertragen und sogar neu umgeschrieben, so dass über die Interpretation hinaus ein völlig anderes Stück entsteht."[269]

Mit der Inszenierung von Marieluise Fleißers *Pioniere in Ingolstadt* hat Fassbinder 1968 großen Erfolg. Um die Aufführung zu ermöglichen, muss er einige Schauspieler, wie Franz Xaver Kroetz, von einer Gastbühne anfordern. Kroetz hatte zu diesem Zeitpunkt noch nichts veröffentlicht, schrieb experimentelle Prosa und lehnte den Realismus der *Pioniere* ab. Zudem waren Stück und Autorin verschollen. Die Wiederentdeckung Marieluise Fleißers war zu diesem Zeitpunkt ausschließlich Fassbinders Verdienst. „Zunächst aber gab es Ärger mit der Dichterin, die voller Verwunderung aus der Zeitung erfährt, dass ihr seit nahezu vierzig Jahren nicht mehr gespieltes Stück an einer Münchner Kleinbühne aufgeführt werden sollte, und das in einer ziemlich rüden Bearbeitung. Nachdem sie ähnliches bereits 1929 mit Bertolt Brecht bei der Berliner Premiere erfahren hatte und diese Aufführung zu einem Skandal in Ingolstadt führte, ließ sie die Aufführung durch ihren Anwalt in München verbieten. Die jungen Autoren lösten den Konflikt jedoch mit Charme, indem sie die Dichterin zu den Proben einluden. Da konnte sie nicht mehr hart bleiben und willigte ein, dass man das Stück unter dem Titel *Zum Beispiel Ingolstadt* auf die Bühne brachte. Kroetz und Sperr wurden fortan ihre Lieblinge. Bei Fassbinder seufzte sie verlegen: 'Es gibt halt auch Sorgenkinder'."[270] Mit der Zustimmung von Marieluise Fleißer verfilmt er das Stück 1970 unter dem Originaltitel *Pioniere in Ingolstadt.* Jetzt bekommt die finanziell schlecht gestellte Autorin sogar noch eine Tantieme für die Filmrechte.

Marieluise Fleißer bei
den Dreharbeiten zu
Pioniere in Ingolstadt
1968

„Der Erfolg des Münchner 'antiteaters' wäre ohne Hanna Schygulla nicht denkbar gewesen. Deshalb kann ihr Anteil am Aufstieg nicht hoch genug bewertet werden. Schon in den frühen Tagen des Unternehmens kamen viele nur ihretwegen zu Fassbinder, da es ihr gelang, jede seiner Rollen zu beleben. Bereits in der Schwabinger Kneipe 'Witwe Bolte' wird sie zu seinem Superstar. Nachdem das bürgerliche Publikum erst einmal den ersten Schock überwunden hat, wird sie rasch zu seinem Markenzeichen. Sie ist die vollkommene Inkarnation seines Prinzips: ein Mädchen, deren puppenhafter Blick, deren träge Gesten und Bewegungen scheinbar perfekte Abbilder kleinbürgerlicher Beschränktheit und Enge sind."[271] „Schygulla verkörpert in Fassbinders Welt als Luxusgeschöpf das Prinzip Hoffnung, indem sie immer ein bisschen Glamour in die trüben, 'antiteater' Szenen bringt, während die anderen Schauspieler, allen voran der ewig muffelnde, und nuschelnde Fassbinder wie ausgebrannte Westernhelden auf die Bühne schleichen. Schygulla hingegen setzt gleich mit ihrem Auftritt einen heiteren Kontrapunkt, schreitet den Lockenkopf stolz nach hinten geworfen so pompös auf die Bühne wie eine Diva des Hoftheaters. Und genau diese halb ironische, halb majestätische Distanz zu ihren Mitspielern bewahrt sie auch während der Szenen und hüllt sich in eine Wolke der Würde. Das Phlegma des 'antiteaters': in Hanna Schygulla verklärt es sich zu sphinxhafter Trägheit".[272]

Hanna Schygulla 1969 im Münchner antiteater als Polly in Rainer Werner Fassbinders Bearbeitung der *Bettleroper* von John Gray.

Das präzise realistische Material, das ihr Fassbinder mit seinen Stücken vorgibt, wird von Hanna Schygulla nicht bloß zitiert, sondern transzendiert – Gesten werden vergrößert, zu Posen ausgebaut, aus jedem Gang wird ein Zeremoniell; schon wenn sie auf der Bühne auftritt, tut sie das so souverän und selbstvergnügt wie eine große Diva: Sie ist die perfekte Verwandlung eines Kleinbürgermädchens in einen Kinostar. Fassbinder hat sie vom Zeitpunkt ihrer ersten Begegnung in der Schauspielschule an als Star auf der Bühne und in seinen zukünftigen Filmen gesehen. Ihre absolute Leinwandpräsenz und ihr 'Anti-Star'-Bewusstsein bescheren beiden die ersten gemeinsamen filmischen Erfolge. Das Starprinzip hat sich für die, die es erfanden oder imitierten, sehr rasch ausbezahlt. Das bürgerliche Publikum, hat es erst einmal den ersten Schock überwunden, ist süchtig nach neuen Mythen, begierig auf Persönlichkeiten, Identifikationsobjekte und Stars, die man schnell in sein Herz schließen kann.[273]

Im Juni 1969 gastiert das 'antiteater' bei den Werkraumwochen in den Münchner Kammerspielen. Während die 'Frankfurter Allgemeine' noch gönnerhaft urteilt: 'Laientheater mit Schwung, das dem Professionellen zustrebt', hatte Fassbinder bereits einen Auftrag des Bremer Intendanten Kurt Hübner in der Tasche. „Für das Bremer Theater – in jenen Jahren die interessanteste deutsche Bühne, von der durch Peter Zadeck wichtige Impulse ausgingen – schrieb er *Das Kaffeehaus* nach Goldoni. Fassbinder konnte in Bremen seine Ästhetik erproben, ohne aus der Not des Kneipentheaters eine Tugend machen zu müssen. In der 'Witwe Bolte' war ein so aufwendiges Bühnenbild, wie es Wilfried Minks für *Das Kaffeehaus* in Bremen schuf, undenkbar: Eine hohe Glasschale mit einer riesigen Torte beherrschte die Bühne. Ein ironischer Verweis darauf, dass der Normalverbraucher, der sich unter der überdimensionierten Torte in schönen Reden über Liebe, Glück und Geld erging eigentlich nichts anderes wollte als auch ein großes Stück vom Kuchen."[274]

Fassbinder, der auf die deutschsprachige Tradition Horváths und Fleißers zurückgreift, bearbeitet diesen italienischen Klassiker und führt den Erneuerungsprozess weiter, indem er die Arbeit Goldonis auf seine Zeit überträgt und zugleich auf Nestroys zurückgreift, der seine Figuren ebenfalls im Kaffeehaus beobachtet. Fassbinders Goldoni-Bearbeitung ist eine zweifache Transposition. Der erste Schritt: Goldonis Stück, in dem die Intrigen und Kollisionen einander jagen, wird auf bayerische Zeitmaße verlangsamt – weg von der Fröhlichkeit der Piazza ins tägliche Halbdunkel irgendeiner Giesinger Vorstadtkneipe. Die zweite Transposition: Diese Giesinger Kleineleute-Welt wird nun nicht etwa realistisch trostlos abgebildet, sondern stilisiert. All die miesen, kleinen Geschäftemacher, die Fassbinders *Kaffeehaus* bevölkern, sind umschattet von müder Melancholie und verklärt von elegischer Schönheit.

Am auffälligsten von allen Themenbereichen aus der Volksstücktradition ist im *Kaffeehaus* der Besitz des Geldes. In mehr als 30 Zitaten geht es nur um den Mammon, der entweder in der Spielbank Venedigs gerade verspielt, gewonnen oder als Wechsel beliehen wird. Dabei ist es äußerst ungewöhnlich, dass die zur Diskussion stehenden Geldbeträge immer sofort in Zecchinen, Dollar, Pfund und Mark umgerechnet werden:

Placida 130 Zecchinen, das sind 699 Dollar 40 Cent, 281 Pfund 2 Shilinge, 6 Pence, 2.795 Mark.

Eugenio Ich bin verloren, kann das nimmermehr verdienen in dem Leben.

Placida Ich gebe Ihnen 50, dass sie weiterspielen.

Eugenio 50 Zecchinen, das sind 251 Dollar 90 Cent, 108 Pfund 2 Shillinge 6 Pence, 1.075 Mark. Einfach so? Aus Spaß und ohne Schuldschein, ohne Sicherheit?

Placida Aus Spaß, und ohne Schuldschein, Ohne Sicherheit.

Eugenio Ich kanns nicht glauben, trau den eigenen Augen nicht.

Placida Es bleibt in der Familie, junger Freund.[275]

Eugenio ist vorerst gerettet. Deshalb besucht er auch regelmäßig die Morgenmesse, um dort sein Laster zu beichten und Gott mit einer kleinen Spende in den Klingelbeutel milde zu stimmen. Sein heimlicher Wunsch: er möge doch speziell für ihn ein kleines Wunder mit einem großen Gewinn bewirken.

Trapolo sieht die Sache nüchterner, wenn er sagt: 'Ja ja, das Leben und der Liebe Gott, das sind zwei Sachen'. Aufgrund der Spielschulden kommt es zwischen Leander und Eugenio fast zu einem Duell. In letzter Sekunde wirft er das Geld auf den Boden und ruft 'bedienen sie sich'. Bei dieser Auseinandersetzung kommt auch das zweifelhafte Vorleben von Lisaura an den Tag:

Leander Was hattest Du mit diesem Menschen zu bereden, mit diesem Ungeheuer?

Lisaura Das war ein Kunde früher, Liebster, als ich noch leben musste von der Gnade anderer Männer.

Leander Geh auf die Knie, umarme meine Beine. Was eine Hure ist, bleibt immer eine Hure.

Lisaura Du bist so stark, so groß. Und blickst herab auf mich.

Leander Ich sollte Dich züchtigen. *Music-Box.*[276]

Fassbinder verarbeitet den Themenbereich musikalischer Einlagen in dieser Goldoni-Bearbeitung auf außergewöhnliche Art. Statt der herkömmlichen Lieder und Tänze lässt er immer wieder die 'Musikbox' leiern und gibt die entsprechende Regieanweisung. Dadurch erfolgt nicht nur eine inhaltliche Zäsur, sondern gleichzeitig eine Distanz zur Handlung. Eine Ausnahme ist der *Song* von Placida, der am Ende des zweiten Aktes von der großen Liebe erzählt:

Ich mag Dich
Du bist ein Mann
Ich lieb Dich
wie ichs nur kann

Ich träum Dich
die ganze Nacht
ich seh Dich
und mein Herz lacht.

Ich steck Dich
in mein Gewand
Ich hab Dich
in meiner Hand.[277]

Es lohnt sich, um die Liebe des Mannes zu kämpfen, das zeigt auch das Gespräch zwischen Placida und Lisaura, in dem beide mit ihren weiblichen Reizen prahlen:

Lisaura	Und krumm sind Ihre Beine, gerade sind die meinen.
Placida	Und meine Brust? Ist größer sie, ist kleiner als die Ihre?
Lisaura	Größer mag sie wohl sein, die Deine, besser stehn tut die meine.
Placida	Die Größe ist's auf die es ankommt.
Lisaura	Nimmermehr! Die Form. Die Form ist wichtig, nicht die Größe.
Placida	Und außerdem ist Ihre Sprache ordinär.
Laura	Und Ihnen wächst ein Damenbart.
Placida	Und Sie sind eine, die zu haben ist für 30 Soldis.[278]

Am Ende des Stücks wendet sich alles wieder zum Guten. Leanders Frau Placida hat dem Grafen verziehen und teilt ihm überschwänglich ihre Liebe mit:

Leander	Nie wieder flieh ich Dich. Will eine Ehe führen mit Dir so treu wie Gold. Placida, Liebste kannst Du mir verzeihen?
Placida	Ich habe Dir verziehen, Liebster, Längst. Ich kann des Nachts nicht schlafen ohne Dich, des Tags nicht atmen. Ich brauche Deine Muskeln, Deine Hand, das Haar, durch das ich meine zarten Hände lenke, die Schulter, auf die ich meinen Kopf dann bette, die Brust, die mir der Widerstand des Bösen ist. Und alles, alles an Dir brauch ich.[279]

Goldonis Theaterreform ist wie die Philipp Hafners, dem Vater des Wiener Volksstücks, das Ergebnis eines Reformprogramms der Aufklärung, das eine als verfallen und derb empfundene Spielpraxis verbessern möchte, bei der nun das Moralische in den Vordergrund tritt. Da die Erneuerung des Volksstücks sowohl im italienischen als auch im deutschen Sprachraum bereits im 18. Jahrhundert stattgefunden hat, darf das deutschsprachige Volksstück im 20. Jahrhundert nicht mehr in unmittelbarer Beziehung zum Bauernschwank gesehen werden. Deshalb weist auch Ödön von Horváths Volksstück-Konzeption bereits in den 20er Jahren deutliche Ähnlichkeiten zu Goldonis Vorhaben auf. Hier setzt nun die Aktualisierungsarbeit Fassbinders an, der einerseits Horváths Theater als Vorbild nimmt, sich aber andererseits von dem Stück Goldonis, das der Commedia dell'arte nahesteht, inspirieren lässt. Fassbinders Bearbeitung von Goldonis Komödie ist so konstruiert, dass man sie auch nach den Vorstellungen Brechts aufführen könnte. Dabei zeigt das *Kaffeehaus* die Eigentümlichkeiten einer durch moralisches Verantwortungsgefühl geleiteten Gesellschaft. Die Zustände, die bei Goldoni noch harmonisierbar, bei Brecht veränderbar sind, enthüllen sich bei Fassbinder und Sperr in ihrer vollen tragikomischen Notwendigkeit. Deshalb führt die Hoffnung, das System der Unterdrücker gegen ein anderes System auszuwechseln, bei Fassbinder am Ende wieder zu einem neuen Unterdrückungssystem.[280] Damit zeigen die Bremer Arbeiten einen ungewohnten Umgang mit alten Theatertexten. Mittlerweile weiß man, dass es sich nicht um Bearbeitungen im üblichen Sinne, sondern im postmodernen Sinne um 'rewrites' handelt: Stücke nach Stücken, Spiel aus anderen Spielen. Bühnenstücke, die mit seinen späteren Arbeiten allerdings nichts mehr gemeinsam haben.

Will man die Arbeit Fassbinders beschreiben, so wird man feststellen, dass es Fassbinder viermal gibt: den Dramatiker, den Schauspieler, den Theaterregisseur und den Filmemacher. Ohne Frage besteht eine thematische Kontinuität zwischen den Theaterstücken und den Filmen. Dabei wird der sozialkritische Ansatz oft unterbewertet, obwohl er für das Verständnis seines Werks von Bedeutung ist. Das gewaltige Œuvre das er in nur wenigen Jahren produziert, ist kaum überschaubar. Präzise auszumachen ist da nur eine einzige Konstante: Was immer Fassbinder produziert, es sind Kreuzungen aus Theater und Kino. Da gibt es das Kino mit Theaterdramaturgie, wie zum Beispiel *Katzelmacher,* einer von Fassbinders frühen Filmen: starr abfotografierte Theaterszenen, auf ganz wenige, bühnenbildhafte Schauplätze reduziert. Für diese Arbeit erhält er 1970 den Bundesfilmpreis in Gold.

Selbst Fassbinders vorletzter, formal viel variablerer Film *Der Händler der vier Jahreszeiten* reiht noch immer Theaterszenen, Theaterdialoge, Theaterschauplätze aneinander und ließe sich ohne besondere Anstrengung in ein Theaterstück transponieren. Das umgekehrte Verfahren sind Theaterstücke, die Kinoeffekte und Kinostimmung verarbeiten. Aber noch mehr als nur Theater und Kino werden miteinander gekreuzt. Fassbinder gelingt es, zwei höchst heterogene Traditionen, eine bajuwarische und eine amerikanische, mit einander zu verbinden. Die *Pioniere in Ingolstadt,* das Kleinstadtsoziogramm der Marieluise Fleißer, sind das eine große Vorbild für Fassbinder, die Hollywood-Melodramen das andere. Die kleinen Leute, der Hinterhof und Hollywood: das sind die Erfahrungswelten des Rainer Werner

Fassbinder. Dies ist natürlich keine bloß willkürliche Kombination. Denn die Illusionen des großen Kinos wiederum sind Flucht- und Traumwelten für die kleinen Leute. Deshalb werden auch soziale Missstände nicht erläutert, nicht diskutiert, sondern nur plakativ präsentiert.

Fassbinder umgibt sich in frühen Jahren oft mit einer als 'Clan' bezeichneten Gruppe, die ihm als Familienersatz dient. In diese Gruppe integriert der bisexuelle Fassbinder auch seine männlichen Partner. Von 1970 bis 1972 war er mit der Schauspielerin Ingrid Caven verheiratet. Die Ehe zerbricht. Fassbinder kann seine Homosexualität nicht verleugnen, aber zur damaligen Zeit auch nicht frei ausleben. Was ihm bleibt, ist die Sucht. Die Sucht nach Arbeit, die ihn zu einem rastlosen und zu höchster Intensität gesteigerten Leben drängt.

Beeinflusst von der in Frankreich entstandenen Bewegung der jungen Cinéasten mit François Truffaut und den US-amerikanischen Filmemachern John Huston, Raoul Walsh und Howard Hawks, vor allem aber von Douglas Sirk mit seinen Melodramen, beginnt Fassbinder die ersten Spielfimprojekte zu realisieren. Im Jahr 1969 entstehen der Krimi *Liebe ist kälter als der Tod* und *Katzelmacher,* wobei Fassbinder die Theaterarbeit immer mit der des Filmemachens verquickt. Zwischen 1969 und 1971 entstehen so nicht nur zahlreiche Theaterstücke, sondern auch in sehr kurzer Zeit viele alternativ produzierte Filme unter dem Firmennamen 'antiteater-X-Film'. Nach dem 'antiteater'-Debakel und der desaströsen Finanzsituation übernimmt Fassbinder 1971 die gesamten Schulden der Künstlerkommune von über 200.000 DM. Dies hindert ihn nicht daran, sofort eine neue Produktionsfirma mit der Bezeichnung 'Tango-Film' zu gründen. Trotz negativer Erfahrungen schließt er immer wieder höchst ungünstige Verträge ab, praktiziert mit dubiosen Geschäftemachern und lässt sich auf nicht abgesicherte Projekte ein. Als erster Film wird unter dem neuen Logo *Händler der vier Jahreszeiten* produziert.

Sein wachsender künstlerischer Erfolg lässt auch die Verantwortlichen des Fernsehens auf ihn aufmerksam werden, und es beginnt ab 1971 eine der produktivsten Zusammenarbeiten mit dem Westdeutschen Rundfunk. Peter Märtesheimer, der für ihn später die Drehbücher seiner erfolgreichen BRD-Trilogie schreibt, wird sein wichtigster Unterstützer und zeichnet als verantwortlicher Redakteur bei den Fernsehfilmen. Besonders erfolgreich sind: *Die Niklashauser Fahrt* (1971), die Arbeiterserie *Acht Stunden sind kein Tag* (1972), *Martha* (1973), *Welt am Draht* (1973), *Angst vor der Angst* (1975) und *Wie ein Vogel auf dem Draht* (1976).

Nach diesen Erfolgen löst sich Fassbinder zunehmend von den Abhängigkeiten innerhalb seines Clans und integriert in seine Bühnen- und Filmarbeiten auch sogenannte 'Altstars', allen voran Karlheinz Böhm, mit dem er unter anderem *Martha* (1974) produziert. Mit Volker Schloendorf dreht er 1969 den Spielfilm *Baal*. 1970 trifft er bei seinem siebten Spielfilm *Whity* auf Michael Ballhaus, mit dem er insgesamt neun Jahre zusammenarbeitet und fünfzehn Filme produziert.

Volker Schloendorf mit Rainer Werner Fassbinder 1969 bei Dreharbeiten für den Film *Baal*

Ein Maximum an öffentlicher Aufmerksamkeit erreicht Fassbinder in den Jahren 1971 bis 1974 durch die von 'Tango-Film' produzierten Spielfilme *Die bitteren Tränen der Petra von Kant* (1972), *Angst essen Seele auf* (1973) und *Faustrecht der Freiheit* (1974).

In der Spielzeit 1974/75 ist er Intendant am Theater am Turm in Frankfurt und schreibt für das Ensemble das Stück *Der Müll, die Stadt und der Tod* (1974), das aufgrund der Verwendung antisemitischer Klischees eine heftige Kontroverse auslöst.

Fassbinder hat aus seiner Verehrung für Marieluise Fleißer nie einen Hehl gemacht. Zu seinem 1968 uraufgeführten Volksstück *Katzelmacher* hat sie ihm zahlreiche dramatische Anstöße vermittelt. Dieses Drama ist ein Beispiel dafür, wie produktiv sich Fassbinder fremde Schreibweisen aneignen konnte. Die Uraufführung dauerte vierzig Minuten. Den Film widmete er dann Marieluise Fleißer. Dabei zeigt sich wieder, dass er die meisten seiner Stücke aus vorgefundenem Material nach Art des Baukastenprinzips zusammenbaute. In einem Interview sagte er: „Ich mache Sachen aus Sachen, die ich gesehen habe. Ich selbst alleine bin nicht so ergiebig. Was ergiebig ist, sind Geschichten um mich herum. Dinge, die passieren und in Zeitungen stehen."[281] Damit zeigt seine Arbeitsweise deutliche Parallelen zu der Wiener Volksstücktradition, vor allem aber zu Johann Nepomuk Nestroy. Auch Nestroy war ein äußerst produktiver Stückeschreiber und hat dennoch die meisten Ideen zu seinen Schauspielen von französischen Autoren übernommen.

Fassbinder packt die großen Probleme unserer Zeit an, die Not der Minoritäten und in *Bremer Freiheit* die Emanzipation der Frau. Genau besehen sind das nur Vorwände, denn Fassbinder greift nicht zu solchen Themen, um sie ernsthaft und realistisch zu diskutieren, sondern um sie schnell in schönere, naivere Theaterwelten zu entrücken. Dabei identifiziert er sich mit seinen kleinbürgerlichen Helden. Jeder Satz, jede dieser dumpfen, denkfaulen Lebensbetrachtungen, die das Stück widerstandslos und kommentarlos aneinanderreiht, ist ein verkleinertes Modell des ganzen Stücks.

Die Sprache besänftigt zusätzlich: Ein 'Einheitsjargon', der alle Kontraste zwischen den Figuren verschwimmen lässt, der jede Figur zu einer Variation, oft auch zu einer bloßen Reproduktion eines immer gleichen Weltgefühls macht. Fassbinders Stücke liefern genügend Material zur Kleinbürgerlichen-Ideologie. Sie sind genau genommen Reflexe auf die Welt, aber keine Gebrauchsanweisung zu ihrem besseren Verständnis.[282]

Fassbinder entwickelt seine Filmsprache konsequent weiter. Die Verfilmung von Theodor Fontanes *Effi Briest* ist 1974 das Gespräch auf der Berlinale. Auch in den Folgejahren bearbeitet er in seinen Filmen bedeutende Frauenfiguren. Mit der Verfilmung *Die Ehe der Maria Braun* erhält er 1978 das Filmband in Gold. Auch der Kinofilm *Lili Marleen,* der auf den Lebenserinnerungen der Sängerin Lale Andersen beruht, wird 1981 zu einem Publikumserfolg. Mit der Ausstrahlung seines vorletzten Films *Die Sehnsucht der Veronika Voss* erlebt er 1982 seinen letzten großen Erfolg und erringt bei den 32. Berliner Filmfestspielen den 'Goldenen Bären'. Fernsehgeschichte schreibt er mit der Verfilmung von Alfred Döblins Roman *Berlin Alexanderplatz,* mit der er sich einen Wunschtraum erfüllt. Die Ausstrahlung erfolgt in dreizehn Folgen. Sie wird allerdings von den Kritikern kontrovers diskutiert und vom Publikum nicht wie erwartet angenommen.

Filmszene *Berlin Alexanderplatz* mit Guenther Lambrecht und Hanna Schygulla
Regie: Rainer Werner Fassbinder, 1980.

Atemberaubend war vor allem das Arbeitstempo Fassbinders. In seiner kurzen Schaffenszeit von nur 13 Jahren sind mehr als 40 Filme entstanden. Sein Werk umfasst kongeniale Literaturverfilmungen und sentimentale Melodramen, selbstquälerische Bekenntnisfilme und gesellschaftskritische Sozialstudien, mit großem Budget realisierte Mainstream-Produktionen und ästhetische Experimente.

Rainer Werner Fassbinder bei den Dreharbeiten für den Fernsehfilm
Berlin Alexanderplatz 1980.

Bei aller Affinität zu Marieluise Fleißer gibt es dennoch wichtige Unterschiede zu ihrer Arbeit, wie ein kurzer Blick auf *Katzelmacher* zeigt. Das Stück spielt in Bayern in einem Dorf in Großstadtnähe. Der erste Gastarbeiter Jorgos, ein Grieche, kommt im Dorf an und muss sich mit dem massiven Widerstand des dörflich-kleinbürgerlichen Kollektivs gegen alles Fremde auseinandersetzen. Die aus Misstrauen, Unwissenheit, Unsicherheit und Minderwertigkeitsgefühlen zusammengesetzten Reaktionen der Dorfbewohner geben dem Ausländer keine Chance. Ihre erste Reaktion auf die Ankunft des Griechen ist die Bemerkung: 'Jetzt geht es los mit den fremden Sitten'. Die Unfähigkeit, miteinander zu kommunizieren, führt sehr schnell zu Vorurteilen, denn 'da, wo der herkommt, gibt es Kommunisten'. Die männliche Jugend des Dorfes fühlt sich durch die überhebliche Männlichkeit des Südländers provoziert und reagiert gewalttätig:

Franz	Jetzt wird eine Gang gegründet gegen den.
Paul	Und wer nicht mitmacht, ist ein Feind und wird bekämpft wie der.
Helga	Dass eine Ordnung wiederkehrt. [...]
Paul	Am besten mit Lederjacken und so auf Schau. So wie sie es überall haben, nur wir nicht. [...]
Paul	Jetzt sind wir schon zehn. Mit Lederjacken ist es trotzdem besser.[283]

In einer Art Lynchjustiz wird Jorgos zusammengeschlagen. Trotzdem reagiert er auf dieses brutale Verhalten psychologisch geschickt. Er verzichtet auf eine Anzeige, bleibt im Ort wohnen und erkauft sich dadurch die Duldung im dörflichen Kollektiv. Dass er selbst nicht durch Erfahrung klug geworden ist, zeigt sich am Ende, als über die Einstellung eines Türken gesprochen wird und er bemerkt: 'Türkisch nix gut. Jurgos und Turkisch nix zusammen arbeit.'

An die Stücke von Fleißer erinnert vor allem die epische Struktur der Handlung, in der sich durch die locker aneinandergereihten Bilder schließlich ein komplexer Vorgang entwickelt. Über Fleißer hinaus führend sind die Versuche Fassbinders, die Verhaltensweisen der Dorfbewohner psychologisch zu motivieren. Er tut das vor allem, indem er die Dialoge der Menschen auf der Bühne so zeichnet, dass es einem nicht schwer fällt, sich vorzustellen, wie die Menschen tatsächlich miteinander kommunizieren. Im Grunde zeigt Fassbinder, dass die Vorurteile, Missverständnisse und Brutalitäten Ergebnisse einer reduzierten Kommunikationsfähigkeit sind. Dadurch jedoch, dass er einen Gastarbeiter zum Opfer dieser Kommunikationsfähigkeit werden lässt, verdeckt er den eigentlich sprachkritischen Ansatz zugunsten einer oberflächlichen Aktualität. Die Aggressionen der Dorfbewohner gegenüber dem Griechen entstehen nicht aufgrund ökonomischer Tatbestände. Sein Arbeitsplatz ist unterbezahlt und erfordert ein hohes Arbeitstempo. Vielmehr wird die Problematik durch die Unfähigkeit Jorgos genährt, die deutsche Sprache auch nur rudimentär zu beherrschen. Dies zeigt sich auch im Gespräch zwischen ihm und Gunda:

Gunda	Du bist von Griechenland?
Jorgos	Griechenland.
Gunda	Und gefällt es dir da? Ob du hier einen Gefallen hast?
Jorgos	Nix verstehn.
Gunda	Deutschland schön?
Jorgos	Viel schön.
Gunda	Nix viel Liebe?
Jorgos	Nix verstehn Liebe.
Gunda	Vom Herzen.
Jorgos	Nix.
Gunda	Nein? Nix Fräulein?
Jorgos	Was Fräulein? Fickifick?
Gunda	Ja.
Jorgos	Na nix.
Gunda	Warum? Wegen mir?
Jorgos	Ja. Nix.[284]

Auffällig an dieser Stelle, die die unzureichenden Sprachkenntnisse Jorgos gut veranschaulicht, ist vor allem auch eine gewisse Flexibilität Gundas. Sie möchte erfahren, welchen Eindruck Jorgos von Deutschland hat und wie es mit seinen Beziehungen zu dem weiblichen Geschlecht bestellt ist. Beide Male ist sie gezwungen, ihre Fragen zweimal umzuformulieren: 'Gefällt es dir?', 'Hast du einen Gefallen?', 'Deutschland schön?'. Erst dann erhält sie eine vage Antwort. Im Verlauf dieser Umstrukturierung verändert sich aber dabei auch der Inhalt der Frage: Gunda fragt zunächst neugierig, aber wenig konkret nach Jorgos Einstellung der Liebe gegenüber und verdeutlicht schließlich ihre Frage, indem sie mit 'Fräulein' eine Formulierung wählt, die zweideutige Assoziationen weckt. Jorgos versteht denn auch gerade diese Nuance und antwortet verneinend. Wie die Fortsetzung des Gesprächs zeigt, hat Gunda diese Frage bewusst gestellt, um zu prüfen, ob Jorgos eventuell auf einen Annäherungsversuch ihrerseits eingehen würde. Jorgos hat aber vermutlich durch Gundas Frage den Eindruck erhalten, sie selbst stelle sich diesen 'Fräulein' gleich. Es dauert nicht lange, bis sich im Dorf das Gerücht verbreitet hat, Jorgos habe sie überfallen und zu vergewaltigen versucht. Bruno, der auf dem Zimmer mit Jorgos schläft wird von den anderen ausgehorcht:

Erich	Und wie schaut er aus?
Bruno	Besser wie wir.
Erich	Wie besser?
Bruno	Besser gebaut ist er.
Erich?	Wo?
Bruno	Am Schwanz.
	Pause[285]

Liebe, die Fassbinder in Goldonis *Kaffeehaus* zum Thema hat, finden wir in seinen eigenen Arbeiten nicht. Dies verwundert nicht, zumal er sich in einem Interview wie folgt äußert: „Meine Auffassung von Liebesgeschichten ist die, dass Zweierbeziehungen reine Unterdrückungsstrategien der bestehenden Gesellschaft sind."[286] Es ist deshalb naheliegend, dass er im Dialog zwischen Helga und Gunda zeigt, dass Frauen nur zum Sexualobjekt taugen.

Helga	Du gehst mit einem, der wo verheiratet ist und Kinder hat.
Gunda	Ich tät mich schämen, wo du alles weißt von dem, was das für einer ist.
Marie	Und was ist das für einer?
Gunda	Ein Verbrecher ist das, das wissen doch alle.
Marie	Bei mir ist er kein Verbrecher nicht.
Helga	Weil du ein schlechtes Mensch bist.
Marie	Wo ich meine Liebe hintue, bleibt mir überlassen.
Gunda	Weil er ein Schwein ist und fest zupackt.
Marie	Weil der dir nichts wollte.
Gunda	Nichts wollte. Auf den Boden hat er mich geschmissen.
Marie	Vielleicht im Traum, weil du gar nicht sein Typ bist.
Helga	Als ob der nach so was fragt. Der möchte ihn bloß drin haben.
Marie	Weil du was besseres bist.
Helga	Für mich bist du eine Schnalle, sonst nichts.[287]

Hanna Schygulla mit Rainer Werner Fassbinder in dem Film *Katzelmacher*, bei dem er 1969 selbst die Regie führte.

Bereits das bloße Gerücht reicht bei den Dorfbewohnern aus, um Fremdenhass und Lynchjustiz eskalieren zu lassen. So besteht für Jorgos durch die extreme Unfähigkeit, die Deutschen angemessen zu verstehen und sich ihnen verständlich zu machen, unmittelbare Lebensgefahr, wie der Überfall auf ihn zeigt.

Auch die Gespräche der Dorfbewohner demonstrieren, dass sprachliche Kompetenz alleine nicht vor Kommunikationsschwierigkeiten schützt. Immer wieder tauchen in ihren Äußerungen sentenzenhafte Sätze und Redensarten, vorgeprägte Satzmuster und 'Klischees' auf:

Marie	Wenn eines keinen Verstand hat, soll es schweigen. [...]
Gunda	Da kommt man in die Sachen hinein und weiß nicht, was daraus wird. Weil mit die Kommunisten ist eine Gefahr. [...]
Erich	Ein Kommunist ist das und gehört verboten.
Paul	Weil das passt zu dem, was sowieso schon ist.
Erich	Und gehört verboten.
Paul	Traut sich da her und ist ein so einer.
Erich	Verboten gehört es und da wird gearbeitet dafür.[288]

Dass Geld die treibende Kraft in diesem Volksstück ist, wird bereits im zweiten Satz der ersten Szene in einem Gespräch deutlich. Dabei sehen wir, dass der 'Einheitsjargon', den Fassbinder verwendet, durchgängig gesprochen wird und alle Kontraste der Figuren im Nebulösen verschwimmen lässt.

Marie	Ich hol Bier, wenn du magst. Ein Geld mußt mir geben.[289]

Wenn Fassbinder Stellen aus der Leidensgeschichte Christi zitiert, so verfolgt er eine bestimmte Intention. Er beabsichtigt dabei in übertragenem Sinne auf die brutale Verfolgung des Fremdarbeiter und den geplanten Fememord hinzuweisen:

Erich	Eine Pistole sollt man haben, dann könnt man ihn hüpfen lassen. Was meinst, wie der springt.
Franz	Wie ein junger Hirsch.
Paul	Aber kastrieren ist besser, weil da denkt er länger dran.
Erich	Dann legen wir ihn in Benzin und schenken ihn der Marie zum Geburtstag.
Paul	Das wäre eine Schau.[290]

Die Dorfbevölkerung ist nicht in der Kirche, um die frohe Botschaft zu vernehmen, sondern um Hass zu säen. Es passt einfach nicht in ihr Bild, dass Maria und Jorgos am Gottesdienst teilnehmen, da sie in ihren Augen Außenseiter sind, die hier nichts verloren haben. Erich kann sich nicht zurückhalten, wenn er sagt: 'Verrecken sollt er.' Nahtlos, ohne Übergang stimmt dann die ganze Gemeinde während der Eucharistiefeier in Demut die Anima Christi an:

Alle   Blut Christi tränke mich

Wasser aus der Seite Christi wasche mich

Leiden Christi stärke mich

O guter Jesus erhöre mich

Verbirg in deine Wunden mich

Laß immer von dir scheiden mich

Damit ich möge loben dich

Mit deinen Heiligen ewiglich. Amen.[291]

Die 'Anima Christi' ist ein Gebet, das während der Austeilung des Abendmahls von der Gemeinde gesungen wird. Verfasser ist vermutlich Papst Johannes XXII. (†1334). Fassbinder verwendet ein weiteres Mal Worte aus der Bibel. Dazu blendet er das Bild von Christus als Lamm Gottes ein, das in der Apokalypse eine zentrale Rolle spielt. Johannes sieht im Zentrum seiner Vision 'ein Lamm wie geschlachtet'. Fortan ist das Lamm in der Apokalypse das wichtigste Symbol für Jesus. Dabei deutet der Ausgang auf die erlösende Wirkung des Opfertodes hin. Die Liturgie scheint die Dorfbewohner jedoch unberührt zu lassen. Stattdessen beschließt man während des Abendmahls, dass es irgendwann mit Jorgos 'losgehen' müsse und auch sein Opfertod anstehe:

Alle   Nun ist das Lamm geschlachtet

das Opfer ist vollbracht

wir haben jetzt betrachtet

Gott deine Huld und Macht.[292]

Damit hat Fassbinder den in der Volksstücktradition üblichen Liedeinlagen genüge getan und zugleich auf biblische Motive zurückgegriffen. Er lässt, wie wir hier sehen, die Menschen miteinander kommunizieren, ohne dass ihnen die Formelhaftigkeit und Leere ihrer sprachlichen Mitteilungshülsen bewusst wird. Im Gegenteil: Sie haben subjektiv den Eindruck, sich miteinander verständigen zu können, wie ihre gemeinsame Front gegen Jorgos zeigt. In Wirklichkeit jedoch sind sie nicht einmal imstande, ihre persönlichen Gegensätze und individuellen Ansprüche zu verbalisieren und miteinander abzustimmen. Nur die gemeinsame Abwehrhaltung gegen den Gastarbeiter schafft für kurze Zeit eine Solidarität zwischen ihnen, die aber in dem Augenblick wieder zusammenbricht, in dem mit dem Überfall auf Jorgos ihre Aufgabe erfüllt ist. Dadurch werden die eigentlichen ökonomischen Ursachen des gesellschaftlichen Zusammenlebens nur in ihrer sprachlichen Dimension erfasst: Fassbinder zeigt uns detailliert anhand der 'Gastarbeiterproblematik', wie Menschen der sozialen Unterschicht miteinander umgehen, wie schlecht sie in der Lage sind, ihre Interessen und Wünsche zu verbalisieren und wie unverständlich ihre Sprache als Ergebnis der allgemeinen Entfremdung ist. Auch wenn Fassbinder in diesem Stück zu aktuellen zeit- und sozialkritischen Problemen Bezug nimmt, zeigt er uns keine Lösung.

Wie die Zitate gezeigt haben, geht es Fassbinder nicht um eine Fixierung des bayerischen Dialekts. Ihn interessiert wie Horváth, Sperr oder Kroetz ausschließlich der 'Soziolekt'. Genauer gesagt: der 'Einheitsjargon', wie er ihn nennt. Es ist die Sprache oder der Code einer bestimmten Gesellschaftsschicht, der alle Kontraste zwischen den Figuren verschwimmen lässt, der jede Figur zu einer Variation, oft auch zu einer bloßen Reproduktion eines immer gleichen Weltgefühls macht. Dabei versucht er die Kleinbürgerenge und Kleinbürgerträume präzise einzufangen. Fassbinders Stücke liefern damit Material zur Kleinbürger-Ideologie, nicht aber eine Theorie über das Material. Sie sind Reflexe auf die Welt, aber keine Gebrauchsanweisungen zu ihrem besseren Verständnis.

„Gemeinsam ist allen neuen Volksstücken die mehr oder weniger starke Annäherung der verwendeten Sprache an mundartliche Ausdrucksformen in Wortwahl, Syntax, und Aussprache. Anstelle der Bezeichnung 'Volksstück' könnte man deshalb auch durchaus die Bezeichnung 'sozialkritisches Dialektstück' verwenden."[293] In allen Arbeiten von Fassbinder wird nicht Sozialkritik im Dialekt geübt, sondern die von den Unterschichten verwendeten Sprachformen werden als Ausdruck der gesellschaftlichen Entfremdung verstanden. Seine Stücke sind deshalb 'sozialkritisch', weil sie die Intention des Autors unterstützen, durch die Entfremdung im Zuschauer den Wunsch nach einer Veränderung zu wecken.[294]

Fassbinder stirbt am 10. Juni 1982 in München während der Arbeit an der Endfertigung seines letzten Projekts *Querelle* im Alter von 37 Jahren an Herzversagen durch eine Mischvergiftung von Kokain, Schlaftabletten und Alkohol. „Alle die Fassbinder näher kannten, wussten, dass er nicht alt werden würde. Was er sich in Arbeit und Privatleben zumutete, kann kein Mensch lange aushalten. Er führte ein rastloses und zur höchsten Intensität gesteigertes Leben und erreichte Reife und technische Meisterschaft bereits in einem Alter, wo andere Filmemacher gerade ihre ersten Versuche hinter sich haben."[295]

Was jedenfalls die Erneuerung des Volksstücks betrifft, so hat Fassbinder die Arbeit von Marieluise Fleißer fortgesetzt und neu belebt. Gleichzeitig hat er die Brücke zwischen Horváth und Kroetz geschlagen. Eines hat jedoch nur Fassbinder erreicht: Er ist bis heute der bedeutendste deutsche Filmemacher nach 1945 geblieben.

9. Franz Xaver Kroetz

Franz Xaver Kroetz wird am 25. Februar 1946 in München als Sohn eines Steueramtmanns geboren und wächst im niederbayerischen Simbach auf. Nach dem Besuch der Volksschule wechselt er auf die Realschule, die er nach fünf Jahren ohne Abschluss verlässt, um anschließend zwei Jahre eine private Schauspielschule in München zu besuchen. Nach dem Tod des Vaters zieht er 1962 aus dem Haus seiner streng katholischen Mutter aus, um nach Wien zu gehen. Dort besteht er alle Aufnahmeprüfungen des Max-Reinhardt-Seminars, überspringt sogar zwei Semester, um dann allerdings nach weiteren zwei Semestern ohne Examen aus dem Seminar entlassen zu werden. Der wiederholte Anlauf mit dem zweimaligen Scheitern einer Schauspielerausbildung in München und Wien führt zu einer Kurskorrektur.

Kroetz kehrt nach Bayern zurück und hält trotzdem am Theater fest, obwohl er nur kleine und kurzfristige Engagements bekommt. An Münchner Kellertheatern sammelt er erste praktische Erfahrungen. Wenn er als Schauspieler stellungslos ist, hält er sich mit Gelegenheitsarbeiten über Wasser. So ist er ein halbes Jahr auf dem Bau und das nächste halbe Jahr in einer Papierwarenfabrik tätig. Anschließend jobbt er als Lastwagenfahrer, Zeitungsausträger, Krankenpfleger in der Psychiatrie, Portier und Hausmeister oder arbeitet als Bananenschneider in der Münchner Großmarkthalle. Es gibt keine Tätigkeit, vor der er zurückgeschreckt wäre.

Es war ein steiniger Weg, den Kroetz beschritten hat, um heute als Schriftsteller, Regisseur und Schauspieler erfolgreich arbeiten zu können. Dazu gehört vor allem die Befreiung von Verhaltensweisen und Denkmodellen, die er aus einem bürgerlich-katholischen Elternhaus mitbekommen hat. Dass er jedoch bereits mit sechsundzwanzig Jahren zum Wunderkind des deutschen Gegenwartstheaters wird, war nicht abzusehen. Zwar hatte Franz Xaver Kroetz – ein Schauspieler ohne Engagement – einige Theaterstücke in der Schublade liegen, aber es fand sich weder ein Verlag, der sie drucken, noch eine Bühne, die sie spielen wollte. Herkunft und Ausbildungsgang schienen nicht dazu geeignet, ihn eine Position in der Kulturszene erobern zu lassen.

Welcher Art die etwa zehn oder fünfzehn Stücke gewesen sein mögen, die er als 20-jähriger produziert und als 26-jähriger verbrennt, lässt sich aus dem späteren Werk nicht mehr rekonstruieren. Seine Karriere beginnt jedenfalls als Schauspieler in Fassbinders 'antiteater' und dem Büchner-Theater, in dem 1967 sein *Oblomow* nach dem Roman von Iwan Gontscharow uraufgeführt wird. 1968 kommt er als

Schauspieler an die Tegernseer Ludwig-Thoma-Bühne in Rottach-Egern, wo im gleichen Jahr sein 'Bauernschwank' *Hilfe, ich werde geheiratet* uraufgeführt wird. Dies ist sein erstes Stück, das er noch unter dem Pseudonym Franz Landau 1969 auf die Bühne bringt. Für die Beurteilung seines Frühwerks ist diese Posse von besonderer Bedeutung, zeigt sie uns doch ganz deutlich, dass Kroetz in der Volksstücktradition beheimatet ist. Darüber hinaus gibt dieses Werk bereits detaillierten Einblick in den Stand seiner dramentechnischen Fertigkeiten.[296]

Dennoch lagen die Anfänge seiner Dramen bis zum Erscheinen des 'Lesebuchs' *Weitere Aussichten* (1976) im Dunkeln. In dieser Sammlung stellt der Autor neben einer Reihe anderer bisher ungedruckter Arbeiten nun auch den oben zitierten 'Bauernschwank' vor. Dabei hat er diesen Text noch verschämt ans Ende des Buches gerückt. Eigentlich hätte er ihn voran stellen müssen, möglichst direkt konfrontiert mit dem gleichzeitig entstandenen *Wildwechsel* (1976), zumal wir hier alle Kriterien der Volksstücktradition im Sinne von Brecht vorfinden. „Da gibt es derbe Späße, gemischt mit Rührseligkeiten, da ist hanebüchene Moral und billige Sexualität. Die Bösen werden bestraft, und die guten werden geheiratet, die Fleißigen machen eine Erbschaft, und die Faulen haben das Nachsehen."[297]

Kroetz hat bereits 1972 in einem Interview mit Hellmuth Karasek die Autoren genannt, von denen er sich am meisten angeregt und am stärksten beeinflusst fühlt: Marieluise Fleißer, Ödön von Horváth und Bertolt Brecht. Bei keinem anderen jungen Dramatiker, auch nicht bei Sperr und Fassbinder kann man so deutlich diese Nachfolge erkennen. Wenn bei Horváth und Fleißer auf das zerstörte Bewusstsein des Kleinbürgers in dem Auseinanderklaffen zwischen Anspruch und Wirklichkeit hingewiesen wird, so zeigt Kroetz zwar ähnliches, aber er verkleinert seine Perspektiven gegenüber den Vorbildern. Nicht mehr das Totalgemälde einer Gesellschaft wird gezeigt; seine Dramen ziehen sich auf die Ränder der Gesellschaft zurück, die uns sonst nur durch die Schlagzeilen der Boulevard-Blätter vermittelt werden. Kann man bei Horváths Dramen feststellen, dass in ihnen Menschen vorgeführt werden, die sich nach einer Sprache recken, die ihre Probleme verdecken soll, sie aber gerade dadurch entlarvt, so können die Figuren von Kroetz nicht einmal diesen verzweifelten Versuch riskieren. Dass bei ihm häufiger als bei Fleißer und Horváth der Dialog ganz versiegt, dass die Sprachabläufe durch Pausen der Sprachlosigkeit unterbrochen und gedehnt werden, die deutlich über das Kompositionselement 'Stille' von Horváth hinausgehen, unterstreicht die Eigenständigkeit mit der er die Ansätze seiner Vorgänger weiterentwickelt. Bei der Dialektfärbung verwendet Kroetz sehr bewusst die Mundart. Der Dialog ist bei ihm kein Kunstmittel, aber er ist illusionistisch, nicht distanzierend konzipiert. Auch das unterscheidet ihn von der Dramensprache Horváths, dessen 'Bildungsjargon' eben den Kontrast zur gesprochenen Sprache anstrebt. Die letzte ohnmächtige Artikulation der Sprachlosen bleibt bei Kroetz die Gewalt.

„Die Stücke, die Kroetz bekannt machten, spielen im bayerischen Kleinbauern- und Proletariermilieu. Er ist nicht der erste, der hier ansetzt. Trotzdem sind seine Stücke unverwechselbar präzise, naiv und hart. Präzise deswegen, weil Kroetz mit seinem kargen Dialog ein Äußerstes an szenischer Plastizität erreicht. Naiv, weil seine sich Schritt um Schritt fortentwickelnden Geschichten dramaturgische Muster des Volkstheaters aufnehmen. Und hart, weil er Themen zur Darstellung – und nicht zur Sprache – bringt, die noch vor einigen Jahren in unseren Theatern unmöglich gewesen wären."[298] Dabei sind seine Figuren Arbeiter, Hilfsarbeiter, Proletarier: die Ärmsten der Armen, die meistens geistig, finanziell und auch seelisch in Randsituationen leben. Es sind kleine Selbstständige oder Bauern, die meist am Rande des Existenzminimums vegetieren. Vor außergewöhnliche Situationen gestellt reagieren diese Menschen mit der einzig ihnen gebliebenen Ausdrucksmöglichkeit: der Gewalt. Denn es gelingt ihnen weder, ihre eigene Lage und ihre Probleme zu erfassen, und schon gar nicht, sie anderen verständlich zu machen. Hier liegt nach Kroetz das zentrale Problem, das er aufgreift. Das fehlende Sprachvermögen beschränkt die weniger Privilegierten auf ein Minimum an Kommunikation und drängt sie damit noch mehr an den Rand der Gesellschaft.

Kroetz drückt das Problem seiner Figuren in einem Interview mit Helmut Karasek so aus: „Es gibt Menschen, die immer reden, obwohl sie nichts zu sagen haben. Aber es gibt auch ein anderes Verhalten, das Schweigen. Die Sprache funktioniert bei meinen Figuren nicht. Sie haben auch keinen guten Willen. Ihre Probleme sind so weit fortgeschritten, dass sie nicht mehr in der Lage sind, sich wörtlich auszudrücken. Sie sind introvertiert. Daran ist zum großen Teil die Gesellschaft schuld, die auf sie keine Rücksicht nimmt und sie in ihrem Schweigen verharren lässt."[299] Aus dieser Lage heraus gibt es für die Figuren von Koetz nur zwei Auswege: den in die Apathie oder den ins Verbrechen.

Kroetz kennt das Theater aus verschiedenen Perspektiven, als Schriftsteller, Schauspieler, Regisseur und Dramatiker, und in verschiedener Gestalt, vom Bauerntheater über progressive Studiobühnen bis zum Großen Haus. Im literarischen Leben der Bundesrepublik Deutschland ist er eher ein untypischer Autor. Er kann weder zu den Intellektuellen gerechnet werden noch kommt er von der ästhetischen Theorie her und ist literarhistorisch gesehen eigentlich ein Autodidakt. Erst allmählich gelangt er zur Aneignung der literarischen Tradition, dann auch zur produktiven Auseinandersetzung mit ihr. Symptomatisch dafür ist sein Verhältnis zu

Brecht. Auch er empfindet gelegentlich einen Widerspruch zwischen Intention und Wirkung, zwischen politischer Ambition und schriftstellerischer Tätigkeit.

In den Jahren 1968 bis 1970 führt Kroetz eine Wende in seiner dramatischen Arbeitsweise durch. In diesen Jahren entstehen mehrere Stücke des neuen Typs, die zwar in der Volksstücktradition verhaftet bleiben, jedoch von einem anderen Ansatz als die Erstlingswerke ausgehen. Hierzu zählen *Wildwechsel* (1968), *Heimarbeit* (1969), *Hartnäckig* (1970) und *Männersache* (1970). Kroetz arbeitet in dieser Zeit, wie er selbst von sich sagt, 'wie ein Besessener'. Dies ist auch der Grund, warum er weder seine Frau noch seine Kinder neben sich ertragen kann. In einem Interview mit Ursula Reinhold sagt er: „Ich brauche jemand, der für mich da ist, mich aber nicht stört, wenn ich schreibe. Stellen Sie sich vor, ich sitze vier Tage hinter der Schreibmaschine, aber mir fällt nichts ein. Da könnte ich mit dem Messer auf die Straße rennen und Harakiri machen. Das passiert ununterbrochen, und daraus ergeben sich natürlich Spannungen mit dem Partner.“[300]

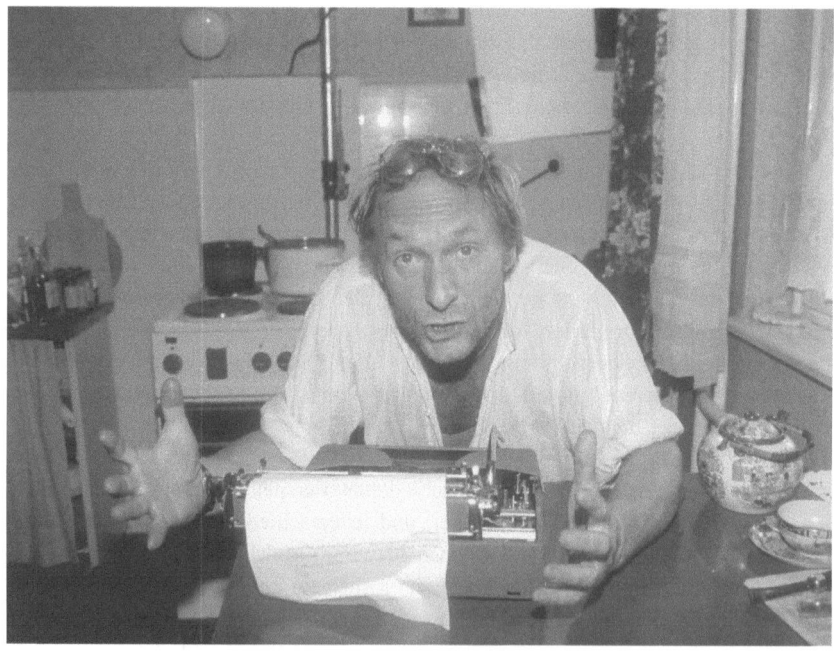

Kroetz bei der Arbeit, 1969

Wie ein Interview mit André Müller aus dem Jahr 1986 zeigt, ist die Einstellung zu seiner Arbeit immer sehr selbstkritisch und zweifelnd geblieben: „Schauen Sie, ich habe doch jeden Tag das Gefühl, ich hätte noch nie einen vernünftigen Satz geschrieben. Ich sage mir, es ist absolut sinnlos, dass ich überhaupt zu schreiben begonnen habe, weil ich kein Sprachgefühl und keine Ahnung vom Schreiben habe. Wenn ich ein Stück von mir inszeniere, sitze ich die meiste Zeit da und denke, ach Gott, was für ein Zeug hast du da wieder zusammengeschrieben, und wenn ich zwanzig Sätze von Martin Walser lese, sage ich, du lieber Gott, der kann schreiben! Aber dann dreh ich mich dreimal um, schüttle mich, boxe ein bißchen gegen den Sandsack oder nehme ein Kampferbad, und dann setz ich mich hin und mache weiter. Der Laie hört auf, wenn er Scheiße macht. Der Schriftsteller sagt, jetzt erst recht, bis irgendwann wieder Kraft unter den Bug kommt."[301]

Dass Kroetz einige der kurzen Szenenfolgen innerhalb von vier bis fünf Tagen niederschreibt, führt er selbst auf zwei unterschiedliche Ursachen zurück. Einmal auf die äußeren Produktionsbedingungen, die ihm neben der Erwerbstätigkeit nicht mehr Zeit für konzentrierte Schreibarbeit ließen, zum anderen aber auch auf seine Methode, die auf die Gestaltung komplexer Zusammenhänge verzichtet und statt dessen einen Bereich in mehreren Ausschnitten behandelt. Die Produktion von 'Werkgruppen' in Verbindung mit der Rastlosigkeit des Autors auf der Suche nach dem eigenen Stil, der ihn politisch und dramaturgisch befriedigt, erhöht allerdings den Verschleiß seiner Theaterstücke. Die Aufführung von Einaktern der ersten Phase ist heute nur noch in der Kombination mit jüngeren Werken von Interesse.

Das einjährige Theaterstipendium des Suhrkamp-Verlags, das Kroetz im August 1970 gewährt wird, versetzt ihn in die Lage, das Schreiben als Beruf zu erproben. Von April 1971 an erscheinen in rascher Folge seine ersten Stücke auf den Studiobühnen, bald auch Taschenbuchausgaben im Buchhandel. Etwas später öffnet sich ihm der Zugang zu Hörfunk und Fernsehen, die Massenmedien, auf die es ihm eigentlich ankommt. Es gibt kaum ein Interview, in dem er nicht darauf hinweist, dass er zwei Jahre nach seinem Bühnendebüt der meistgespielte deutsche Gegenwartsautor sei. 1972 erhält er den Berliner Kunstpreis. Ein einjähriges Stipendium der Städtischen Bühnen in Heidelberg und des Kultusministeriums Baden-Württemberg ermöglicht ihm eine Atempause. Während *Oberösterreich* (1972) allgemein als Schritt nach vorn aufgefasst wird, überwiegen bei *Maria Magdalena* (1972), der zweiten Arbeit dieses Stipendienjahres, die ablehnenden Stimmen der Kritik. Der Eintritt in die DKP im März 1972 ist ein einschneidendes Datum in seiner Entwicklung. Noch im gleichen Jahr kandidiert er für diese Partei auf der bayerischen Landesliste für den Landtag und den Bundestag. Das Problem der Brecht-Rezeption, den Marxisten und den Dramatiker unterschiedlich zu beurteilen, stellt sich auch bei Kroetz. Zwischen dem, was der 'Politiker' Kroetz sagt, in welch wirtschaftlichen Verhältnissen der 'Privatmann' Kroetz lebt, und dem, was der 'Dramatiker' Kroetz schreibt, bestehen erhebliche Unterschiede. Hinzu kommt, dass er bereits 1980 wieder aus der Partei austritt. Gerade mit den Stücken, die er selbst als Fortschritt in Richtung zu einem 'sozialistischen Realismus' auffasst, erhält er mehrere Preise. Im Dezember 1974 ist es der gut dotierte Hannoversche Dramatikerpreis für *Sterntaler*. Zwei Jahre später erhält er den Mühlheimer Dramatikerpreis für *Das Nest*. Dieses Stück trägt interessanterweise erstmals den Untertitel 'Volksstück'. Auch der Berliner Literaturpreis für das Fernsehspiel *Weitere Aussichten* (1974) liegt zeitlich nach seiner politischen Wende.

Kroetz probt *Weitere Aussichten* mit Therese Giehse 1974 für das Fernsehen

Kroetz möchte auf der einen Seite der erfolgreichste Autor bleiben und zugleich der am weitesten 'links' stehende werden. Zwei Superlative, die sich nicht vereinbaren lassen. Es ist nicht zu übersehen, dass sein politisches Engagement seine künstlerische Arbeit stark beeinflusst, was sich sowohl am Inhalt wie auch an der Form seiner Stücke belegen lässt. In einem Interview mit der *Zeit* betont er den sozialkritischen Akzent seiner Arbeiten: „Ich möchte in meinen Stücken nichts anderes zeigen, als die seelische Abstumpfung und Vereinsamung, in die man durch die augenblickliche Gesellschaftsordnung leicht getrieben werden kann. Nicht die Gewalt und Brutalität sind Gegenstand meiner Einakter, sondern die soziale und geistige Zerstörung, von der diese Gewalt kommt."[302]

Als 1971 an den Münchner Kammerspielen seine Stücke *Heimarbeit* (1969) und *Hartnäckig* (1970) uraufgeführt werden, gilt der als Gelegenheitsarbeiter tätige Autor als eine Art dramatisches Naturtalent, das sich in seinen Stücken besonders der Probleme sozialer Randgruppen annimmt. „Die Uraufführung dieser beiden Einakter gerät zum Erfolg und zum Skandal, wobei auch der Skandal Anteil am Erfolg hatte. Weil Kinder mitspielen sollten, mussten die Texte vor der Aufführung dem Gewerbeaufsichtsamt in München vorgelegt werden. Diese beschränkte Öffentlichkeit in Verbindung mit den Zeitungsankündigungen reichte offenbar aus, um Protestdemonstrationen und Sprechchöre gegen die vermeintliche 'Schweinerei' auf der Bühne des Werkraumtheaters zu organisieren."[303] Damit war der Name des Autors in aller Munde.

Den ersten Bedarf nach weiteren Spieltexten kann Kroetz noch aus der Schublade decken. Auch in dem, was neu entsteht, bleibt er seiner bisherigen Schreibweise treu. Die Basis seiner dramatischen Produktion bleibt auch künftig der bayrisch-ländliche Raum, bei dem er sich auf exemplarische Ausschnitte konzentriert. Die städtische Lebensform, obwohl er sie aus München und Wien kennt, bleibt ausgespart. Das verringert zwar zunächst dramentechnische Probleme, lässt aber bald die Gefahr der Künstlichkeit und Wiederholung erkennen.

Symptomatisch für Kroetz ist sein Verhältnis zu Brecht. Dabei hat er immer wieder darauf hingewiesen, dass die Themenwahl seiner frühen Stücke biographisch begründet sei: „Meine eigene, ziemlich extreme persönliche Lage während der letzten Jahre hat wohl dazu geführt, daß ich mich als Schriftsteller vorwiegend solcher Zeitgenossen angenommen habe, die sich ebenfalls in außergewöhnlichen Situationen befanden."[304] Es ist deshalb verständlich, dass seine Figuren immer wieder in ausweglose Situationen geraten.

Somit spielen seine Stücke unter den Beschädigten unserer Gesellschaft und haben zwangsläufig alle eine absurde Dramaturgie. Sie führen Zwänge vor, die sich dann am scheußlichsten manifestieren, wenn der blutige Versuch unternommen wird, sie aufzuheben. Dadurch geraten Außenseiter in Extremsituationen, die wir in Wirklichkeit nicht bemerken würden.

In einem seiner ersten Stücke *Stallerhof* (1971) fällt das Missverhältnis zwischen begangenen und nicht begangenen Verbrechen auf. Dass der alte Knecht die minderjährige und debile Tochter seines Bauern bei einem Kirmesbesuch schwängert, wirkt gegenüber den miesen Versuchen der Eltern, ihm seinen Hund zu vergiften und bei der Tochter Abtreibung vorzunehmen, geradezu als das erfrischend Normale. Der Akt geschieht unter Alkoholeinfluss auf unbeholfene und sprachlose

Weise. Sepp muss den Hof verlassen und geht in die Stadt. Das Stück endet mit den einsetzenden Wehen Beppis.

Wie im Volksstück allgemein üblich wird gleich zu Beginn die Frage des Glücks angesprochen. Wenn Staller, die Stallerin, Sepp und Beppi am Abend gemeinsam in der Stube sitzen, spricht man über allerlei:

> Sepp   Kein Glück hab ich eben ghabt im Leben, das is es. Wenn einer kein Glück
>   hat, kann er nix machen.
>   *Pause.*
> Staller   Jeder is seines Glückes Schmied, heißt es.
> Sepp   Net jeder.
> Staller   Ausredn.
> Stallerin   Wenn er es sagt, wird's scho so sein.[305]

Sepp träumt von einem Wirtschaftswunder und einer festen Anstellung, die er früher einmal bei einem Großbauern hatte, während die Stallers ihm ihr Leid über die debile Tochter klagen. Zu allem Unglück muss sie auch noch eine Brille tragen. Dies ist für die Stallers unbegreiflich, zumal noch nie ein Familienangehöriger eine Brille tragen musste! Sepp schätzt die Situation anders ein, als er später mit Beppi im Stall spielende Katzen beobachtet:

> Sepp   Siehst eh. *Pause.* Jeder sieht, was ihm der Herrgott zum Sehn gibt. *Pause.*[306]

Wenn es irgendwo in diesem Stück Zärtlichkeit, Zuneigung oder auch nur andeutungsweise Liebe gibt, dann ist es nicht die zwischen Beppi und ihren Eltern, sondern die zwischen Beppi und dem Knecht Sepp.

Während des Ausmistens im Stall und bei jeder anderen Gelegenheit erzählt er dem debilen Mädchen immer wieder spannende Geschichten, bei denen sie ein begeisterter Zuhörer ist. Dass dieses Vertrauensverhältnis später durch Sepp verletzt und sie zur Triebbefriedigung missbraucht wird, stört den Leser/Zuschauer mehr als Beppi. Kroetz führt den Gedanken im Drama *Geisterbahn* gewissermaßen zu Ende. Es ist die Fortsetzung zu *Stallerhof*. Beppi zieht zu Sepp in seine kleine Stadtwohnung, um dort gemeinsam mit ihm ihr Kind groß zu ziehen. Es scheint eine glückliche Familie zu sein, bis Sepp stirbt. Jetzt besucht Beppi mit Ihrem Kind nochmals den Ort, der ihr Leben verändert hat. Sie geht zur Geisterbahn, um den Kreislauf zu vollenden und ihr Kind umzubringen. Mit dieser extremen Situation macht Kroetz abermals deutlich, dass den Ärmsten der Gesellschaft, in ausweglosen Situationen auf Grund ihres Unvermögens sich zu artikulieren oder zu kommunizieren, als letzter Ausweg nur Mord oder Selbstmord bleibt.

Auch zu seinem Hund hat Sepp ein ausgesprochen liebevolles Verhältnis. Während er ihn auf seiner Kammer füttert, spricht er mit ihm:

> Jetzt tu halt essen. *Pause.* Magst net? *Pause.* Was anders hab ich net. *Pause.* Was man ihm hinstellt, tut ein braver Hund essn, oder weißt des net. *Pause.* Heikl is er, das is es.[307]

Beppi ist von dem gemeinsamen Besuch des Rummelplatzes total fasziniert. Sepp ist angetrunken, so dass die Fahrt mit der Geisterbahn zu einem Fiasko wird. Vor lauter Angst passiert Beppi ein Ungeschick. Sepp nutzt diese Situation schamlos aus, hilft ihr beim reinigen und entjungfert sie bei dieser Gelegenheit. Dennoch plagt ihn das schlechte Gewissen, so dass er ihr anschließend auf seiner Kammer einen Geldbeutel schenkt. Für ihn ist Sex offensichtlich immer mit einer finanziellen Gegenleistung verbunden. Damit ist es Kroetz gelungen, die Verbindung von Geld und Triebhaftigkeit herzustellen.

Sepp	Da, das ist dir mitbracht wordn, aus der Stadt.
	Beppi schaut.
Sepp	Wennst ihm nicht magst, brauchst es nur sagn, dann nimm ich ihm wieder mit.
Beppi	Nein
Sepp	Also nachad. – Sagt man 'dankschön' oder nicht.
Beppi	Dankschön.
Sepp	Damitst siehst, daß man an deiner denkt. *Schaut den Geldbeutel selber an.* Der war nicht billig, das kannst glauben. Echt Leder. *Tut ihr eine Mark hinein.* Da, damit ein Anfang gmacht ist.
	Beppi nimmt den Geldbeutel.
Sepp	Wenn einmal eine Zeit is, wost ein Geld hast, kannst es nicht verlieren.
	Beppi lächelt.[308]

Szene II/4 zeigt Sepp und Beppi in einem Schuppen nach dem Geschlechtsverkehr.

Sepp	Das Wehtun is keine Absicht, bloß unvermeidlich.
	Beppi verneint.
Sepp	Genau.
Beppi	Warum.
Sepp	Weil des so is, das verstehst net.
	Pause.
Beppi	Was du nicht willst, daß man dir tut, das füg auch keinem andern zu.
Sepp	*Schweigt. Pause.* Des is was anders. *Pause.* Was suchst.
Beppi	Brilln.[309]

Nachdem Beppi schön gekleidet zur Beichte gegangen ist, trifft sie sich mit Sepp auf dem Feldboden. Er befragt sie genau, was sie dem Pfarrer gesagt habe:

Beppi	Beichtn schon.
Sepp	Freilich. Aber net mit wem, sagst.
Beppi	Ich hab Unkeuschheit getrieben.
Sepp	Genau. Das langt. Geht niemand was an, bloß uns. Und ausfragn lassn mir sich nicht. *Pause.* [...]
Sepp	Nachher erzähl ich dir eine Gschicht, wennst mir brav bist. *Beppi macht sich frei.*
Sepp	Is eh gleich vorbei. Kaum daß du es merkst, is es vorbei.
Beppi	Is schon beicht wordn. *Pause.*
Sepp	Und was hat der Pfarrer gsagt?
Beppi	6 Vaterunser, 2 Ave-Maria.[...]
Sepp	Hast es bet?
Beppi	10 Vaterunser, 3 Ave-Maria.
Sepp	Bist fleißig. Hast es gut gmacht. *Er streichelt sie.* *Beppi lächelt.*
Sepp	Jetzt is alles verziehn und vorbei. Wirst es sehn. *Beppi nickt.* *Sepp beginnt den Koitus.* *Beppi lässt es ohne Abscheu geschehen.*
Sepp	Bist brav. *Pause.* *Beppi stößt einige Laute aus, sie hat einen Orgasmus.*[310]

Szene II/7 bringt alles an den Tag. Staller geht zu Sepp in seine Kammer und stellt ihn zur Rede. Bei dieser Gelegenheit sagt er ihm, dass Beppi schwanger ist und bereits ein Test in der Apotheke gemacht wurde.

Staller	Das kost dich zehn Jahr und mich die Ehr.
Sepp	Aber net wegen der Absicht.
Staller	Weil das etwas nutzt. *Lange Pause.*
Staller	Die Red bleibt eim weg. *Pause.*
Staller	Du wirst die größte Sau sein, die ich kenn. *Pause.*
Staller	Ein minderjähriges Kind, wo zruckbliebn is. Die Red bleibt eim weg.
Sepp	Habs net wolln. Das schwör ich.
Staller	Hast keine andere finden können? Im Haus, wo man arbeit, gibt's nix, und noch dazu, wos ein Kind is.
Sepp	Allerweil net traut hab ich mich, nirgends.[311]

Die Szene II/9 zeigt, dass Staller den Hund von Sepp vergiftet hat. Sepp sucht ihn aufgeregt auf dem ganzen Hof. Staller behauptet, der Hund würde streunen. Er droht Sepp, ihn zu erschießen, wenn er nicht augenblicklich den Hof verlässt.

Sepp	*An der Scheune.* Da is er! Nelly! Nelly geh her. *Pfeift.* Fuß. Hörst net, brauchst eine zündt?
	Der Hund ist tot.
Staller	Hast ihn gfundn?
Sepp	Da is er.
Staller	Dann schauts, daß weiter kommts, ihr zwei.
Sepp	Mörder.
Staller	Ratzngift wird er erwischt ham, in der Scheun wars ausgelegt.
Sepp	*Nimmt den toten Hund auf.* Gehen wir heim. *Geht mit dem Hund weg.*
Staller	Aus is.[312]

Auf dem Nachhauseweg vom Kirchgang besprechen der Staller und die Stallerin in Szene III/1, wie sie das Problem ihrer Tochter auf möglichst unauffällige Weise lösen könnten. In diesem Gespräch fällt auch die Bemerkung, dass Närrische den Tod ohnehin nicht spüren würden. Beide sind jedenfalls der Meinung, dass ihre Tochter, die selbst noch ein Kind ist, von einem alten Taugenichts keinesfalls schwanger sein darf. In Abwandlung zum Matthäusevangelium 5,3 mit der Bergpredigt zitiert Kroetz die Seligpreisungen, in denen den Benachteiligten der Gesellschaft die Teilnahme an der Gottesherrschaft versprochen wird:

| Stallerin | Selig die im Geiste Armen, denn ihrer ist das Himmelreich.[313] |

Kurzentschlossen bereitet die Stallerin in Szene III/3 eine Laugenlösung für die Abtreibung vor und schickt ihren Mann aus dem Raum:

Stallerin	So, jetzt werdn mir es gleich haben.
	Beppi schaut.
Stallerin	Geh her jetzt. Zieh die Unterhosn aus, leg dich da hin.
Beppi	Net.
Stallerin	Waschn müssn mir sich, damit der Dreck weggeht. Zieh die Unterhosn aus.
	Beppi tut es.
Stallerin	Weilst soviel Sauerei gmacht hast, daß der Dreck außer geht, wo hineinkommen ist dadurch. – Das zwickt ein bißl, aber das macht nix, das is die Seifn, wo alles wegwascht. Zieh den Rock nauf, und die Füß ausnander.
	Beppi hat sich ganz nackt ausgezogen, steht da.
Stallerin	Frierst ja, Dummkopf
	Pause.
	Stallerin nimmt vom Ofen den Putzlumpen, den Schrubber, macht sie in der Lauge naß, fängt an, die Dielen zu schrubben.
	Pause.
Stallerin	Ja, kannst denn net hörn, was ich gsagt hab. Waschn sollst dich gehn, naus zur Wanne, und dann marsch ins Bett, morgn mußt wieder aufstehn. Ich hab meine Arbeit.[314]

Szene III/4 zeigt die Stallers im Ehebett. Im gemeinsamen Gespräch stellen sie fest, dass es mit der Abtreibung doch nicht wie geplant geklappt hat:

Stallerin   Ich hab mein Bestes versucht, das is sicher. Ich kann mir kein Vorwurf
                machn, das is auch sicher.
Staller   Hab ich was gsagt.
                Große Pause.
Stallerin   Es is ebn so, da kann man nix machen.

Das Stück endet mit Szene III/6. Es ist Abend, die Familie sitzt in der Stube. Beppi hört auf zu essen und schaut Staller und Stallerin an, während die Wehen beginnen:

Beppi   Papamama.
             Ende.[315]

Es ist, als ob Kroetz in seinen Stücken immer wieder zeigen will, dass es gesellschaftliche Situationen gibt, in denen es geradezu abnorm ist, wenn man nicht auf abnormale Auswege verfällt. Auch in dem Schlusssatz der *Heimarbeit* (1969) drückt sich das nahezu programmatisch aus. Hier haben ein Heimarbeiter und seine Frau vergeblich versucht, ein Kind, das sie von einem anderen Mann erwartet, abzutreiben. Nach der Geburt des Kindes, das dritte in der engen Wohnung, die zugleich Arbeitsraum ist, verlässt die Frau den Mann, er erwürgt das Kind. Als sie dann zurückkehrt, sagt er: 'Jetzt herrscht wieder Ordnung'. So gesehen drücken diese Frühwerke von Kroetz den Satz Brechts aus, der sagte, dass er 'gegen geordnete Verhältnisse in einem Schweinestall' sei. Damit wird in der Unordnung der Ausgestoßenen bei Kroetz die große Ordnung der Gesellschaft widerlegt.

Der Realismus seiner ersten Dramen beruht alleine auf der Stimmigkeit der Bestandsaufnahme. Hinzu kommt, dass sich Kroetz zu dieser Zeit mit den Sprachbarrieren verschiedener Gesellschaftsschichten beschäftigt. "Bildungsstand, Sprachverhalten, Rollenverständnis, Herkunftsmilieu und Sozialisierungserfahrung sind für ihn eine untrennbare Einheit. Die Nahperspektive auf einen künstlich isolierten Ausschnitt, die Betonung des Milieus und die Verwendung einer dialektgefärbten Umgangssprache rücken die Anfänge dieses Dramatikers in die Nähe des literarischen Naturalismus."[316] Alle frühen Stücke lassen erkennen, dass sich der Autor in jeder einzelnen seiner Momentaufnahmen nicht mit der Deskription und dem stummen Mitleidsappell begnügt, sondern sich die Analyse von Ursache, Hintergrund und Zusammenhang als eigentliche Aufgabe setzt. Den Höhepunkt dieser ersten Phase erreicht er mit den Stücken *Stallerhof* und *Geisterbahn.* Der endgültige Durchbruch gelingt ihm dann 1972/73 in Hamburg mit der Uraufführung von *Stallerhof.*

Die 'zweite Phase' in der Entwicklung von Kroetz bezieht sich auf eine Verlagerung inhaltlicher Schwerpunkte. Ging es ihm bis dahin um das Schicksal von Menschen aus sozialen Randgruppen, so versucht er nun, die Probleme der großen Masse der Bevölkerung auf der Bühne darzustellen. Die von Kroetz benutzte Konzeption dieser Phase ist stark geprägt durch die Auseinandersetzung mit Horváth. Der Unterschied zwischen beiden besteht wohl darin, dass bei Horváth das 'Volk' mit dem Kleinbürgertum identisch ist, während Kroetz darunter den 'heutigen Fließbandarbeiter' versteht. Während sich die Entfremdung der Horváthschen Figuren sprachlich in einem Überschwall an Formeln, Floskeln und Klischees artikuliert, rekrutiert sich bei Kroetz das Personal aus dem 'Proletariat der Sprachlosen'. So bringt er in seinen Stücken immer wieder Menschen auf die Bühne, die sprach- und perspektivlos sind. Er stellt sie so dar, wie es Marieluise Fleißer mit ihren Gestalten tat. Dabei hofft er, mit seiner Arbeit den sozial Sprachlosen bei der Wiederfindung ihrer Sprache und damit ihren natürlichen Kommunikationsmöglichkeiten zu helfen. Deshalb soll nach seiner Auffassung Theater politisch sein, denn es spielt vor dem Volk und zeigt das Volk; also ein permanent politischer Vorgang. Höhepunkt dieser zweiten Phase ist das Stück *Oberösterreich*, das mit dem Eintritt von Kroetz in die DKP zusammenfällt.

Kroetz während der Proben in den Münchner Kammerspielen

173

Das Stück *Oberösterreich* entsteht 1972 und wird in Heidelberg uraufgeführt. Es zeigt die Geschichte eines jungen Arbeiterehepaares, dessen 'Konsumdasein' völlig durcheinander gerät, als sich ein Kind ankündigt. Anni und Heinz verkörpern einen Grundtypus der Kroetzschen Dramatik, eine Fortentwicklung des Paares von Beppi und Sepp in *Stallerhof.* Sie befinden sich jedoch auf einer höheren Gesellschafts- und Bewusstseinsstufe. Sie können bereits die ausgestreckte Hand der Wohlstandsgesellschaft erreichen und per Ratenzahlung für Möbel und Auto den Versuch machen, sich ein wenig 'Freude' zu gönnen.

Anni ist die Stärkere und Realistischere, die genau erkennt, dass sie sich mit Illusionen am Leben erhält, aber trotzdem versucht, aus allem das Beste zu machen. Beide sind in der gleichen Firma beschäftigt, er als Verkaufsfahrer, sie als Verkäuferin. Beide werden in ritualisierten, bzw. sich häufig wiederholenden Situationen und Beschäftigungen gezeigt: beim Osterausflug, beim Feiern des Hochzeitstages, auf dem Fußballplatz, abends vor dem Fernsehschirm, beim Geschlechtsverkehr, der, wie aus dem Dialog hervorgeht, ebenfalls als Ritual aufgefasst wird. Im Verlauf des Stücks gesteht Anni ihrem Mann, dass sie ein Kind erwartet. Alles muss ihrer Meinung nach anders werden, denn ohne das Kind hätte ja alles keinen Sinn. Hier erfüllt sich für sie eine Bestimmung, hier sieht sie eine Aufgabe und die Hoffnung auf eine Wende in ihrem Leben. Anders Heinz, der dem Pragmatismus von Anni bohrende Zweifel gegenüberstellt, der alles und am meisten seine eigene Person in Frage stellt. Er möchte das Kind abtreiben. Durch Rechenexperimente versucht er ihr darzulegen, dass ihre finanzielle Situation keine zusätzliche Belastung verträgt. Am Ende setzt sich Anni jedoch durch: Sie wird das Kind austragen. Über die Familie bricht eine Katastrophe herein, als Heinz eines Abends nach Hause kommt: Er hat getrunken und ist unterwegs mit dem Wagen in eine Polizeikontrolle geraten und für einige Monate den Führerschein los. Er muss während dieser Zeit als Arbeiter ins Magazin, was eine finanzielle Einbuße bedeutet. Die Stereotypie des Lebens, die Ritualisierung aller Abläufe, die Austauschbarkeit und damit verbunden die Anonymität der Lebenserfahrung beider Personen ist Thema des Stücks. Heinz hat eine unklare, halb bewusste Vorstellung von einem anderen Leben, das er führen möchte.

Heinz	Ich möchte etwas haben, was mir ganz allein gehört.
Anni	Was?
Heinz	Etwas Besonderes. Was Außergewöhnliches
	Pause.
Anni	Eine Insel im Meer. *Lacht.*
	Pause
Heinz	Bestimmt ned. Wenn ich in der Früh in der Firma anfang, den Wagen start und an die Rampe fahr zum Aufladn, dann denk ich mir, da sind jetzt noch

dreißig nebn dir. Da müßt etwas sein, was mir ganz allein gehört, was kein anderer hat. Wegn der Erkennung, verstehst.

Anni   *lacht*: Mich.

Heinz   Trotzdem.
         Pause.

Anni   Mir sind der gute Durchschnitt, da muß man sich abfindn.
         Pause.
         Die Großen hams auch ned leicht.
         Pause.
         Am besten fahrt man, wenn man zufriedn is, Heinz.
         Pause.[317]

Hier greift Kroetz einen Punkt aus dem literarischen Schaffen von Raimund auf. Auch dort führt nur 'Zufriedenheit' zum wahren 'Glück'. Trotzdem versuchen Heinz und Anni durch Individualität aus dem Durchschnittsdasein auszubrechen. Man spricht über Reisen und über Statussymbole, die den Weg aus der Namenlosigkeit öffnen sollen. Der Versuch, durch gehobenen Konsum das erstrebte Glück zu finden, ändert jedoch nur die Qualität ihrer Anonymität. Kroetz will nicht die vergeblichen Anstrengungen des Ehepaars darstellen, sondern zeigen, warum sie nicht in der Lage sind, ihr Problem zu erkennen und zu lösen. Deshalb zeigt er dem Zuschauer die Ursache des Problems, indem er Heinz und Anni in ihrer sprachlichen Hilflosigkeit auf die Bühne stellt. Der oben zitierte Dialog veranschaulicht das in der gewünschten Klarheit: Heinz versucht zu erklären, warum er mit seinem Leben unzufrieden ist, vermag aber den Anlass seiner Probleme nicht zu artikulieren. Er gibt sich, wie der Hinweis 'Pause' andeutet, große Mühe, sich verständlich und klar auszudrücken, bringt aber trotz aller Bemühungen und Anstrengungen nur unvollständige Formulierungen zustande, die seine Aussage wiederholen, ohne ihren Informationsgehalt zu vergrößern.

Anni wiederum ist nicht in der Lage, sich aus den Beschreibungen von Heinz ein Bild über Grad und Ursache seiner Unzufriedenheit zu machen. Zwar geht sie auf sein Gesprächsangebot ein, zeigt aber durch ihre Antworten, dass sie als Ursache seiner Unzufriedenheit immer nur den Wunsch nach exklusivem Besitz versteht. Trotz zahlreicher Gespräche 'versteht man sich nicht', da den Dialogpartnern die Reflexionsmöglichkeit fehlt und sie ihre Probleme nicht artikulieren können. Der Sprachgebrauch dieser ungebildeten Schichten ist eng mit ihrer sozialen Struktur verbunden und muss deshalb zu einer gesellschaftlichen Sprachbarriere führen. In der Soziolinguistik wird dieses Problem als 'restringierter Code' bezeichnet. Kroetz stellt durch die Sprache seiner Figuren immer wieder dar, dass sie sprachlich gewissermaßen aus zweiter Hand leben, dass sie ihre Probleme wie Heinz und Anni nie individuell formulieren können, sondern sich immer nur durch Verwendung vorgeformter sprachlicher Fertigteile, Worthülsen, Klischees und Redewendungen ausdrücken können. Dadurch aber gelingt ihnen nie die Formulierung ihres individuellen, persönlichen Problems, sondern es erscheint ihnen nur in abstrakter, entfremdeter Gestalt. So unfähig diese Menschen durch das Handicap ihres 'restringierten Codes' sind, ihre eigenen Probleme zu lösen, so wichtig ist er andererseits für sie, da er für sie die einzige Möglichkeit darstellt, mit anderen Menschen überhaupt zu kommunizieren.

Das pointierte Bild am Ende des Stücks bringt die katastrophale Situation dieses Durchschnittspaares noch einmal zum Ausdruck, denn Annis Entscheidung erweist sich als völlig irrational und gefühlsbedingt. Ihr normales, natürliches Muttergefühl führt in ihrer Lage zur Katastrophe, zur Fast-Zerstörung ihres eigenen Lebens.

Parallel zu dem Zweipersonenstück *Oberösterreich* entsteht die *Dolomitenstadt Lienz,* eine Posse mit Gesang. Hier macht Kroetz den ersten Versuch, von den Katastrophen und den durch mangelnde Sprachbeherrschung deformierten Randfiguren wegzukommen. Die drei Männer im Knast sind nicht so sprachlos und gehemmt wie die Figuren in den anderen Stücken: Sie hantieren mit Redensarten und Spruchweisheiten, aber ihr stupides Reagieren, ihr automatisiertes Antworten machen dennoch deutlich, wie oberflächlich ihre Verständigungsfähigkeiten sind und wie aussichtslos eine gesellschaftliche Wiedereingliederung ist. Sie sind gefangen in einem Kreislauf der sie immer wieder straffällig werden lässt. Kroetz zeigt ein sinnloses Strafsystem, das mit Hunger, Kälte und Langeweile erziehen will. Durch mehrere Songs gelingt es ihm, Einsichten in komplizierte soziale Zusammenhänge durchschaubar zu machen und damit für den Zuschauer den stupiden Tagesablauf in einer Gefängniszelle aufzubrechen. Die sechs Songs von der Freiheit, vom Heim, von der Ehe, vom Durchschnitt, von der Lektüre und von der Hoffnung erinnern an einige Stücke von Wedekind und Brecht. Dabei zeigen sie einige Surrogate auf, mit denen Illustriertenleser und Fernsehzuschauer täglich gefüttert werden, um daraus den Traum vom großen Glück zu nähren. Hiermit knüpft Kroetz an die große Volksstücktradition Nestroys und seiner berühmten Couplets an und ergreift damit zugleich ein dramaturgisches Hilfsmittel, das Brecht für seine Verfremdungseffekte benutzte.[318]

Noch während der Arbeit an den Stücken seiner 'zweiten Phase' wird dem Autor klar, dass die Frage der größeren Verständlichkeit eines Stückes nicht nur eine Frage seiner inhaltlichen Faktoren ist, sondern dass der Sprache, mit der die Problematik eines Stückes dem Zuschauer nahegebracht werden soll, eine zentrale Rolle zukommt. Kroetz hat wie kaum ein anderer Autor der deutschen Gegenwartsliteratur über die Funktion der Sprache im Kommunikationsprozess zwischen Autor und Publikum reflektiert. Er hat bewusst versucht, durch eine Modifikation der Sprachgestaltung in seinen Stücken den Kommunikationsfluss zwischen Autor und Zuschauer intensiver und eindeutiger zu gestalten. Diese sprachlich-strukturelle Modifikation der Darbietung bei gleichzeitig beibehaltener 'allgemein menschlicher Problematik' bezeichnet die 'dritte Phase' in der künstlerischen Entwicklung von Kroetz. Am deutlichsten wird sie durch das Stück *Das Nest* (1974), das thematisch auf die in *Oberösterreich* angeschnittene Problematik zurückgreift, indem sie gleich zu Beginn des Stücks ein Zitat aufnimmt und im Sinne der neuen Dramaturgie verarbeitet:

Kurt und Martha sehen im Fernsehen eine Inszenierung von Oberösterreich.[319]

Während Anni und Heinz in *Oberösterreich* noch um das Lebensnotwendigste kämpfen, führt Kroetz im *Nest* die nächst höhere Verdienst- und Bewusstseinsstufe vor. Für Kurt und Martha ist es kein Problem mehr, ein Kind aufzuziehen. Ihre Lebensqualität lässt sich daran messen, was sie sich im Gegensatz zu anderen zusätzlich leisten können. Im Sich-Absetzen von den einen und dem Bemühen um Anschluss an die anderen liegt der Antrieb für ihr ganzes Verhalten. Dies wird vor allem in den Überlegungen zur Baby-Ausstattung deutlich. Damit ist das Nest, in das ihr Kind hineingeboren wird, sicher und komfortabel. Die Eltern freuen sich auf die bevorstehende Geburt und machen Pläne für die Zukunft. Zu Beginn des zweiten Aktes ist das Kind bereits geboren und einige Monate alt. Gezeigt wird eine Familienidylle in der gemeinsamen Wohnung und beim sonntäglichen Ausflug in den geliebten Schrebergarten. In der Zwischenzeit hat sich die wirtschaftliche Lage allerdings verschlechtert, Kurt kann nicht mehr so viele Überstunden wie früher machen. Durch Alpträume beunruhigt sieht er das Familienidyll bedroht. Im Auftrag seines Arbeitgebers entleert er Fässer mit einer giftigen Flüssigkeit in einem abgelegenen See und wird damit zum Anlass für eine Familienkatastrophe: Ohne sein Wissen fährt seine Frau mit dem Kind an diesen See zum Baden. Das Kind muss mit schwerwiegenden Vergiftungserscheinungen in ein Krankenhaus eingeliefert werden. Kurt gesteht seiner Frau, was er getan hat. In der anschließenden Auseinandersetzung sagt ihm seine Frau tüchtig die Meinung.

Martha *schreit:* Der Chef hat gesagt! – Und wenn der Chef sagt, bring mir den Kopf von deinem Kind, das ist für das Kind ungefährlich, aber ich gib dir hundert Mark dafür, dann tust es auch, weil es der Chef sagt, gell. *Kleine Pause, dann leiser:* Du bist ja überhaupt kein Mensch, das muss mir immer entgangen sein, sondern höchstens ein dressierter Aff! Dein Chef, das kannst glauben, is ein Verbrecher un sonst nix, aber mit dem bin ich nicht verheirat, sondern mit dir. Und es ist schlimm für eine Frau, wenns feststellen muß, daß an ein wie dich die schönsten Jahre hingehängt hat. Pfui Teufel! So, ich geh jetzt in die Klinik, schau, was mit dem Stefan is, tu was du willst. *Ab.*[320]

Das Schicksal hat ein Happy-End. Das Kind übersteht die Vergiftung und Kurt macht einen Lernprozess durch. Zunächst will er sich das Leben nehmen, entschließt sich dann aber, stattdessen lieber zur Polizei zu gehen, um sich und seinen Chef anzuzeigen. Er sieht sich von seinem Arbeitgeber betrogen und ausgenutzt und will ihm das Handwerk legen. Am Ende sieht es so aus, als werde ihm die Gewerkschaft zu Hilfe kommen und ihn in seinem Kampf juristisch unterstützen. Das längere Zitat deutet an, worin die strukturelle Veränderung gegenüber *Oberösterreich* besteht: Kurt und Martha können miteinander sprechen. Sie bedienen sich zwar einer dialektal gefärbten Umgangssprache und geben sich durch die mangelhafte Beherrschung der Grammatik eindeutig als Angehörige einer unteren Bildungsschicht zu erkennen. Aber die Fehlerhaftigkeit der formalen Sprachbeherrschung beeinflusst nicht mehr ihre Kommunikationsfähigkeit. Sowohl Martha als auch Kurt sind in der Lage, ihre Ängste und Befürchtungen zu artikulieren, sich in Bezug auf ihre Pläne abzusprechen und sich im Gespräch sinnvoll zu verständigen. Kurt und Martha sind im Gegensatz zu Heinz und Anni imstande, einen echten Dialog zu führen. Martha ist über das Unglück mit dem Kind zutiefst verzweifelt, und das Geständnis Kurts, er sei eigentlich schuld am Unglück, bringt sie dazu, sich von Kurt abzuwenden. Dennoch verhilft sie ihm mit dem Satz 'Du bist ja überhaupt kein Mensch, sondern höchstens ein dressierter Aff!' zu der entscheidenden Einsicht über sich selbst. Dadurch wird er dazu gebracht, über sich und sein Verhältnis zum Chef nachzudenken, Martha Recht zu geben und seine Handlungsstrategie zu ändern.

So verrät die unterschiedliche Behandlung des Sprachsystems die gewandelte Intention des Autors. Während er noch in *Oberösterreich* zeigt, dass die Sprecher aufgrund ihres 'restringierten Codes' die soziale Wirklichkeit nur affektiv und distanzlos wahrnehmen und ihr deshalb leidend und passiv ausgesetzt sind, zeigt er im *Nest*, dass die Sprecher hier in der Lage sind, auf eine soziale Erfahrung differenziert zu reagieren und individuelle Handlungsstrategien zu entwickeln. Beide Dramen verfolgen als 'Volksstücke' den Zweck, die Adressaten über sich und ihre Lage aufzuklären und sie zum Überdenken ihrer Situation anzuregen.[321]

Eine wichtige Rolle bei der Erarbeitung dieser neuen Konzeption spielt die Auseinandersetzung mit der Lehrstück-Theorie von Brecht. „Anstelle von Horváth und Fleißer nimmt sich Kroetz nun Brecht zum Lehrer und Vorbild und anstatt des 'neuen Realismus' orientiert er sich am 'sozialistischen Realismus', wie auch am analysierenden, parabelhaften und agitatorischen Realismus Brechts. Zeitgleich geht dieser Einfluss einher mit der Akzentverschiebung von der Mitleids- und Negativ-Dramaturgie zu einer exemplarischen, parabelhaften Positiv-Dramaturgie, also mit einem Wandel zum ins Utopische vorstoßenden 'Modell'-Dramatiker."[322]

Dennoch kritisiert er, dass sich Brecht in seinen Stücken zu optimistisch und wirklichkeitsfremd verhalte. Brechts Formalismus und sein Modelldenken genügen ihm nicht. Der konkrete Fall, den er vorzieht, kann in der Art, wie er ihn darstellt, nicht verallgemeinert werden, da er Extremsituationen betrifft.

Unauslöschlich bleibt natürlich Franz Xaver Kroetz in der Rolle des Klatschreporters Baby Schimmerlos in *Kir Royal.* Die sechsteilige Fernsehserie aus dem Jahr 1986 spielt in der Münchner Schickimicki-Szene der 1980er Jahre und handelt von dem Boulevard-Reporter Baby Schimmerlos. Es ist eine Persiflage auf die Münchner *Abendzeitung,* ihren Klatschreporter Michael Graeter und die Herausgeberin Anneliese Friedmann. Das Drehbuch schrieb Regisseur Dietl gemeinsam mit Patrick Süskind. In den Gastrollen traten hochkarätige Schauspieler wie Mario Adorf, Charles Regnier, Senta Berger, Paul Hubschmid, Marianne Hoppe, Ruth Maria Kubitschek und Dieter Hildebrand auf. Bei der Kritik hatte die Serie großen Erfolg, obwohl sie leider nur eine mittelmäßige Einschaltquote erreichte.

Dieter Hildebrand und Franz Xaver Kroetz bei den Aufnahmen für den Fernsehfilm *Kir Royal* aus dem Jahr 1986

Neben 50 Dramen schreibt Kroetz Hörspiele, Drehbücher und zahlreiche Romane. Nachdem er der wichtigste lebende Vertreter des zeitgenössischen 'kritischen Volkstheaters' ist, seien hier noch einige seiner späteren Stücke und Filme genannt. 1977 macht er mit dem Stück *Mensch Meier* und dem Musical-Libretto zu *Jumbo-Track* auf sich aufmerksam. Außerdem übernimmt er in dem Fernsehfilm *Zeit zum Aufstehen*, nach dem Roman von August Kühn, die Hauptrolle. 1978 gelingt ihm die Uraufführung von *Mensch Meier* in Brasilien. Zeitgleich gibt es eine gemeinsame Deutsche Erstaufführung in Düsseldorf, Dortmund, Tübingen und Kaiserslautern. Zum gleichen Zeitpunkt entsteht auch das thematisch verwandte Stück *Der stramme Max*. 1979 spielt Kroetz die Hauptrolle in dem Fernsehfilm *Das Nest* und inszeniert den Fernsehfilm *Heimat*. In den 80er Jahren arbeitet er immer häufiger als Regisseur. Er inszeniert am Bayerischen Staatsschauspielhaus *Stigma* von Felix Mitterer und regelmäßig an den Münchner Kammerspielen seine eigenen Stücke. Das Schauspiel *Nicht Fisch, nicht Fleisch* folgt 1980 und wird bereits 1981 im Düsseldorfer Schauspielhaus uraufgeführt. Wenig später ist es in der Inszenierung von Peter Stein an den Münchner Kammerspielen zu sehen. Für die Zeitschrift 'Theater heute' war es das beste Stück des Jahres. 1981 erscheint sein Roman *Der Mondscheinknecht*. 1982 übernimmt er die Regie und die Hauptrolle für die Fernsehfassung *Mensch Meier*. 1983 folgt das Stück *Furcht und Hoffnung der BRD*, das bereits 1984 am Düsseldorfer Schauspielhaus uraufgeführt wird. Nach seinem Rückzug vom Theater feiert Kroetz in den 90er Jahren nochmals ein erfolgreiches Comeback an den Münchner Kammerspielen mit *Der Drang* und *Das Wunschkonzert*. 1985 veröffentlicht er *Das Nicaragua Tagebuch*. 2000 erscheint *Das Ende der Paarung, Ein deutsches Trauerspiel*. 2002 übernimmt er nochmals eine Hauptrolle in dem TV-Historiendrama: *1809 - Die Freiheit des Adlers*. Mit der Kurzgeschichtensammlung *Blut und Bier* legt er 2008 seine bisher letzte schriftstellerische Arbeit vor.

Zu den zahlreichen Preisen, mit denen Kroetz im Laufe seiner Karriere ausgezeichnet wird, gehören bereits 1971 die Ludwig-Thoma-Medaille, 1972 der Berliner Kunstpreis, 1974 der Hannoversche Dramatikerpreis, 1975 der Wilhelm- Lübke-Preis und 1995 der Bertolt-Brecht-Literaturpreis. Im Jahr 2005 erhält er das Bundesverdienstkreuz, 2007 den Marieluise-Fleißer-Preis sowie 2008 den Bayerischen Filmpreis für *Die Geschichten vom Brandner Kaspar*, die auch bei der Wiederholung im ZDF 2011 für eine hohe Einschaltquote sorgten.

1987 lernt Kroetz die Autorin und Journalistin Marie-Therese Relin, die Tochter von Maria Schell, kennen, die er 1992 heiratet. Aus der Ehe gehen drei Kinder hervor. Die Ehe wird 2006 geschieden.

Heute ist es ruhig geworden um Franz Xaver Kroetz. Er lebt zurückgezogen auf seinem Bauernhof in Steingaden im Pfaffenwinkel und bietet Familien mit Kindern die Möglichkeit, Ferien auf seinem Bauernhof zu verbringen. Nach wie vor ist er literarisch tätig. Die Wintermonate verbringt er auf Teneriffa. Hier leben er und seine geschiedenen Frau in zwei benachbarten Bungalows, so dass sie sich jederzeit sehen und austauschen oder auch zurückziehen können. Wie er in einem Interview sagt, greift er gerne auf ihre unübertroffenen Kochkünste zurück und lässt sich von ihr verwöhnen.

Franz Xaver Kroetz auf seinem Bauernhof im Pfaffenwinkel 2006

Heute tritt er nur noch ab und zu im Fernsehen auf, wie in dem ZDF-Thriller *Moor der Angst.* Am 25. Februar 2011 wurde der Mann mit dem rauen Lachen und dem charakteristischen Dreitagebart 65 Jahre alt. So flüssig wie in den 70er Jahren, als alle paar Monate ein Theaterstück des Bayern uraufgeführt wurde, geht dem Autor das Schreiben längst nicht mehr von der Hand. Seine Werke wurden damals in mehr als 25 Sprachen übersetzt und in über 40 Ländern gespielt, darunter die Einakter *Heimarbeit* oder *Wildwechsel.* Nach dieser Hochphase fiel ihm das Schreiben zusehends schwerer. In einem Interview mit Katia Rathsfeld äußert sich Kroetz anlässlich seines 65. Geburtstages zu seiner Schreibblockade, wie er es nennt: 'Es kam nicht mehr richtig raus, das war ein Würgen. Und manchmal habe ich wirklich auf meinen Schreibtisch geschaut und gedacht: Das sind die letzten Zuckungen eines Wahnsinnigen.' Vor sieben Jahren hörte er schließlich mit dem Theaterstücke-Schreiben ganz auf. Nun sind es Gedichte und Kurzgeschichten, mit denen er sich beschäftigt, auch wenn sie kein so breites Publikum finden wie seine Auftritte als Baby Schimmerlos in *Kir Royal.* Bei einer von Regisseur Helmut Dietl Dietl geplanten Neuauflage der Kultserie im Jahr 2012 möchte er dennoch nicht dabei sein, da sie zu unterschiedliche Ansichten haben: 'Ich will als alter Mann die Figur jetzt nicht mehr demontieren, das ist zu mühevoll'.

Trotz seiner Erfolge als Schauspieler und Regisseur sieht sich Kroetz in erster Linie als Schriftsteller. Neunzig Prozent seines Lebens habe er schließlich mit dem Schreiben verbracht. Auch wenn er sich wegen des geringen öffentlichen Interesses an seiner Arbeit heute wie ein König ohne wirkliches Reich fühle.

Sein Schreiben war jahrelang so manisch, dass auch seine Ehe mit der Schauspielerin Marie Theres Kroetz-Relin in die Brüche ging. 'Um ein Werk zu schaffen, muss man auch egoistisch sein. Sie können nicht ein netter Kerl sein, wenn sie solche Stücke schreiben, wie ich sie geschrieben habe. In mir waren all diese Abgründe. Und das rauszubringen geht bei einem Schriftsteller nur über die Einsamkeit', erzählte Kroetz in einem dpa-Interview.

Auch seine geschiedene Frau kann das nur bestätigen. Wie sie in 'arte' sagte, hämmerte er monatelang wie besessen auf seine Schreibmaschine ein. 'Solange ich das Ding hörte, wusste ich, okay, es geht ihm einigermaßen gut'. Erst wenn er fertig war, zeigte er seine Stücke seiner Ex-Frau und fragte sie um ihre Meinung. Dann begriff sie erst, was zwischenzeitlich in ihm vorgegangen war. Selbst die gemeinsamen drei Kinder fieberten mit dem Vater. Seine Tochter Josefina hatte einmal in ihr Tagebuch geschrieben: 'Wir sind verzweifelt: Papa kann nicht schreiben'. Heute bezeichnet seine Exfrau den streitbaren Schriftsteller als ihren besten Freund.

Wie Kroetz sagt, werden wir auch in den nächsten Jahren immer wieder von ihm etwas zu hören oder zu sehen bekommen. Man darf gespannt sein.

10. Rückblick und Ausblick

Die vorliegende Veröffentlichung hat versucht deutlich zu machen, dass die Basis des Volksstücks in der Alt-Wiener Tradition vor allem bei Raimund und Nestroy zu suchen ist. Es ist der Verdienst Wedekinds, diese Tradition mehr als hundert Jahre später wieder aufgegriffen und mit neuen Inhalten belebt zu haben. Wie wir gesehen haben, arbeiteten zwei spätere Generationen von Literaten, die sich sowohl dem 'kritischen Volksstück' als auch dem 'neuen kritischen Volksstück' verbunden fühlten, in seinem Sinne weiter. Ziel dieser Veröffentlichung war es, diese Querverbindungen deutlich zu machen und ausschließlich die Stücke dieser Autoren einem literaturhistorischen Vergleich zu unterziehen.

Hätte man die Liste der 'Volksstücksautoren' komplettieren wollen, hätte man Ludwig Anzengruber (1839-1889), Ludwig Thoma (1867-1921) und Carl Zuckmayer (1896-1977) hinzunehmen müssen. Da sie jedoch nicht an der Erneuerung der Volksstücktradition teilgenommen, sondern im bisherigen Sinne weiter gearbeitet haben, wurde darauf verzichtet. Dies wird vor allem bei den Volksstücken von Anzengruber deutlich, der zwar mit seinen Stücken *Der Pfarrer von Kirchfeld, Der Meineidbauer* und *Der Gwissenswurm* in der klassischen Tradition von Nestroy weiter gearbeitet, jedoch nicht zur Erneuerung beigetragen hat. Auch Ludwig Thoma, der mit Frank Wedekind als Chefredakteur der Zeitschrift *Simplicissimus* eng zusammenarbeitete, schrieb mit *Maria Magdalena* zwar ein klassisches Volksstück, jedoch ohne zeitgemäße Akzente zu setzen. Außerdem beschäftigte er sich im Rahmen seiner breiten literarischen Palette mehr mit Romanen, Bauernschwänken und vor allem mit seinen kritischen Artikeln im *Simplicissimus.* Auch Karl Zuckmayer wird von der Gattungsbezeichnung her häufig als Volksstückautor verstanden, obwohl seine Stücke *Der fröhliche Weinberg* oder *Der Hauptmann von Köpenick* eigentlich der Komödie zugerechnet werden müssen.

Wedekind zeigt uns kein homogenes soziales Milieu. Mit dem Begriff 'Volk' spricht er unterschiedliche Gesellschaftsschichten an. Er zeigt das Zusammenspiel von Aristokraten und Gauklern, Geistlichen und Dirnen, welche die Vielschichtigkeit seiner sozialen Wirklichkeit greifbar machen. Bei Brecht wird uns ausschließlich das Proletariat präsentiert, bei Horváth und Fleißer ist es das Kleinbürgertum. Während sich die Figuren von Horváth noch in einem Überschwall an Formeln, Floskeln und Klischees artikulieren, rekrutiert sich bei Kroetz das Personal ausschließlich aus dem Proletariat der 'Sprachlosen'. In seinen Stücken bringt er immer wieder Menschen auf die Bühne, die sprach- und perspektivlos sind. Dabei hofft er mit seiner Arbeit den Ärmsten der Armen durch die Wiederfindung der Sprache neue Kommunikationsmöglichkeiten zu eröffnen. Bildungsstand, Sprachverhalten, Sozialisierungserfahrung, Herkunftsmilieu und Rollenverständnis sind damit für ihn zu einer untrennbaren Einheit geworden, die kontinuierlich sein Werk durchziehen.

Kroetz dürfte der letzte Autor sein, der bis heute dieser Tradition treu geblieben ist und auch die Medien Film, Fernsehen und Rundfunk bei seinem vielseitigen Wirken mit einbezogen hat.

Was heute an neuen Volksstücken im bayerischen und Tiroler Raum entsteht, ist allenfalls leichte Kost. Keinesfalls sind es Volksstücke im klassischen Sinne, sondern ausschließlich Schwänke, Lustspiele oder Singspiele.

Dass sich das 'neue Volksstück' der 30er und 40er Jahre vier Jahrzehnte später zum 'neuen kritischen Volksstück' weiter entwickeln konnte und damit heute wieder aktuell ist, ist der Vorreiterrolle von Frank Wedekind zu verdanken, der das Gedankengut der Wiener Tradition aufgegriffen und zu einem neuen Höhepunkt geführt hat. Damit ist er nicht nur zum Bahnbrecher des modernen deutschen Dramas und zum deutschen Kabarettgründer geworden sondern hat maßgeblich an der Renaissance der Volksstücktradition mitgewirkt.

Archive und Forschungseinrichtungen

Aargauische Kantonsbibliothek
 CH-5001 Aarau, Kantonsbibliothek Aarau, Wedekind-Archiv, Aargauerplatz 1

Bayerisches Staatsarchiv
 D-80501 München, Schönfeldstraße 5

Deutsches Literaturarchiv Marbach/Neckar
 D-71672 Marbach, Schillerhöhe 8-10

Deutsches Theatermuseum München
 D-80539-München, Galleriestraße 4a

Editions- und Forschungsstelle Frank Wedekind Hochschule Darmstadt
 Fachbereich Gesellschaftswissenschaften und Soziale Arbeit
 Prof. Hartmut Vinçon
 D-64283 Darmstadt, Haardtring 100

Hessischer Rundfunk
 D-60320 Frankfurt am Main, Bertramstraße 8

Historisches Museum
 Schloss Lenzburg
 CH-5600 Lenzburg

Institut für Theaterwissenschaften
 D-51127 Köln-Wahn, Burgallee 2

Monacensia Literaturarchiv und Bibliothek
 Münchner Stadtbibliothek
 D-81675 München, Maria-Theresia-Straße 23

Österreichische Nationalbibliothek
 Theatermuseum
 A-1010 Wien, Lobkowitzplatz 2

Stadtarchiv Ingolstadt
 Nachlass Marieluise Fleißer
 D-85049 Ingolstadt, Auf der Schanz 45

Wedekind Archiv Lenzburg
 CH-5600 Lenzburg, Burghaldemuseum, Schlossgasse 23

Bildnachweis

Das Copyright der Illustrationen liegt bei den jeweiligen Institutionen bzw. Besitzern, die in den Bildlegenden angeführt sind. In einigen Fällen war es trotz ausgiebiger Recherchen nicht möglich, die Inhaber der Bildrechte zu ermitteln. In diesen Fällen bitte ich um Benachrichtigung.

Monacensia Bibliothek und Literaturarchiv München, Wedekind-Archiv:
41, 42, 55, 58, 109

Museum Aargau, Historische Sammlungen, Schloss Lenzburg:
36

Österreichisches Theatermuseum Wien:
99

Stadtarchiv Ingolstadt:
81, 142, 145

ullstein bild, Berlin:
45, 48, 49, 61, 64, 73, 76, 77, 84, 88, 94, 96, 111, 115, 120, 127, 136, 141, 144, 152, 154, 157, 164, 173, 179, 181

Hessischer Rundfunk Frankfurt a.M.:
146, 166

Alle weiteren Abbildungen stammen aus Privatquellen.

Anmerkungen

[1]   Allgemeines Theater-Lexikon oder Encyklopädie alles Wissenswerthen für Bühnenkünstler, Dilettanten und Theaterfreunde. Hg. v. R. Blum et al. Altenburg und Leipzig: Duncker & Humblot Verlag, 1842, Bd. 7, S. 174.

[2]   Goethe, Johann Wolfgang: Werke. Sophienausgabe. Abt. 4, Briefe. Weimar: Böhlau, 1907, Bd. 39, S. 117.

[3]   Vgl. Schmitz, Thomas: Das Volksstück. In: Realien zur Literatur. Stuttgart: Metzler Verlag, 1990, S. 5.

[4]   Borgstedt, Thomas und Solbach, Andreas: Der galante Diskurs. Kommunikationsideal und Epochenschwelle. Dresden: Thelem, 2001, S. 9.

[5]   Klotz, Volker: Dramaturgie des Publikums. Wie Bühne und Publikum aufeinander eingehen, insbesondere bei Raimund, Büchner, Wedekind, Horváth, Gatti und im politischen Agitationstheater. München: Hanser, 1976, S. 184.

[6]   Reallexikon der deutschen Literaturgeschichte, Hg. Georg Braungart et. al. Berlin: Der Gruyter Verlag, 1967, Bd. 3, S. 220.

[7]   Brecht, Bertolt: Anmerkungen zum Volksstück. In: Gesammelte Werke. 17 Bände. Schriften zum Theater. Frankfurt/Main: Suhrkamp Verlag, 1967, Bd. 3, S. 1163.

[8]   Ebd., Bd. 3, S. 1163.

[9]   Ebd., Bd. 3, S. 1140.

[10]   Vgl. Piscator, Erwin: Theater der Auseinandersetzung: Ausgewählte Schriften und Reden. Hg. v. Ludwig Hoffmann. Frankfurt a.M.: Suhrkamp, 1977, S. 12ff.

[11]   Vgl. Michael, Friedrich: Geschichte des deutschen Theaters. Stuttgart: Reclam Universal-Bibliothek, 1969, S. 91.

[12]   Vgl. Frenzel, Herbert: Geschichte des Theaters. Daten und Dokumente 1470-1840. München: Deutscher Taschenbuchverlag, 1979, S. 43 ff.

[13]   Mautner, Franz Heinrich: Johann Nestroy und seine Kunst. Wien: Lorenz Verlag, o.J. [1937], S. 12.

[14]   Rommel, Otto: Johann Nestroy. Ein Beitrag zur Geschichte der Wiener Volkskomik. Hg. v. Fritz Brukner und Otto Rommel. In: Johann Nestroy: Sämtliche Werke. Wien: Schroll & Co, 1930, Bd. 15, S. 74.

[15]   Vgl. Dietrich, Berthold: Lachendes Österreich. Wien: Vaterland Bücherei, 1928, S. 25ff.

[16]   Vgl. Kreissler, Felix: Das Französische bei Raimund und Nestroy. Wien: Notring der wissenschaftlichen Verbände Österreichs, 1967, S. 52.

[17]   Vgl. Klotz, Volker: Bürgerliches Lachtheater. Komödie-Posse-Schwank-Operette. München: Deutscher Taschenbuchverlag, 1980, S. 43ff.

[18]   Vgl. Rommel Otto: Die großen Figuren der Altwiener Volkskomödie: Hanswurst, Kasperl, Thaddädl und Staberl, Raimund und Nestroy. Wien: Bindenschild Verlag, 1946, S. 66ff.

[19]   Vgl. Battaglia, Otto Forst de: Johann Nestroy. Abschätzer der Menschen. Magier des Wortes. Mit 44 Bildern nach alten Stichen und Originalen. 2. Auflage. Leipzig: Staackmann, 1932, S. 31ff.

[20]   Austermühl, Elke: Frank Wedekind. In: Deutsche Dichter des 20. Jh. Hg. v. Hartmut Steinecke. Berlin: Schmidt, 1994, S. 51.

[21] Vgl. Rommel, Otto: Die Alt-Wiener Volkskomödie: Ihre Geschichte vom barocken Welt-Theater bis zu Nestroys Tod, Wien: Schroll Verlag, 1952, S. 82.

[22] Vgl. Raimund, Ferdinand: Dichterische Entwicklung, Persönlichkeit und Lebensschicksal. Hg. v. Walter Erdmann. Würzburg: Triltsch Verlag, 1943, S. 253.

[23] Raimund, Ferdinand: Sämtliche Werke in drei Teilen. Hg. v. Eduard Castle. Leipzig: Max Hesses Verlag, O.J. [1903], S. 510.

[24] Müller, Gerd: Das Volksstück von Raimund bis Kroetz. Die Gattung in Einzelanalysen. München: Oldenbourg Verlag, 1979, S. 21.

[25] Olles, Helmut: Zerrissenheit bei Raimund und Nestroy. Phil. Diss. [Masch.] Frankfurt a.M.: 1954, S. 58.

[26] Vgl. Rommel, Otto: Johann Nestroy. Ein Beitrag zur Geschichte der Wiener Volkskomik. Hg. v. Fritz Brukner und Otto Rommel. In: Johann Nestroy: Sämtliche Werke. Wien: Schroll & Co, 1930, Bd. 15, S. 74.

[27] Vgl. Raimund, Ferdinand: Dichterische Entwicklung, Persönlichkeit und Lebensschicksal. Hg. v. Walter Erdmann. Würzburg: Triltsch Verlag, 1943, S. 72ff.

[28] Vgl. Rommel, Otto: Johann Nestroy. Ein Beitrag zur Geschichte der Wiener Volkskomik. Hg. v. Fritz Brukner und Otto Rommel. In: Johann Nestroy: Sämtliche Werke. Wien: Schroll & Co, 1930, Bd. 15, S. 74.

[29] Vgl. Mautner, Franz Heinrich: Nestroy. Heidelberg: Stiehm, 1974, S. 91.

[30] Vgl. Ebd., S. 199f.

[31] Ebd., S. 93.

[32] Vgl. Kahl, Kurt: Johann Nestroy oder der Wienerische Shakespeare. Wien: Molden, 1970, S. 155.

[33] Vgl. Mautner, Franz Heinrich: Nestroy. Heidelberg: Stiehm, 1974, S. 49.

[34] Vgl. Roth, Klaus: Nestroys dramatische Technik. Phil. Diss. [Masch.] Berlin: 1968, S. 19.

[35] Vgl. Solbach, Andreas: Johann Beer. Rhetorisches Erzählen zwischen Satire und Utopie. Tübingen: Niemeyer, 2003, S. 4-8.

[36] Vgl. Mautner, Franz Heinrich: Nestroy. Heidelberg: Stiehm, 1974, S. 24.

[37] Nestroy, Johann. Sämtliche Werke. Historisch-kritische Gesamtausgabe in zwölf Bänden. Die Zauberspiele. Bd. 1, Hg. v. Fritz Brukner und Otto Rommel. Wien: Kunstverlag Schroll, 1924, S. 166.

[38] Ebd., S. 167.

[39] Ebd., S. 167.

[40] Ebd., S. 168-169.

[41] Vgl. Kraus, Karl: Nestroy und die Nachwelt. Frankfurt a.M.: Suhrkamp, 1987, S. 15ff.

[42] Vgl. Mautner, Franz Heinrich: Nestroy. Heidelberg: Stiehm, 1974, S. 33ff.

[43] Vgl. Diehl, Siegfried: Zauberei und Satire im Frühwerk Nestroys. Frankfurter Beiträge zur Germanistik. Berlin und Zürich: Gehlen Verlag, 1969, Bd. 9, S. 45ff.

[44] Kraus, Karl: Nestroy und die Nachwelt. Frankfurt a.M.: Suhrkamp, 1987, S. 26.

[45] Nestroy Johann: Sämtliche Werke. Historisch kritische Gesamtausgabe in zwölf Bänden. Die Zauberspiele. Hg. v. Fritz Brukner und Otto Rommel. Wien: Kunstverlag Schroll, 1924, Bd. 2, S. 69.

[46] Kraus, Karl: Nestroy und die Nachwelt. Frankfurt a.M.: Suhrkamp, 1987, S. 26.

[47] Vgl. Schmitz, Thomas: Das Volksstück. Stuttgart: Metzler Verlag, 1990, S. 27.

48 Müller, Gerd: Das Volksstück von Raimund bis Kroetz. München: Oldenbourg Verlag, 1979, S. 33.

49 Vgl. Battaglia, Otto Forst de: Johann Nestroy. Abschätzer der Menschen. Magier des Wortes. Mit 44 Bildern nach alten Stichen und Originalen. 2. Auflage. Leipzig: Staackmann, 1932, S. 161.

50 Vgl. Ebd., S. 114f.

51 Vgl. Fischer-Lichte, Erika: Kurze Geschichte des deutschen Theaters. 2. Aufl. Tübingen und Basel: Francke, 1999, S. 185.

52 Vgl. Kahl, Kurt: Johann Nestroy oder der Wienerische Shakespeare. Wien: Molden, 1970, S. 57.

53 Battaglia, Otto Forst de: Johann Nestroy. Abschätzer der Menschen. Magier des Wortes. Mit 44 Bildern nach alten Stichen und Originalen. 2. Auflage. Leipzig: Staackmann, 1932, S. 121.

54 Vgl. Mautner, Franz Heinrich: Nestroy. Heidelberg: Stiehm, 1974, S. 29.

55 Vgl. Battaglia, Otto Forst de: Johann Nestroy. Abschätzer der Menschen. Magier des Wortes. Mit 44 Bildern nach alten Stichen und Originalen. 2. Auflage. Leipzig: Staackmann, 1932, S.122-123.

56 Vgl. Mautner, Franz Heinrich: Nestroy. Heidelberg: Stiehm, 1974, S. 113.

57 Vgl. Kieser, Rolf: Benjamin Franklin Wedekind. Biographie einer Jugend. Zürich: Arche, 1990, S. 27ff.

58 Vgl. Ebd., S. 71.

59 Vgl. Forcht, Georg: Die Medialität des Theaters bei Frank Wedekind. Herbolzheim: Centaurus, 2005, S. 55.

60 Forcht, Georg: Liebesklänge und andere ausgewählte Lyrik-Manuskripte des jungen Frank Wedekind. Herbolzheim: Centaurus, 2007, S. 8.

61 Wedekind, Frank: Schulheft. Lenzburg: Burghaldemuseum [o.J.]. S. 24.

62 Wedekind, Frank: Aargauische Kantonsbibliothek, Aarau: B1, 23.

63 Wedekind, Frank: Gesammelte Werke. München: Georg Müller, 1925, Bd. 1, S. 25.

64 Wedekind-Archiv München: Unveröffentlichtes Manuskript. Ännchen Tartini, L 3485, S. 3-4.

65 Vgl. Wilhelm, Hermann: Die Münchner Bohème. Von der Jahrhundertwende bis zum Ersten Weltkrieg. München: Buchendorfer, 1993, S. 57.

66 Vgl. Kieser Rolf: Benjamin Franklin Wedekind. Biographie einer Jugend. Zürich: Arche, 1990, S. 326.

67 Vgl. Frank Wedekinds Maggi-Zeit. Reklamen, Reiseberichte, Briefe, Texte aus Wedekinds Tätigkeit als Reklamechef für Julius Maggi. Hg. von Hartmut Vinçon. 2. Aufl. Darmstadt: Häusser, 1995, S. 24.

68 Simplicissimus, 1. Jahrgang Nr. 19, 8. August 1896, S. 4-5.

69 Simplicissimus, 3. Jahrgang Nr. 31, 29. Oktober 1898, S. 245.

70 Vgl. Kothe, Robert: Saitenspiel des Lebens. Schicksal und Werk. München: Knorr & Hirth, 1944, S. 71.

71 Vgl. Harris, Edward: Freiheit, dein Name ist Tingel-Tangel. Wedekinds Kabarett-Karriere. In: Frank Wedekind. Hg. v. Ruth Florack. München: Text und Kritik, 1996, S. 48.

72 Riha, Karl: Moritat, Song, Bänkelsang. Zur Geschichte der modernen Ballade. Göttingen: Sachse & Pohl, 1965, S. 28.

[73] Vgl. Haemmerli-Marti, Sophie: Mis Aargäu. Land und Lüt us miner Läbesgschicht. Aarau: Sauerländer, o.J. [1939], S. 136.

[74] Wedekind, Frank: Lautenlieder. 53 Lieder mit eigenen und fremden Melodien. Hg. v. Artur Kutscher. Berlin: Drei Masken Verlag, 1920, S. 49.

[75] Ebd., S. 55-56.

[76] Vgl. Kutscher, Artur: Frank Wedekind. Sein Leben und seine Werke. München: Müller, 1927, Bd.1, S. 280-283.

[77] Wedekind, Frank: Gesammelte Werke. München: Müller, 1924, Bd. 4, S. 6.

[78] Ebd., Bd. 4, S. 6.

[79] Ebd., Bd. 4, S. 13.

[80] Ebd., Bd. 4, S. 21.

[81] Ebd., Bd. 4, S. 42.

[82] Vgl. Schönert, Jörg: Tausch und Täuschung als Grundmuster gesellschaftlichen Handelns in 'Der Marquis von Keith'. In: Frank Wedekind. Hg. v. Ruth Florak. München: Edition Text und Kritik, Heft 131/132, 1996, S. 90.

[83] Vgl. Wedekind, Frank: Werke. Kritische Studienausgabe. Hg. v. Mathias Baum und Rolf Kieser. Darmstadt: Häusser, 2000, Bd. 2, S. 567.

[84] Wedekind, Frank: Gesammelte Werke. München: Müller, 1924, Bd. 4, S. 96.

[85] Ebd., Bd. 4, S. 46.

[86] Kuttenkeuler, Wolfgang: Der Außenseiter als Prototyp der Gesellschaft. Frank Wedekind: 'Der Marquis von Keith'. In: Fin de siècle. Zu Literatur und Kunst der Jahrhundertwende, Hg. v. Roger Bauer et al. Frankfurt a.M.: Studien zur Philosophie und Literatur des 19. Jahrhunderts Bd. 35, 1977, S. 572.

[87] Marahrens, Gerwin: Frank Wedekinds 'Der Marquis von Keith'. In: Momentum Dramaticum. Festschrift für Eckehard Catholy. Hg. v. Linda Dietrick. Waterloo: 1990, S. 512.

[88] Wedekind, Frank: Gesammelte Werke. München: Müller, 1924, Bd. 4, S. 69.

[89] Marahrens, Gerwin: Frank Wedekinds 'Marquis von Keith'. In: Momentum dramaticum. Hg. v. Linda Dietrick. Waterloo: 1990, S. 515.

[90] Wedekind, Frank: Gesammelte Werke: München: Müller, 1924, Bd. 4, S. 92.

[91] Ebd., Bd. 4, S. 95.

[92] Hahn, Manfred: Frank Wedekind. Leben und Werk. In: Frank Wedekind: Dramen. Hg. v. Manfred Hahn. Berlin, Weimar: Aufbau-Verlag, 1969, Bd. 1, S. 66.

[93] Wedekind, Frank: Gesammelte Werke. München: Müller, 1924, Bd. 4, S. 98.

[94] Ebd., Bd. 4, S. 105.

[95] Vgl. Hagemann, Fritz: Essay über Frank Wedekinds Schauspiel 'König Nicolo oder So ist das Leben'. In: Carolinum 58/59, 1971, S. 11-16.

[96] Wedekind, Frank: Gesammelte Werke. München: Müller, 1924, Bd. 4, S. 130.

[97] Wedekind, Frank: Gesammelte Werke. München: Müller, 1924, Bd. 4, S. 130.

[98] Ebd., Bd. 4, S. 135.

[99] Notizbücher. Wedekind-Archiv. München: Monacensia Literaturarchiv. Handschriften- abteilung: L 3501/1-67.

[100] Wedekind, Frank: Gesammelte Werke. München: Müller, 1924, Bd. 4, S. 146.

[101] Ebd., Bd. 4, S. 146-147.

[102] Kwangsun, Kim: Die Lieder in Frank Wedekinds Dramen. Frankfurt a.M.: Lang, 1993, S. 95.

190

[103] Wedekind, Frank: Gesammelte Werke. München: Müller, 1924, Bd. 4, S. 147.

[104] Ebd., Bd. 4, S. 149.

[105] Ebd., Bd. 4, S. 155.

[106] Ebd., Bd. 4, S. 171.

[107] Ebd., Bd. 4, S. 172.

[108] Ebd., Bd. 4, S. 176f.

[109] Ebd., Bd. 4, S. 180.

[110] Kwangsun, Kim: Die Lieder in Frank Wedekinds Dramen. Frankfurt a.m.: Lang, 1993, S. 15.

[111] Vgl. Ebd., S. 58.

[112] Austermühl, Elke: Frank Wedekinds Dramen. In: Die literarische Moderne in Europa. Formationen der literarischen Avantgarde. Hg. v. Hans-Joachim Piechotta et al. Opladen: Westdeutscher Verlag, 1994, Bd. 2, S. 313.

[113] Schönert, Jörg: Tausch und Täuschung als Grundmuster gesellschaftlichen Handelns in 'Der Marquis von Keith'. In: Frank Wedekind. Hg. v. Ruth Florack. München: Edition Text und Kritik, Heft 131/132, 1996. S. 89.

[114] Vgl. Jaretzky, Reinhold: Bertolt Brecht. Monographie. Reinbeck bei Hamburg: Rowohlt Taschenbuch Verlag, 2010, S. 15ff.

[115] Brecht, Bertolt: Werke. Große kommentierte Berliner und Frankfurter Ausgabe. Schriften zum Theater Hg. v. W. Hecht et al., Frankfurt a.m.: Suhrkamp Verlag, 1988, Bd. 25, S. 9.

[116] Ebd., Bd. 13, S. 140.

[117] Ebd., Bd. 11, S. 42-43.

[118] Ebd., Bd. 11, S. 119.

[119] Ebd., Bd. 13, S.228.

[120] Vgl. Jaretzky, Reinhold: Bertolt Brecht. Monographie. Reinbeck bei Hamburg: Rowohlt Taschenbuch Verlag, 2010, S. 49f.

[121] Hecht, Werner: Brechts Weg zum epischen Theater. Berlin DDR: Verlag das europäische Buch, 1962, S. 42.

[122] Vgl. Jaretzky, Reinhold: Bertolt Brecht. Monographie. Reinbeck bei Hamburg: Rowohlt Taschenbuch Verlag, 2010, S. 62-63.

[123] Brecht, Bertolt: Werke. Große kommentierte Berliner und Frankfurter Ausgabe. Hg. v. W. Hecht et al., Frankfurt a.m.: Suhrkamp Verlag, 1988, Bd. 26, S. 402f.

[124] Ebd., Bd. 26, S. 421f.

[125] Vgl. Nocker, Michaela: Die Volksstückhaftigkeit von Bertolt Brechts 'Herr Puntila und sein Knecht Matti'. Graz: Grin-Verlag, 2008, S. 10f.

[126] Vgl. Müller, Gerd: Das Volksstück von Raimund bis Kroetz. München: Oldenbourg Verlag, 1979, S. 108-110.

[127] Brecht, Bertolt: Werke. Stücke. Große kommentierte Berliner und Frankfurter Ausgabe. Hg. v. W. Hecht et al., Frankfurt a.m.: Suhrkamp Verlag, 1988, Bd. 6, S. 285.

[128] Hinck, Walter: Die Dramaturgie des späten Brecht. Untersuchungen aus der deutschen und englischen Philologie und Literaturgeschichte, Band 229. Göttingen: Vandenhoeck & Ruprecht, 1962, S. 75.

[129] Brecht, Bertolt: Stücke. Große kommentierte Berliner und Frankfurter Ausgabe. Hg. v. W. Hecht et al. Frankfurt a.m.: Suhrkamp Verlag, 1988, Bd. 6, S. 290.

[130] Ebd., Bd. 6, S. 291.

[131] Ebd., Bd. 6, S. 291.

[132] Ebd., Bd. 6, S. 297.

[133] Ebd., Bd. 6, S. 329.

[134] Ebd., Bd. 6, S. 291-292.

[135] Ebd., Bd. 6, S. 293.

[136] Ebd., Bd. 6, S. 287.

[137] Ebd., Bd. 6, S. 286.

[138] Ebd., Bd. 6, S. 296.

[139] Ebd., Bd. 6, S. 300-302.

[140] Ebd., Bd. 6, S. 311.

[141] Ebd., Bd. 6, S. 311.

[142] Ebd., Bd. 6, S. 325.

[143] Ebd., Bd. 6, S. 335-336.

[144] Poser, Hans: Brechts 'Herr Puntila und sein Knecht Matti'. Theater und Gesellschaft. Das Volksstück im 19. und 20. Jahrhundert. Hg. v. Hein, Jürgen. Düsseldorf: Bertelsmann Universitätsverlag, 1973, S. 187.

[145] Brecht, Bertolt: Werke. Stücke. Große kommentierte Berliner und Frankfurter Ausgabe. Hg. v. W. Hecht et al. Frankfurt a.m.: Suhrkamp Verlag, 1988, Bd. 6, S. 366-367.

[146] Ebd., Bd. 6, S. 369.

[147] Ebd., Bd. 6, S. 370.

[148] Vgl. Häntzschel, Hiltrud: Marieluise Fleißer. Eine Biographie. Frankfurt a.m. und Leipzig: Insel Verlag, 2007, S. 26f.

[149] Ebd., S. 36.

[150] Magdeburgische Zeitung vom 18.12.1927, Der Verschollene Verbrecher X, S. 9.

[151] Häntzschel, Hiltrud: Fleißer Marieluise. Eine Biographie, Frankfurt a.m. und Leipzig: Insel Verlag, 2007, S. 51-52.

[152] Feuchtwanger, Lion: Erfolg. Berlin: Kiepenheuer Verlag, 1930, S. 57.

[153] Fleißer, Marieluise. Briefwechsel 1925-1974. Hg. v. Günther Rühle. Frankfurt a.m.: Suhrkamp Verlag, 2001, S. 29.

[154] Häntzschel, Hiltrud: Marieluise Fleißer. Eine Biographie. Frankfurt a.m. und Leipzig: Insel Verlag, S. 93.

[155] Ebd., S. 96.

[156] Ebd., S. 96-97.

[157] Vgl. Fleißer, Marieluise: Gesammelte Werke. Leben und Schreiben der Marieluise Fleißer aus Ingolstadt. Hg. v. Günther Rühle. Frankfurt a.m.: Suhrkamp Verlag, 1972, Bd. 1, S. 16ff.

[158] Tax, Sissi: Marieluise Fleißer. Schreiben, überleben. Ein biographischer Versuch. Basel und Frankfurt a.m.: Stroemfeld/Roter Stern, 1984, S. 66.

[159] Marbacher Magazin. Marieluise Fleißer aus Ingolstadt zum 100. Geburtstag. Hg. Ulrich Ott. Stuttgart: Deutsche Schillergesellschaft Marburg, 2001, S. 33.

[160] Zeitschrift für Städtische Bühnen Frankfurt a.m.: Schauspiel Nr. 1, September 1972, S. 30.

[161] Vgl. Fleißer, Marieluise: Gesammelte Werke. Leben und Schreiben der Marieluise Fleißer aus Ingolstadt. Hg. v. Günther Rühle. Frankfurt a.m.: Suhrkamp Verlag, 1972, Bd. 1, S. 48-49.

[162] Ebd., Bd. 1, S. 64.

[163] Vgl. Schulz, Genia: Fußwaschung und Weihwedel. Fleißers sprachlicher Körper. In: Reflexive Naivität. Zum Werk Marieluise Fleißers. Hg. v. Maria Müller und Ulrike Vedder. Berlin: Erich Schmidt Verlag, 2000, S. 83.

[164] Fleißer, Marieluise: Gesammelte Werke. Frankfurt a.M.: Suhrkamp Verlag, 1972, Bd. 1, S. 115

[165] Ebd., Bd. 1, S. 75.

[166] Ebd., Bd. 1, S. 72.

[167] Müller, Maria und Vedder, Ulrike: Reflexive Naivität. Zum Werk von Marieluise Fleißer. Berlin: Erich Schmidt Verlag, S. 85.

[168] Fleißer, Marieluise: Gesammelte Werke. Frankfurt a.M.: Suhrkamp Verlag, 1972, Bd. 1, S. 89.

[169] Ebd., Bd. 1, S. 92.

[170] Ebd., Bd. 1, S. 77.

[171] Vgl. Schmitz, Thomas: Das Volksstück. Stuttgart: Metzlersche Verlagsbuchhandlung, 1990, S. 52f.

[172] Fleißer, Marieluise. Gesammelte Werke. Frankfurt a.M.: Suhrkamp Verlag, 1972, Bd. 1, S. 167.

[173] Ebd., Bd. 1, S. 220.

[174] Ebd., Bd. 1, S. 111.

[175] Ebd., Bd. 1, S. 114.

[176] Ebd., Bd. 1, S. 265.

[177] Ebd., Bd. 1, S. 132.

[178] Marbacher Magazin. Marieluise Fleißer aus Ingolstadt zum 100. Geburtstag. Hg. v. Ulrich Ott. Marburg und Stuttgart: Deutsche Schillergesellschaft, 2001, S. 51.

[179] Fleißer, Marieluise: Gesammelte Werke. Frankfurt a.M.: Suhrkamp Verlag, Bd.1, S. 89-90.

[180] Vgl. Ebd., Bd. 1, S. 50-51.

[181] Ebd., Bd. 1, S. 124.

[182] Ebd., Bd. 1, S. 125.

[183] Vgl. Gowan Mc., Moray: Kette und Schuß: Zur Dramatik der Marieluise Fleißer. In: Marieluise Fleißer. Hg. v. Heinz Ludwig Arnold. München: Text und Kritik, Heft 64, 1979, S. 15.

[184] Rühle, Günther: Leben und Schreiben der Marieluise Fleißer aus Ingolstadt. In: Theater heute. Jahressonderheft. Hg. v. Henning Rischbieter. Velber bei Hannover: Friedrich Verlag, 1972, S. 87.

[185] Ebd., S. 86.

[186] Kroetz, Franz Xaver: Materialien zum Leben und Schreiben der Marieluise Fleißer. Hg. v. Günther Rühle. Frankfurt a.M.: Suhrkamp Verlag, 1973, S. 379.

[187] Lunzer, Heinz et al: Horváth. Einem Schriftsteller auf der Spur. Salzburg-Wien-Frankfurt a.M.: Residenz Verlag, 2001, S. 13.

[188] Vgl. Hildebrandt, Dieter: Ödön von Horváth. Rowohlts Bildmonographie. Reinbeck bei Hamburg. 1995, S. 22f.

[189] Horváth, Ödön von: Gesammelte Werke. Kommentierte Werkausgabe in Einzelbänden. Hg. v. Traugott Krischke. Frankfurt a.M.: Suhrkamp Verlag, 1983, Bd. 11, S. 184f.

[190] Vgl. Lunzer, Heinz et. al: Horváth. Einem Schriftsteller auf der Spur. Salzburg-Wien-Frankfurt a.M.: Residenz Verlag, 2001, S. 28.

[191] Krischke, Traugott: Ödön von Horváth. Kind seiner Zeit. München: Heyne Verlag, 1980, S. 106.

[192] Vgl. Kienzle, Siegfried: Ödön von Horváth. Köpfe des 20. Jahrhunderts. Berlin: Colloquium Verlag, 1984, S. 40f.

[193] Horváth, Ödön von: Die Bergbahn. Kommentierte Werkausgabe in Einzelbänden. Hg. v. Traugott Krischke. Frankfurt a.m.: Suhrkamp Verlag, 2001, Bd. 1, S. 103.

[194] Sonnleitner, Johann: Sprache und Ökonomie. In: Ödön von Horváth. Unendliche Dummheit – dumme Unendlichkeit. Hg. v. Klaus Kastberger. Wien: Zsolnay Verlag, 2001, S. 61.

[195] Müller, Karl: Lebens- und Todeskämpfe. In: Ödön von Horváth. Unendliche Dummheit – dumme Unendlichkeit. Wien: Zsolnay Verlag, 2001, S. 23.

[196] Vgl. Horváth, Ödön von: Festschrift zum 75. Geburtstag. Hg. v. Thomas Sessler. Wien und München: TSV Verlag, 1976, S. 13f.

[197] Vgl. Ebd., S. 15.

[198] Horváth, Ödön von: Die Bergbahn. Kommentierte Werkausgabe in Einzelbänden. Hg. v. Traugott Krischke. Frankfurt a.m.: Suhrkamp Verlag, 2001, Bd. 1, S. 92.

[199] Ebd., Bd. 1, S. 98.

[200] Ebd., Bd. 1, S. 99.

[201] Vgl. Horváth, Ödön von: Festschrift zum 75. Geburtstag. Hg. v. Thomas Sessler. Wien und München: TSV Verlag, 1976, S. 14f.

[202] Vgl. Müller, Karl: Lebens- und Todeskämpfe. In: Ödön von Horváth: Unendliche Dummheit – Dumme Unendlichkeit. Hg. v. Klaus Kastberger. Wien: Zsolnay Verlag, 2001, S. 30.

[203] Horváth, Ödön von: Die Bergbahn. Kommentierte Werkausgabe in Einzelbänden. Hg. v. Traugott Krischke. Frankfurt a.m.: Suhrkamp Verlag, 2001, Bd. 1, S. 121-123.

[204] Ebd., Bd. 1, 126-128.

[205] Vgl. Kienzle, Siegfried: Ödön von Horváth. Köpfe des 20. Jahrhunderts. Berlin: Colloquium Verlag, 1984, S. 41f.

[206] Vgl. Horváth, Ödön von: Festschrift zum 75. Geburtstag. Hg. v. Thomas Sessler. Wien und München: TSV Verlag, 1976, S. 25.

[207] Murnauer Tagblatt, 2. Februar 1931, S. 3.

[208] Münchner Post, 23. Juli 1931, S. 5.

[209] Horváth, Ödön von: Italienische Nacht. Kommentierte Werkausgabe in Einzelbänden. Hg. v. Traugott Krischke, Frankfurt a.m.: Suhrkamp Verlag, 2001, Bd. 3, S. 73.

[210] Ebd., Bd. 3, S. 72.

[211] Ebd., Bd. 3, S. 80.

[212] Ebd., Bd. 3, S. 94-95.

[213] Ebd., Bd. 3, S. 123.

[214] Ebd., Bd. 3, S. 111.

[215] Ebd., Bd. 3, S. 88.

[216] Ebd., Bd. 3, S. 124.

[217] Vgl. Kienzle, Siegfried: Ödön von Horváth. Köpfe des 20. Jahrhunderts. Berlin: Colloquium Verlag, 1984, S. 45ff.

[218] Horváth, Ödön von: Geschichten aus dem Wiener Wald. Kommentierte Werkausgabe in Einzelbänden. Hg. v. Traugott Krischke, Frankfurt a.m.: Suhrkamp Verlag, 2001, Bd. 4, S. 135.

[219] Ebd., Bd. 4, S. 138.

[220] Ebd., Bd. 4, S. 139.

[221] Vgl. Sonnleitner, Johann: Sprache und Ökonomie. In: Ödön von Horváth. Unendliche Dummheit – dumme Unendlichkeit. Hg. v. Klaus Kastberger. Wien: Zsolnay Verlag, 2001, S. 60.

[222] Horváth, Ödön von: Geschichten aus dem Wiener Wald. Kommentierte Werkausgabe in Einzelbänden. Hg. v. Traugott Krischke, Frankfurt a.M.: Suhrkamp Verlag, 2001, Bd. 4, S. 145f.

[223] Ebd., Bd. 4, S. 110.

[224] Ebd., Bd. 4, S. 111.

[225] Ebd., Bd. 4, S. 142.

[226] Ebd., Bd. 4, S. 165f.

[227] Ebd., Bd. 4, S.167ff.

[228] Ebd., Bd. 4, S. 199f.

[229] Ebd., Bd. 4, S. 206.

[230] Ebd., Bd. 4, S. 207.

[231] Kienzle, Siegfried: Ödön von Horváth. Köpfe des 20. Jahrhunderts. Berlin: Colloquium Verlag, 1984, S.47f.

[232] Ring, Lothar: Kleine Volkszeitung Wien, 06.02.1935. In: Traugott Krischke. Horváth auf der Bühne 1926-1938. Eine Dokumentation. Wien: Österreichische Staatsdruckerei, 1991, S. 265.

[233] Horváth, Ödön, von: Kasimir und Karoline. Kommentierte Werkausgabe in Einzelbänden, Hg. v. Traugott Krischke, Frankfurt a.M.: Suhrkamp Verlag, 2001, Bd. 5, S. 70.

[234] Mildenberger, Angelika-Ditha: Motivkreise in Ödön von Horváths dramatischem Werk. Zürich: Leu Verlag, 1988, S. 158.

[235] Horvath, Ödön von: Kasimir und Karoline. Kommentierte Werkausgabe in Einzelbänden, Hg. v. Traugott Krischke, Frankfurt a.M.: Suhrkamp Verlag, 2001, Bd. 5, S. 71.

[236] Ebd., Bd. 5, S. 122.

[237] Ebd., Bd. 5, S. 72.

[238] Nestroy, Johann: Sämtliche Werke. Hg. v. Fritz Brukner und Otto Rommel, Wien: Schroll Verlag, 1926, Bd. 8, S. 37.

[239] Horváth, Ödön von: Kasimir und Karoline. Kommentierte Werkausgabe in Einzelbänden, Hg. v. Traugott Krischke, Frankfurt a.M.: Suhrkamp Verlag, 2001, Bd. 5, 135.

[240] Ebd., Bd. 5, S. 97ff.

[241] Ebd., Bd. 5, S. 84.

[242] Ebd., Bd. 5, S. 105.

[243] Ebd., Bd. 5, S. 104.

[244] Ebd., Bd. 5, S. 109.

[245] Vgl. Melzer, Gerhard: Das Phänomen des Tragikomischen. Untersuchungen zum Werk von Karl Kraus und Ödön von Horváth. Hochschulschriften Literaturwissenschaft, Kronberg: Scriptor Verlag, 1976, Bd. 15, S. 121.

[246] Horváth, Ödön von: Kasimir und Karoline. Kommentierte Werkausgabe in Einzelbänden. Hg. v. Traugott Krischke. Frankfurt a.M.: Suhrkamp Verlag, 1983, Bd. 5, S. 77.

[247] Ebd., Bd. 5, S. 115.

[248] Ebd., Bd. 5, S.138.

[249] Heilborn, Ernst: Geschichten aus dem Wiener Wald. In: Traugott Krischke: Horváth auf der Bühne 1926-1938. Wien: Österreichische Staatsdruckerei, 1991, S. 196.

[250] Sperr, Martin: Mit Brecht über Brecht hinaus. In: Theater heute. Velber bei Hannover: Erhard Friedrich Verlag, Heft 3, 1968, S. 28.

[251] Vgl. Müller, Gerd: Das Volksstück von Raimund bis Kroetz. Die Gattung in Einzelanalysen. München: Oldenbourg Verlag, 1979, S. 124.

[252] Sperr, Martin: Jagdszenen aus Niederbayern. Frankfurt a.M.: Suhrkamp Verlag, 1972, S. 59.

[253] Ebd., S. 36.

[254] Ebd., S. 9.

[255] Ebd., S. 17.

[256] Ebd., S. 19.

[257] Ebd., S. 19.

[258] Ebd., S. 23.

[259] Ebd., S 32.

[260] Ebd., S. 46f.

[261] Ebd., S. 53.

[262] Ebd., S. 53.

[263] Ebd., S. 58.

[264] Ebd., S. 58.

[265] Müller, Gerd: Das Volksstück von Raimund bis Kroetz. Die Gattung in Einzelanalysen. München: Oldenbourg Verlag, 1979, S. 130.

[266] Ebd., S. 131.

[267] Rühle, Günther: Alle meine Söhne. In: Theater heute. Jahressonderheft. Velber bei Hannover: Friedrich Verlag, 1972, S. 86.

[268] Töteberg, Michael: Rainer Werner Fassbinder. Reinbeck bei Hannover: Rowohlt Taschenbuchverlag, 2002, S. 16.

[269] Sormani, Laura: Semiotik und Hermeneutik im interkulturellen Rahmen. Frankfurt a.M.: Peter Lang, Europäischer Verlag der Wissenschaften, 1998, S. 195.

[270] Töteberg, Michael: Rainer Werner Fassbinder. Reinbeck bei Hannover: Rowohlt Taschenbuchverlag, 2002, S. 34f.

[271] Henrichs, Benjamin: Rainer Werner Fassbinder. In: Theater heute. Jahressonderheft. Velber bei Hannover: Friedrich Verlag, 1972, S. 70.

[272] Henrichs, Benjamin: Hanna Schygulla. In: Theater heute. Jahressonderheft. Velber bei Hannover: Friedrich Verlag, 1972, S. 109f.

[273] Vgl. Müller, André: Eine andere Art Ehrlichkeit. In: Fassbinder über Fassbinder. Hg. v. Robert Fischer. Berlin: Rainer Werner Fassbinder Foundation, 2004, S. 268ff.

[274] Töteberg, Michael: Rainer Werner Fassbinder. Reinbeck bei Hannover: Rowohlt Taschenbuchverlag, 2002, S. 43.

[275] Fassbinder, Rainer Werner: Das Kaffeehaus. Frankfurt a.M.: Suhrkamp Verlag, 1972, S. 39.

[276] Ebd., S. 25.

[277] Ebd., S. 51.

[278] Ebd. S., 41.

279 Ebd., S. 61.

280 Vgl. Sormani, Laura: Semiotik und Hermeneutik im interkulturellen Rahmen. Frankfurt a.m.: Peter Lang, Europäischer Verlag der Wissenschaften, 1998, S. 214f.

281 Frankfurter Rundschau, 26. Oktober 1970, S. 7.

282 Vgl. Henrichs, Benjamin: Rainer Werner Fassbinder. In: Theater heute. Jahressonderheft. Velber bei Hannover: Friedrich Verlag, 1972, S. 70.

283 Fassbinder, Rainer Werner: Katzelmacher. Berlin: Henschelverlag, 1985, S. 21, 23, 26.

284 Ebd., S. 14.

285 Ebd., S. 13.

286 Töteberg, Michael: Rainer Werner Fassbinder. Hamburg: Rowohlt Taschenbuchverlag, 2002, S. 12.

287 Fassbinder, Rainer Werner: Katzelmacher. Berlin: Henschelverlag, 1985, S. 18f.

288 Ebd., S. 9, 17, 18.

289 Ebd., S. 9.

290 Ebd., S. 19.

291 Ebd., S 22.

292 Ebd., S. 22.

293 Motekat, Helmut: Das neue Volksstück. In: Das zeitgenössische deutsche Drama. Einführung und kritische Analyse, Stuttgart: Kohlhammer Verlag, 1977, S. 107.

294 Vgl. Müller, Gerd: Das Volksstück von Raimund bis Kroetz. Die Gattung in Einzelanalysen. München: Oldenbourg Verlag, 1979, S. 118ff.

295 Thomsen, Christian: Der doppelte Mensch. In: Zeitschrift für Literatur. Bd. 103, Hg. v. Heinz Ludwig Arnold. München: Verlag Edition Text und Kritik, 1989, S. 8.

296 Vgl. Carl, Rolf-Peter: Franz Xaver Kroetz. München: Verlag Edition Text und Kritik, 1978, S. 19.

297 Brecht, Bertolt: Gesammelte Werke. Frankfurt a.M.: Edition Suhrkamp, 1967, Bd. 17, S. 1162.

298 Panzer, Evalouise: Franz Xaver Kroetz und seine Rezeption. Die Intention eines Stückeschreibers und seine Aufnahme durch die Kritik. Materialien und Untersuchungen zur Literatursoziologie. Stuttgart: Klett, 1976, S. 14.

299 Karasek, Helmut: Franz Xaver Kroetz oder die Sprache funktioniert nicht. In: Theater heute. Jahressonderheft. Velber bei Hannover: Erhard Friedrich Verlag. 1972, S. 76.

300 Reinhold, Ursula: Interview mit Franz Xaver Kroetz. In: Weimarer Beiträge. Zeitschrift für Literaturwissenschaft, Ästhetik und Kulturtheorie, 22. Jahrgang. Berlin und Weimar: Aufbau-Verlag, 1976, S. 56.

301 Müller, André: Texte und Gespräche. Interview mit Franz Xaver Kroetz. In: Playboy September-Ausgabe, 1986, S. 32.

302 Die Zeit: Was alles zur Gewalt führt. Interview mit Franz Xaver Kroetz, 23. Juni 1972, S. 5.

303 Stuttgarter Zeitung, 6. April 1971, S. 5.

304 Kroetz, Franz Xaver: Gesammelte Stücke. Frankfurt a.M.: Suhrkamp Taschenbuch 259, 1976, S. 586.

305 Kroetz, Franz Xaver: Stücke. Stallerhof. Berlin: Henschelverlag Kunst und Gesellschaft, 1975, S. 13.

306 Ebd., S. 15.

[307] Ebd., S. 15.

[308] Ebd., S. 17.

[309] Ebd., S. 18.

[310] Ebd., S. 20f.

[311] Ebd., S. 23.

[312] Ebd., S. 24.

[313] Ebd., S. 28.

[314] Ebd., S. 29.

[315] Ebd., S. 31.

[316] Carl, Rolf-Peter: Zur Theatertheorie des Stückeschreibers Franz Xaver Kroetz. In: Text und Kritik. Hg. v. Heinz Ludwig Arnold. München: Zeitschrift für Literatur, 1978, S. 3.

[317] Kroetz, Franz Xaver: Oberösterreich. Frankfurt a.M.: Suhrkamp Verlag, 1972, S. 25-26.

[318] Panzer, Evalouise: Weiterungen im Theater des Franz Xaver Kroetz. In: Text und Kritik. Hg. v. Heinz Ludwig Arnold. München: Zeitschrift für Literatur, 1978, S. 20.

[319] Kroetz, Franz Xaver: Das Nest. In: Weitere Aussichten. Ein Lesebuch. Köln: Kiepenheuer & Witsch, 1976, S. 221.

[320] Kroetz, Franz Xaver, Das Nest. In: Weitere Aussichten. Ein Lesebuch. Köln: Kiepenheuer & Wisch, 1976, S. 241

[321] Müller, Gerd: Das Volksstück von Raimund bis Kroetz. Die Gattung in Einzelanalysen. München: Oldenbourg Verlag, 1979, S. 138ff.

[322] Goldbrunner, Evi: Der Drang des Franz Xaver Kroetz. Analyse des Volksstücks in der Reihung des Autors zwischen thematischer Kontinuität und formaler Dialektik. Norderstedt: Grin-Verlag, 2004. S. 48.

Dank

Für die zahlreichen kritischen Anregungen und Diskussionen im Rahmen dieses Projektes gebührt meiner Frau Dorothea besonderer Dank.

Herrn Thilo Hennrich danke ich für seine fachliche Kompetenz. Er hat sich bereits zum vierten Mal als ein unermüdlicher und sachkundiger Mitarbeiter bei der Seitengestaltung, dem Seitenlayout, der Bildbearbeitung und der Anfertigung der reproreifen Druckvorlage bewährt.

Mein Dank gilt auch Frau Helen Siefkes, die bereits zum zweiten Mal bei meinen Publikationen als Lektorin mitgewirkt hat.

Meinem ehemaligen Lehrer, Herrn Univ. Prof. Dr. phil. Oswald Beck, fühle ich mich für die einleitenden Worte zu außerordentlichem Dank verpflichtet.

Verbunden fühle ich mich natürlich den Damen und Herren aus den Archiven und Bibliotheken, die mir hilfreich zur Seite standen. Stellvertretend für alle seien hier Herr Schmitter vom Monacensia Literaturarchiv München, Frau Dr. Wüst und Frau Sylvia Wanke von der Kantonsbibliothek Aarau, Herr Dr. Stephan Hess vom Historischen Museum Schloss Lenzburg, Frau Martina Landmann von Ullstein Bild Berlin sowie Frau Dr. Ivana Havelka vom Stadtarchiv Ingolstadt genannt.

Herrn OStD Artur Sauer danke ich auch dieses Mal für seine Bemühungen um eine werkgerechte Buchpräsentation.

Lambsheim, im April 2012   Georg W. Forcht

Centaurus Buchtipp

Georg W. Forcht

Frank Wedekind und die Anfänge des deutschsprachigen Kabaretts

Reihe Sprach- und Literaturwissenschaft, Bd. 39
2009, 239 S., 56 s/w-Abb., br.,
ISBN 978-3-8255-0755-8, € **16,90**

Obwohl das dramatische Werk Frank Wedekinds in den letzten Jahren zunehmend rezipiert wurde, hat die literaturwissenschaftliche Forschung die breite Palette seines Wirkens bis heute nicht aufgearbeitet. Als Begründer der 'modernen deutschen Ballade' reicht sein Einfluss bis zu Bertolt Brecht.

Die Arbeit versucht an Hand von biographischen Daten das Schaffen des Bänkelsängers nachzuzeichnen und seine Wirkung auf das deutschsprachige Kabarett deutlich zu machen. Nach einem Rückblick auf die Gründerzeit des Kabaretts auf dem Montmartre versucht die vorliegende Publikation die weiteren Spuren des Kabaretts zu verfolgen. Diese führen direkt zur Schwabinger Boheme der Jahrhundertwende und zu Albert Langens Satirezeitschrift 'Simplicissimus'. Hier ist es Frank Wedekind, der an der Kabarettgründung der 'Elf Scharfrichter' in München federführend mitarbeitet und mit seinen vielfältigen Ideen und Bänkelliedern diese erste deutsche Kleinkunstbühne zum Erfolg führt. An Hand von Originalmanuskripten, alten Spielplänen und Theaterzetteln entstehen vor unseren Augen die vielseitigen Kabarettveranstaltungen der 'Elf Scharfrichter'. Dabei erfahren vor allem die Chansons und Brettllieder Wedekinds eine besondere Würdigung. Als Fernwirkung der ersten deutschen Kabarettgründung schießen in den Folgejahren nicht nur in München sondern vor allem in Berlin und Wien zahlreiche Kabaretts mit völlig unterschiedlichen Akzenten wie Pilze aus dem Boden. Was ihnen allen bleibt, ist die gemeinsame Basis, die sie mit Paris vor allem aber mit München verbindet

www.centaurus-verlag.de

Georg W. Forcht

**Liebesklänge und andere aus-
gewählte Lyrik-Manuskripte
des jungen Frank Wedekind**

Reihe Sprach- und Literaturwissenschaft, Bd. 38
2. überarb. Aufl. 2006, 348 S., 30 s/w-
Abb., br.,
ISBN 978-3-8255-0659-9, € 24,90

„Forcht zeichnet Wedekinds Entwicklung sorgfältig nach."
Helmuth Kiesel, Frankfurter Allgemeine Zeitung vom 19.10.2007

Georg W. Forcht

**Die Medialität des Theaters
bei Frank Wedekind**

Eine medientheoretische Untersuchung über den Einfluss des Bänkelsängers und Schauspielers Frank
Wedekind und sein Werk

Reihe Sprach- und Literaturwissenschaft, Bd. 37
2005, 240 S., br.,
ISBN 978-3-8255-0529-4, € 24,90

„Ein Muss für alle Frank-Wedekind-Kenner und Interessenten."
Albrecht *Malcherek, Wien, A&M-Internetanbieter*

www.centaurus-verlag.de